国 家 科 学 技 术 学 术 著 作 出 版 基 金 资 助 出 版

车辆人机交互安全与辅助驾驶

Vehicle's Man-machine Interaction Safety and Driver Assistance

王武宏　著

WANG Wuhong

人 民 交 通 出 版 社

内 容 提 要

本书构建了车辆人机交互安全理论体系并提出了辅助驾驶方法，主要内容包括绪论、驾驶本质安全化理论与方法、加减速行为分析、换道行为分析、数字驾驶行为分析、交叉口中驾驶认知行为与安全需求分析、车辆生态人机界面功能分析、基于驾驶认知的车辆行驶安全性分析、交通行为的定量风险性评价及其安全控制。

本书可供交通运输工程、车辆工程、智能交通、汽车服务工程、系统工程等专业领域的工程技术人员和科学研究人员阅读，亦可作为该领域及相关领域的高年级本科生、研究生、教师的参考用书。

图书在版编目(CIP)数据

车辆人机交互安全与辅助驾驶/王武宏著. —北京:人民交通出版社,2012.10

ISBN 978-7-114-10141-0

Ⅰ.①车… Ⅱ.①王… Ⅲ.①汽车驾驶—安全技术—研究 Ⅳ.①U471.15

中国版本图书馆CIP数据核字(2012)第242914号

书　　名:车辆人机交互安全与辅助驾驶
著 作 者:王武宏
责任编辑:刘永超
出版发行:人民交通出版社
地　　址:(100011)北京市朝阳区安定门外外馆斜街3号
网　　址:http://www.ccpress.com.cn
销售电话:(010)59757973
总 经 销:人民交通出版社发行部
经　　销:各地新华书店
印　　刷:北京市密东印刷有限公司
开　　本:720×960　1/16
印　　张:16
字　　数:262千
版　　次:2012年10月　第1版
印　　次:2012年10月　第1次印刷
书　　号:ISBN 978-7-114-10141-0
定　　价:40.00元

前言
Preface

在以汽车为主的全球机动化形成中，无论是发展中国家进行的机动化过程，还是发达国家面临的机动化发展，城市交通安全和拥堵问题已成为一项全球性的挑战，是人们普遍关注的社会问题和科学技术进步面临的重要课题，蕴涵着极其丰富的内涵。

为了实现道路交通安全和提高交通运行的效能，必须研究如何在出现驾驶失误、车辆故障或者道路环境恶化的情况下，能够确保交通参与者人身及道路交通安全的机制和基础设施条件，使道路交通逐步实现安全化。对车辆人机交互安全理论，尤其是驾驶行为及其辅助方法的研究，虽然得到了一定的发展和理论上的完善，但因驾驶人—车辆—道路环境系统运行的极为复杂，尤其是驾驶失误的不可避免性决定了目前采用的方法主要用于识别、减少和控制驾驶失误，而不能从根本上解决驾驶失误，即使通过基于信息技术的驾驶辅助系统也只能防范驾驶失误。因此，车辆人机交互安全与辅助驾驶已成为“以人为中心”的交通行为与安全涉及的重要领域和主攻方向。

在国家自然科学基金委员会、中华人民共和国教育部、德国洪堡基金会、日本学术振兴会等的资助下，本书著者先后在西南交通大学、北京航空航天大学、北京理工大学、日本东京大学、德国慕尼黑工业大学负责并主持了二十多项科研课题，在国际学术刊物上发表了系列论文，获得的系统性研究成果具有前沿性和开拓性。因此,依据对车辆人机交互安全与辅助驾驶进行的长期探索研究与科学积累,通过对驾驶行为、驾驶可信性、辅助驾驶、车辆人机交互、车辆行驶安全、交通行为风险演变等主要内容的深入系统阐述,同时结合对相关文献的评述性总结才完成了本书的撰写,本书的出版得到了国家科学技术学术著作出版基金资助。

本书重点构建了驾驶本质安全化的理论体系与方法模型,揭示出一定时间—空间域内驾驶人、车辆和道路环境子系统中主要因素与道路交通安全状态的内在联系,通过寻求其中的规律来规划、设计和协调各组成部分的结构、性能和行为,并使之达到最优化;从可靠性、安全性层次对驾驶行为形成进行了解析,构建了安全驾驶模型和驾驶差错恢复能力的分析方法;从数字驾驶角度提出了车辆生态人机界面功能分配原则,以期从驾驶乐趣和驾驶安全兼顾的角度提高驾驶可信性。

从人车交互的交通本质出发,建立了接近和换道行为的微观模型,实现了对安全驾驶行为进行规则化、模型化的定量描述,提出了基于驾驶认知的车辆行驶安全性分析方法,揭示出交叉口中人车单元同弱势交通参与者在时间和空间上发生冲突的规律。

运用交通事变征兆所蕴含信息的传递特性来辨识交通风险演变过程,分别从不确定条件、确定条件层次上,对交通事故致因机理、交叉口冲突形成、路网拥堵原因进行了系统研究,为解决交通系统定量风险性评价和交通安全微观控制提供了依据。

在本书的撰写过程和涉及的相关研究中,西南交通大学的曹琦教授、刘东明教授、朱松年教授,北京航空航天大学的杨为民教授,日本东京大学的池内克史教授,德国慕尼黑工业大学的Heiner Bubb教授给予了很多指导和鼓励;北京工业大学的任福田教授、东南大学的王炜教授、北京交通大学的高自友教授、北京理工大学的孙逢春教授等提供了许多支持和帮助;研究生和博士后侯福国、沈中杰、张伟、李德慧、曹全新、朱滨、刘光新、田凯、郭宏伟、徐唐桥、蒋晓蓓、丁晨曦、刘皓、李涵茹、夏堧辰、刘跃军、冯广东、郭雪东、王潇、毛琰、金晶、林荣杰、李方、刘琳、赵发成、郭伟伟等参与了相关研究工作,尤其是林荣杰、李方、赵发成、金晶、郭宏伟、毛琰、王潇、郭伟伟、刘琳等协助完成了本书部分章节的撰写，这里一并致谢。最后，真诚地感谢那些在我研究生涯中给予过帮助的人们，也深深谢谢所有被引文献的作者们，正是他们的默默工作才得以本书的顺利完成！当然，由于自己学术积累和研究能力所限，书中尚存在很多不足乃至错误之处，祈请指正和海涵为是！

王武宏

2012 年 9 月　北京

目录 Contents

Contents

第 1 章 绪论(Introduction)

在以汽车为主的全球机动化中,无论是发展中国家进行的机动化过程,还是发达国家面临的机动化发展,交通安全和拥堵问题已成为一项全球性的挑战,是人们普遍关注的社会问题和科学技术进步面临的重要课题,蕴涵着极其丰富的内涵。因此,为提高道路交通运行效能,必须研究如何在出现驾驶失误、车辆故障或者道路环境恶化的情况下,能够确保交通参与者人身及道路交通安全的机制和基础设施条件,使道路交通运行逐步实现本质安全。

1.1 道路交通行为及其特征 (Road traffic behavior and its characteristics)

由于道路交通系统是驾驶人、汽车和道路环境有机构成的耦合系统,涉及驾驶人、汽车和道路环境中单个或多个因素的任一交通事件的出现,都有可能带来某些后果或者诱发一系列的后续交通事件,导致交通行为恶化,交通系统出现不安全状态,经过一定时间—空间内的变化,该不安全状态可能会演变为交通事故。因此,一次驾驶失误、一次车辆故障或者是一点道路环境异常都有可能造成交通系统中另一个或一连串的不良反应,不良反应可能导致不期望事件(事变)并逐步发展为交通事故。

定义 1.1 道路交通系统:指驾驶人、车辆、道路环境(含其他车辆、行人等)有机构成的以安全为主要要求的耦合系统。

定义 1.2 道路交通状态:指规定的时间和空间内,由驾驶人、车辆和道路环境有机构成的耦合系统的变化行为,包括道路交通安全状态和不安全状态两种情况。

定义 1.3 道路交通事件:指引起道路交通状态发生变化的行为。例如车辆加速、快速超车、紧急制动。

定义 1.4　道路交通事变:指一定时间内出现的包含潜在危险的不希望或不受控制事件,可能产生或可能形成某种恶性后果并引起道路交通状态发生恶化的行为。例如,在道路交通系统中一辆汽车驶离车道,存在很多事变:感知错误、不可纠正的错误决策、发动机故障、制动故障、不正确的交通控制、道路状况不佳。

定义 1.5　道路交通事故:指一定空间内由一连串事变按时序出现经过复杂相互作用后最终产生了极为严重的恶性后果,造成道路交通状态破坏、人员伤亡和经济损失的行为。

定义 1.6　道路交通事故(事变)**风险**:指一定时间—空间内因出现交通事变而造成危险或者导致恶性后果的可能性。例如,夜晚在一条狭窄的双向两车道的道路上,某一驾驶人紧跟一辆行驶缓慢的车辆,当驾驶人焦躁而试图在如此危险的环境下超车时,对其他交通使用者就构成了一定的风险。

道路交通系统安全化功能的实现途径和道路交通事故的生成过程如图 1.1 所示。从图 1.1 可知,道路交通系统安全化功能的实现途径为:道路交通事件引起道路交通系统发生正常变化,表现为道路交通安全状态,这一状态一直持续在道路交通系统中即可实现道路交通系统的安全化功能;而道路交通事故的生成过程则为:道路交通事变使道路交通系统行为恶化,表现为道路交通不安全状态,这一状态在特定时间—空间域内持续后形成道路交通事故。正因如此,为实现道路交通系统的安全化功能,需要对驾驶行为形成进行分析、测试、建模、仿真与实验的研究,即通过驾驶辅助来实现车辆人机交互安全,这对道路交通事故诱发原因的辨识、预防和控制极为重要。

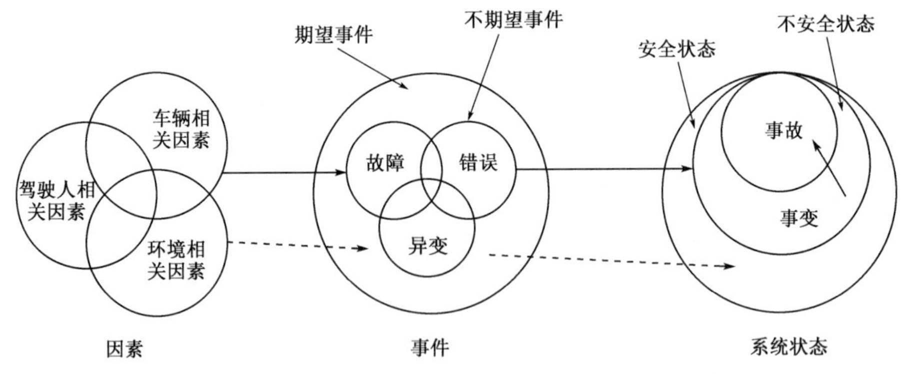

图 1.1　道路交通行为形成及其特征

1.2 车辆安全行驶行为分析
(Vehicle operation safety analysis)

1.2.1 车辆纵向运动及其安全特性分析(Vehicle longitudinal movement and safety)

在交通系统运行中,由于驾驶人的驾驶技能差异较大,使得拥挤路段的交通运行变得复杂多变:首先,几乎所有的驾驶人在拥挤道路中都不能自由选择驾驶方式;其次,驾驶人被迫跟随前导车,很难达到期望车速和更换车道。在这种情况下,前导车突然减速时,跟随车驾驶人来不及减速就有可能诱发事故。研究表明[1],近一半的交通事故是由驾驶人跟车距离过近导致的(图1.2)。

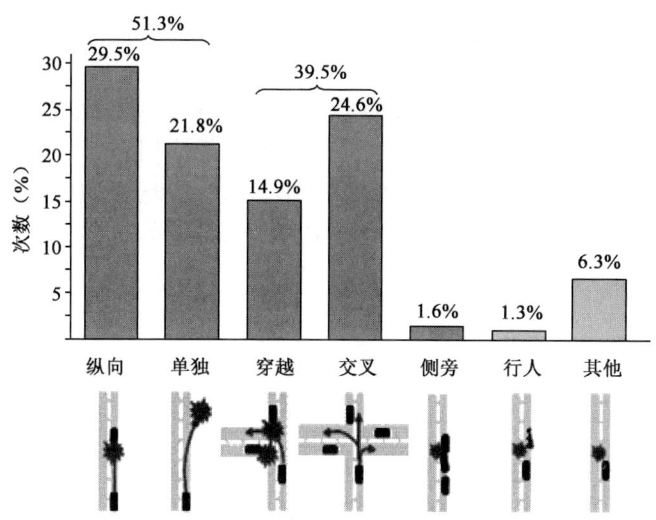

图1.2 道路交通事故类型分布

跟驰行为是最主要的驾驶行为之一,涉及车辆的纵向运动。在这一领域中,大多数跟车模型采用车头间距和安全控制算法。通用汽车实验室的研究人员提出了车辆跟驰模型,该模型使用前后两车的位置、速度、加速度参数的实测数据来估计驾驶人的反应[2]。随后,Gipps提出安全距离模型[3],该模型考虑了其他可变因素。而心理—生理模型(AP模型)是一种基于个体心理特征的车辆跟驰模型[4],在微观交通仿真研究中得到应用。Corridor Traffic Simulation Model (CORSIM)模型也是较为常用的模型之一[5],其核心在于使用几个复杂的跟随公式来描述车辆行驶过程。但是当多车跟随时,CORSIM 模型不能体现不同跟车情况下交通流特征的变化。为了发展微观交通流算法,美国交通部开展了 NGSIM (Next Generation SIMulation) 项目研究[6,7]。该项目提出了几种基于实地交通数据的跟驰行为算法并开发出一个协作环境。总之,在过去的几十年中,车辆跟驰模型的发展经历了从早期的确定性关系到现在的随机关系的跨越。这些车辆跟驰模型及其验证工作为驾驶行为和交通安全的研究做出了贡献。

值得注意的是,理解驾驶人的动态行为主要通过描述同车道上前导车和跟随车之间纵向速度—距离关系来逐步深入。驾驶人是否加速取决于以下几种因素:前车与后车间距离、前车和后车的速度、后车的期望速度、区域内交通流特性,等等。如果驾驶人面对正常状态,只需简单地考虑就能做出很好的决策;如果面对复杂交通状态,驾驶人需要处理复杂信息并且理性地做出决策。因此,进行跟驰行为的分析与建模时,应尽量考虑交通状况的变化和驾驶人的反应能力。

有关车辆跟驰过程中驾驶行为分析的研究大部分是从视觉和心理感知阈值角度展开,这些研究虽然取得了一些成果,并且已经应用到跟驰建模中,但是,这些研究只研究了少数几种工况下的跟驰行为,缺乏构建的通用模型。再者,没有充分验证这些模型能否正确模拟道路交通中的实际跟驰行为。由于驾驶人对相对速度的判断能力跟相对距离成反比,即很难实时跟踪前车,所以跟驰模型包含一些对模糊行为的假设。现有跟驰模型存在一定的不足,尤其是不能正确和合理地描述跟随过程中驾驶差错恢复能力,其主要原因在于现有模型不能完全客观地模拟安全跟驰行为并揭示出微观交通流的本质特征。

由于跟随车通常跟随前导车的轨迹,并对前导车的刺激做出滞后响应,因此,研究车辆跟驰行为建模,就是分析安全跟随过程并用数学和统计分析理论来对其定量化。驾驶人接近行为的仿真模型对确定车辆的智能巡航控制策略至关重要,所以说深入了解驾驶人跟车行为和制动过程对车辆间动态联系的安全评估非常有必要。

制动过程通常分为 3 个阶段:匀速行驶、加快减速和持续制动阶段。前两个阶段的制动距离很容易确定。但在第三个阶段中,跟随车通常首先采用最大减速度行驶,继而调整减速度以适应前导车的行驶[8]。由于以往的研究中,对第三阶段跟随车的减速度考虑不尽合理,且安全距离均是基于某些假设计算,严重

影响了跟驰模型的实用性。为了充分描述该阶段的驾驶行为,在进行第三阶段的制动距离建模时,应合理体现跟随车总是期望与前导车保持相同的车速这一前提。

对于在纵向方向上车辆行驶行为[9-13],可以通过具体的实验来进行识别,这里可以用碰撞时间(TTC)来描述并度量。由于车辆是以一定的距离跟随的,可以用时间间隔(TGAP)来描述。一般说来,时间间隔最好是2s,且不应该低于1.2s。碰撞时间(TTC)取决于前车发生碰撞时的较低速度,如图1.3所示。根据 Fastenmeier、Hogema 等人的研究[14,15],最小的 TGAP 值为0.6s,TTC 的临界值是5s。

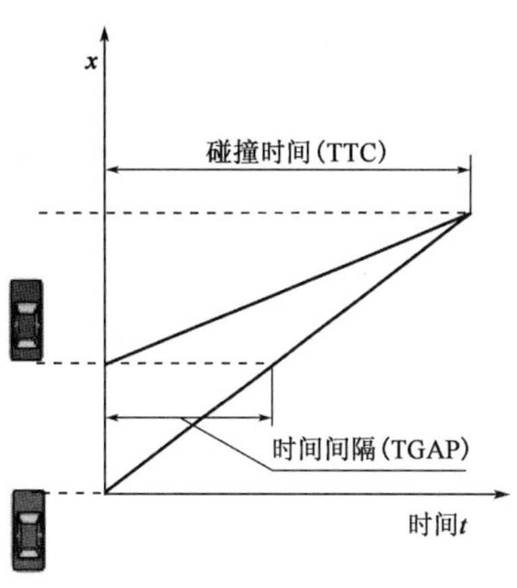

图1.3 冲突时间(TTC)的定义

国内外学者对车辆加减速理论,尤其车辆跟驰模型进行了大量的研究,取得了很多研究成果,主要分为:刺激—反应模型、行为阈值模型、最优速度模型。近年来,又涌现出人工智能模型和元胞自动机模型。

(1)刺激—反应模型

刺激—反应模型主要描述车辆行驶过程中各种刺激对驾驶行为的影响,包括 GM(General motor)模型和线性模型。GM 跟驰模型形式简单,物理意义明确,许多后期的跟驰理论研究都源于其建立的刺激—反应的基本方程。在标定和验证 GM 模型方面已经做了大量的工作,但是由于在确定基本方程的具体参数时发现了很多矛盾。造成矛盾的原因可能有两个:第一,跟车行为易于随着交通状态的变化而变化;第二,大量的研究和试验都是在低速和停停走走状态的交通流中进行,而这种状态的交通流不能很好地反映一般的跟车行为。

(2)行为阈值模型

行为阈值(Action Point, AP)模型的理论基础是驾驶人的生理—心理行为,从建模方法上更接近实际情况,也更能描述大多数日常交通中的驾驶行为。AP 模型被认为是最为合理的跟驰模型之一,其立论依据是基于驾驶人通过观察视野中物体视角的变化来判断相对速度。随后,Michaels 将驾驶人感知阈值的概念引入跟驰模型,同时提出了距离感知阈值[4]。由于阈值的测度非常困难,运用于其他交通环境时,难以评价原有参数的适用性,因此,仅根据阈值来划分跟随状态值是否合理还需进一步探讨。

(3)最优速度模型

最优速度(Optimal Velocity,OV)模型也是刺激—反应模型。OV 模型的期望车速将车头间距考虑在内,车头间距的值决定了车辆处于何种状态。车头间距最小值对应于车辆停止状态,也就是后车处于拥挤状态;某个确定的车头间距值对应于车辆以期望车速行驶,也就是后车处于畅行状态。当车头间距处于两者之间时,后车处于跟驰状态。OV 模型仿真的结果跟实际交通情况很相符,但是该模型不能体现前车速度的影响,特别是在跟驰状态时后车要根据前车的车速行驶。

(4)人工智能模型

跟驰模型本质上描述了一个驾驶人对另一个驾驶人的动作所做出的反应,因而是一个复杂的人的行为,用传统的微分方程有时不能很好地描述驾驶人的感觉、理解、判断、决定等一系列心理、生理的不确定性和不一致性。基于此,20世纪 90 年代以后出现了人工智能跟车模型。由于建立模糊逻辑推理模型时其隶属函数和模糊规则没有规范的方法,而神经网络可以从现有数据中"提炼"出规则,另一方面神经网络在描述不确定事物上不及模糊逻辑推理方法,因而将两者结合起来是建立人工智能跟车模型的有效方法。

(5)元胞自动机模型

由于元胞自动机自身具有的特点,其被引入到交通领域后,得到了迅猛的发展。1992 年 Nagel 和 Schreckenberg 提出了著名的 NaSch 模型[17],该模型演化规则包括加速、减速、随机慢化、运动 4 步。NaSch 模型以后,元胞自动机模型采用了并行更新的方法,这是因为:同顺序更新相比,并行更新可以引起一连串的过度反应,自发堵塞产生的机理更加真实,这样更能符合实际交通情况。除此之外,元胞自动机模型的数值模拟必须确定边界条件。与其他模型相比,元胞自动机模型除了拥有交通流这一复杂系统的非线性行为和其他物理特征之外,更易于计算机操作,且可以通过修改加减速规则来模拟各种真实交通条件,这对未来交通流理论的发展具有一定的贡献。

1.2.2 车辆横向运动及其安全特性分析(Vehicle lateral movement and safety)

提高道路通行能力,尤其是保证换道和超车等驾驶行为的安全,是智能交通系统(ITS)实现畅行、零事故目标的关键技术之一。涉及车辆横向运动的换道

行为是驾驶人根据自身驾驶特性,针对周围车辆的车速、间隙等周边交通环境信息的刺激,调整并完成自身驾驶目标策略的综合过程。车道变换模型可以描述交通流中车辆的车道变换行为的整个过程,包括车道变换需求的产生、车道变换的可行性分析、车道变换行为的实施过程。

由于驾驶人心理、生理行为是不确定和高度非线性的,传统方法很难体现这一不确定关系。众多学者运用人工神经网络、模糊逻辑理论和动态贝叶斯网络等来进行车辆横向运动安全及驾驶行为的相关研究。Kumagai 等人提出基于贝叶斯网络的建模方法,应用过去和现在的驾驶行为数据来推测交叉口的制动意图[18]。Tezuka 等人利用驾驶模拟器来模拟换道时转向盘转角数据以推测驾驶意图,该方法采用的是贝叶斯网络中的静态高斯模型[19]。Kuge 等人通过实测车辆参数和车道参数,利用隐马尔科夫模型模拟车辆行驶轨迹[20]。Sathyanarayana 等人运用隐马尔科夫模型来模拟驾驶行为,其层次框架为驾驶行为分析的深入研究提供了途径[21]。

Pentland 等人研究发现,动态隐马尔科夫模型能精确表示多种人类行为并推测数秒后的驾驶人行为[22]。Macadam 等人运用初级神经网络(双层反向传播)来模拟双车道换道驾驶和 S 曲线驾驶中驾驶人的转向行为[23]。Tomar 等人使用多层感知网络来模拟离散的换道轨迹[24]。这些模型大多采用单输入、单输出的单隐层网络来训练、检验和预测车辆轨迹。但是,基于神经网络或动态贝叶斯网络的研究大多能够识别交通信息、推测当前状态或识别刚发生的状态,但不能预测未来状态。此外,大部分研究只能进行自我训练和预测换道车辆在换道过程中某区域的位置,而不是整个换道过程。

从车辆横向运动的动力学规律来说,准确地得到车辆在道路上行驶时的具体位置十分重要。国内外学者对车辆横向安全运动理论,尤其是车辆换道模型进行了大量的研究,取得了许多研究成果,较为典型的主要有:Gipps 换道模型及其发展、CORSIM 模型以及元胞自动机模型,等等。

(1)Gipps 换道模型

Gipps 模型假定驾驶行为是理性的,并据此重点分析了潜在冲突影响下的换道决策过程。该模型也考虑了紧急换道的情况,当车辆接近换道目标位置时,换道的紧急性将增大,此时,驾驶人愿意接受的减速度为一般情况的两倍。然而,Gipps 模型在换道需求的判断之前就先进行可行性检测,这与现实逻辑不符,且存在计算量庞大,计算无效率等缺陷。

尽管如此，Gipps 模型作为早期工作，首次建立换道决策的结构框架，具有开创性意义，为以后自由换道模型奠定了基础。例如，Hidas 等在 Gipps 模型的基础上加以改进，提出了 SITRAS 模型[25]。但是，该模型把人车单元当作一个多智能体，考虑了后间距不足时，车辆间的竞争合作关系及其减速让行行为，能较好地反映受事故影响的交通状况下的换道行为。遗憾的是，由于该模型具有专用性，使得它并不能推广到一般的交通状况。

(2) CORSIM 模型

CORSIM 模型由美国联邦公路署(FHWA)开发，集成了 FRESIM 和 NETSIM 模型，形成了一个可以模拟城市干道和高速公路网的综合交通仿真系统。FRESIM 换道模型由动机、利益和紧急 3 个因素组成。NETSIM 换道模型包括强制换道和自由换道。NETSIM 模型和 FRESIM 模型虽然得到一定的应用，但这两个模型都是基于减速度的基础上来判定车辆是否实施换道，而减速度的计算需要多个过程才能完成；除此之外，该模型中需要标定的参数较多，其中一些参数甚至很难通过实测数据去标定。

(3) 元胞自动机模型

元胞自动机换道模型是最近才发展起来的，主要根据“元胞”的运行轨迹近似交通流轨迹的原理，对实际交通流进行仿真模拟。其主要特点是能很好地反映实际交通流的运行轨迹，同时，对于不同的算法规则可以不同程度地优化仿真轨迹。元胞自动机换道模型主要是在单车道跟驰模型的基础上发展而来的，从车道数的角度大致可以分为双车道换道模型和多车道换道模型两类。

1.2.3 交叉口中车辆行驶安全行为分析(Driving Safety Behavior at Intersection)

交叉口是目前交通状况最复杂的区域，而车辆在交叉口的行驶安全则尤为关键。为了了解驾驶人在交叉口的认知行为形成机理，Plavsic 把眼睛追踪研究应用到驾驶模拟器中[26]。在模拟器中可以根据实验目标来设定具体的交通状况，这就可以保证每一个目标在相同的驾驶环境中出现。

为了确定在驾驶模拟器中能够实现对交叉口交通状况的仿真，首先需要综合分析交叉口中影响驾驶任务的主要因素。一般而言，理想驾驶行为是符合法律法规的一种行为，然而每一种交通态势都有一个正确的行为范围。通过对理论上和实际上的驾驶失误分析，可以得出：如果有 4 个物体在一个场景中，视觉行为几乎完全确定是通过这些物体自上而下形成的。由于扫视行为取决于操作

的执行或是优先权规则,因此在复杂的情境中通常忽略有优先权的方向。与自上而下的具有主动搜索特征的可自扫视行为相反,驾驶人的不同扫视顺序取决于交叉口的特征。

交叉口驾驶任务分为接近、减速、转弯、离开4个阶段(图1.4),典型的驾驶失误均有可能在这4个阶段发生[1,26,62],主要的驾驶认知行为形成及其特征为如下所述。

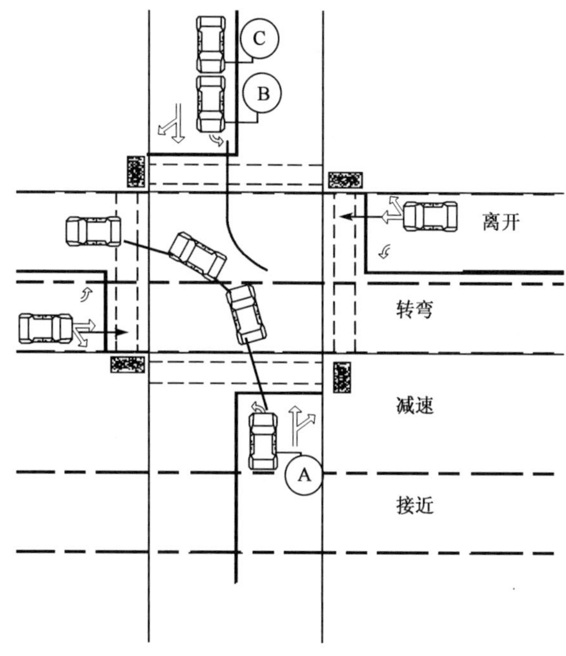

图1.4 交叉口驾驶任务的4个阶段

接近阶段:在接近阶段,驾驶人主要关注中间车道1~2s,而大约有60%的驾驶人会注意观测道路右侧的交通变化。在这一阶段最重要的任务就是预测随后的交通状况,即驾驶人通过对交通标志的合理认知来调整驾驶行为以适应交通运行。研究发现[26]:60%的驾驶人注意诱导性交通标志而不注意停车标志。

减速阶段:在转弯和离开阶段发生的事故,大部分是因为在减速阶段已出现了驾驶失误所致。在这个阶段理想的驾驶行为与实际的驾驶行为的差别非常大,尤其是在忽视弱势交通参与者的情况下更为明显,例如行人的交通特性。

转弯阶段:扫视行为在这个阶段是以注意道路中间的点为特征的。集中这个点会使车辆转弯时有更好的操作稳定性。右转弯时驾驶人典型的扫视顺序是先短暂地扫视左边,然后向右扫视,在40%的情况下也要观察迎面而来的车辆;左转弯时驾驶人典型的扫视顺序是先向左再向右然后直视,接着又向左,大约25%的人会向左扫视。在这个阶段,其他道路使用者对驾驶认知的影响非常大。

离开交叉口:这个阶段产生的驾驶失误没有其他阶段那么危险。

在平面交叉口驾驶认知行为分析与安全需求控制的研究中,Alhajyaseen 提出了用随机威布尔分布来分析左转车辆对行人的可接受间隙[84]。Kimberrm 利用线性回归模型定义了可接受间隙模型中的参数,并且简单明了地描述了车辆的可接受间隙[85],但是线性回归模型最大的不足是不能描述可接受间隙概率的分布情况。Cooper 等人利用 logit 回归模型分析了驾驶人在注意力集中和不集中时的可接受间隙的变化[86]。Rakha 等人利用贝叶斯的方法对左转车辆的可接受间隙进行了分析[87]。Sangole 等人在对无控制交叉口的自行车的可接受间隙模型进行分析时引入了模糊神经网络的方法[88]。然而,如何选择两参数的威布尔分布来分析右转车辆驾驶人的可接受间隙行为,并对有、无视线障碍的情况下驾驶人认知行为进行对比,对客观辨识驾驶认知机理十分重要。

通过驾驶辅助系统,驾驶人发生的驾驶失误可以得到一定的控制。一个简单而具潜力的驾驶辅助系统就是通过主动调节加速踏板合理控制车辆的行驶速度,同时减轻驾驶负荷,例如在车辆上安装抬头显示系统(Head-Up-Display,HUD)[61,62]。因此,在交叉口中,应合理使用车辆传感器和车载电子地图,给驾驶人传递必要的交通信息,以便减轻驾驶失误带来的危险后果。因为这样的驾驶辅助系统可以提升驾驶人的安全能力,但对车辆的控制依然以驾驶人为主。另外合理使用车载警示系统也是一个很不错的减少交叉口事故的途径。

1.3 驾驶行为分析(Driving behavior)

在过去的事故统计中,交通事故一般只有在造成人身伤害时才进行记录。这导致事故样本数据有所倾斜,同时误导了对交通事故主要原因识别的尝试[27,28]。因此,单纯的基于事故的评价方法只反映事实的一小部分,并且无法完整地解释交通事故生成的过程[29]。此外,由于缺乏合适的工具来分析交通事故中人的因素,人们很少关注用现有的计算方法来研究交通事故的原因或者影响因素,而大部分的事故研究主要集中于提高现有统计工具来预测交通事故以及识别容易发生意外的路段[30]。

所有交通事故中有 90% ~95% 与驾驶人因素相关[31,32]。Koppa 和 Kim 等人发现,交通事故中,驾驶失误已经被认为是最常见的车辆碰撞事故的主要影响因素[33,34],但这些却很少被人们意识到,记录得也不够充分。因此,在制定和实施交通事故对策的努力中,往往对这些交通信息使用不当。由于驾驶人信息处理所固有的可变性以及驾驶人—车辆—道路环境系统运行的复杂性,源于驾驶要求和驾驶人能力之间的不协调所导致的驾驶失误是诱发大部分交通事故的主要原因。因此,确定用于防止交通事故发生的有效方法,其关键在于对驾驶人信息处理过程及其局限性的一个全面的系统认识。

驾驶行为研究始于 20 世纪初期,包括驾驶动机模型、信息处理模型和分层控制模型在内的驾驶模型,利用驾驶人心理—生理因素测试及相关数据统计分析,企图确定驾驶行为中的个体差异,以预测交通事故发生的可能性[35,36]。然而,这些模型都无法全面地反映日常驾驶行为形成过程。首先,驾驶动机模型无法生成可检验的假设以及合适的步骤来研究影响驾驶行为的情境因素。第二,信息处理模型因不能合并动机和情感部分而受到广泛地批评[37]。第三,分层控制模型假设驾驶行为形成的策略、规则、操作层级同时发生活动之间具有动态关系,但还没有确定实际的控制机制[38]。到目前为止,各种驾驶人建模方法没有一个完全成功地应用于车辆安全设计和事故预防。失败的原因在于现有的驾驶人模型不能完全再现驾驶人—车辆—道路环境系统中真实的驾驶行为特性。

关于动态交通系统中驾驶失误的研究是在 20 世纪 80 年代提出的,这在探索驾驶行为和交通事故原因之间的定量关系上迈出了一步[39-41]。但很显然,仅仅依靠交通事故数据无法提供用于驾驶失误分析的足够信息,特别是,驾驶失误数据的客观收集的问题以及影响驾驶失误产生因素的完全识别始终未能解决。尽管构建的某些人的失误模型可以适合描述事故可能性与驾驶失误之间的关系,但是这种模型几乎没有考虑交通事故原因与驾驶失误之间固有的复杂动态联系。

由于有许多驾驶人可以通过驾驶差错恢复能力来避免交通事故的发生,所以驾驶人差错恢复能力的影响在给定的驾驶人—车辆—道路环境系统中应该一直被考虑,而不是仅仅在紧急交通情况下关注驾驶人的应激行为。尽管一些研究专注于驾驶人差错恢复能力[40-42],但定性分析仍然专注于心理学角度,同时,仍没有通过数学方法定量描述驾驶人差错恢复能力。因此,驾驶行为如何影响驾驶人—车辆—道路环境系统运行安全是一个复杂的课题,还无法通过诸如那些用于组件和机器的常规可靠性模型来解决[27,43,82]。

近几年来,驾驶行为分析在交通安全和车辆动态控制的研究中变得越来越重要。但是,由于人类信息处理能力的固有多变性,要描述出驾驶人模型的真实结构是非常困难的。所以说,构建驾驶行为模型的主要问题在于如何运用数学和统计分析方法得到合适的定量公式。此外,驾驶行为的仿真在闭环车辆控制模型中起着重要的作用。这是因为驾驶行为模型可以应用于先进车辆的纵向和横向控制,从而实现复杂城市交通环境下的辅助驾驶。

Sheridan 和 Fiala 在车辆控制方面进行了开拓性的研究之后[44,45],Donges 在理解驾驶人控制策略的多层次研究中做出了突出的贡献[46]。通过考虑转向转矩和其他非视觉线索,Nakagawa 等人研究了基于驾驶人对未来车辆路径预测的车辆控制问题[47]。同时,最优线性预瞄控制理论已应用于车辆主动悬挂系统,线性离散时间预瞄控制策略可用于解决车辆路径跟踪问题[48]。虽然对驾驶行为分析及其仿真的研究取得了一定进展,但仍然存在一些缺点[49]。首先,驾驶行为模型无法识别紧急情况下驾驶人的危险特征。其次,模型参数没有很好地解释驾驶行为特征,尤其是驾驶行为模型不能描述一般情况下对任意车辆的控制策略。

1.3.1 驾驶任务(Driving Task)

根据驾驶行为分析,可以将驾驶任务定义为 3 类,即主驾驶任务、次驾驶任务和副驾驶任务。

(1)主驾驶任务

定义 1.7　主驾驶任务:指确保车辆在道路上行驶的主要活动,这是一个具有 3 个等级的层次加工过程,即控制层、引导层和导航层。

在**控制层**,驾驶行为包括驾驶人与车辆之间秒—秒的信息传递与控制输入的所有活动,即数秒内完成驾驶人与车辆之间的信息输入和控制输出的驾驶任务(如转向、制动、换道)。大多数驾驶人的控制活动只有小部分需要有意识的注意,在这一层次中的驾驶行为主要出现在控制界面上。大多数的控制行为是自动执行的,是驾驶人的下意识行为,控制层次的驾驶行为是技能基认知行为。例如,通过 ABS(防抱死制动系统)和 ESP(电子稳定程序)可以避免过度操控车辆所产生的影响。

当一个人掌握了驾驶车辆的初步知识后,驾驶行为的下一个层次就应该是规则基的引导层。在**引导层**上,驾驶行为包括对路面几何线形、危险、交通环境、车辆的动态速度和路径的反应(例如通过弯道和交叉口、超车和汇流时的间隙

接受、障碍避让,等等)。驾驶人—车辆系统的信息主要来自于交通控制装置、交通状况及其他环境因素,随着车辆的移动而不断地变化。引导层次的驾驶行为是规则基认知行为。

驾驶行为的第三层次即最高层次——**导航层**,在这一层次中驾驶人作为监控者。例如,在路上行驶的时候,车载地图指出道路网络中的诱导标志、设置出行目的地(例如最短时间、避免交通堵塞等),这正是导航层的特征。导航层次的驾驶行为是知识基认知行为。随着智能交通系统(ITS)的发展,这种知识基认知行为在交通流中起着越来越重要的作用。目前,还不太清楚由于ITS引起的在途换道和路径改变会对交通流产生怎样的影响,但许多这方面的研究已经开始了。可以预测,在未来随着智能交通系统的发展,驾驶人在这种先进的交通系统中所起的作用将会发生彻底的改变。

(2)次驾驶任务

定义1.8 次驾驶任务:指取决于驾驶需求的活动。

次驾驶任务分为体现驾驶人意图的驾驶动作和可以感知外部环境变化的驾驶反应。例如调光并切换远光灯、鸣喇叭、使用刮水器以及对手动挡车辆换挡等操作,这些都属于二次驾驶任务。显然这些驾驶任务可以自动完成。

(3)副驾驶任务

定义1.9 副驾驶任务:指与具体的车辆操控任务无关的行为。

副驾驶任务主要是为了提高驾驶舒适度和进行各种娱乐活动,例如开空调、听音乐、接打电话等。

在执行次驾驶任务和副驾驶任务时,常会导致驾驶人注意力分散,因此会降低驾驶的安全水平。通过自动实现驾驶任务或简化驾驶任务,均能提高交通安全水平。然而为了从本质上减少交通事故,还是应该把重心放在主驾驶任务上。在主驾驶任务中,通过应用驾驶辅助系统,引导层次的驾驶行为即规则基认知行为可以得到很大程度的提高。

1.3.2 驾驶认知行为分析(Driving Cognitive Behavior Analysis)

认知科学研究人类认知和智力的本质与规律,主要涉及的范围包括感知、注意、记忆、意图决策、动作乃至情感动机等在内的各个层面的认知活动[50]。

驾驶人认知过程中有两个方面的信息是必要的:一个是外部的,另一个是内部的。外部信息主要包括道路状况和车辆状况，这方面的信息从仪表、测量和观察评估得到。内部信息涉及驾驶人的自身方面，包括感受、感知、言语表现、思考、判断、情感和感觉等。从交通工效学的角度来说，驾驶认知行为主要包括感知、意图决策和控制。

感知：驾驶人视觉感知、听觉感知和触觉感知。

意图决策：驾驶人信息判断、加工和处理。

控制：驾驶操作，即行为的外在表现。

作为道路交通系统的信息处理者、决策者、调节者和控制者，驾驶人是驾驶人—车辆—道路环境系统中最核心、最复杂的组成部分。在行车过程中，驾驶人需要连续不断地从道路环境和车辆运行状况中获取道路交通信息和车辆运行信息，并对其进行加工处理，然后做出决策[27,51,64,65]。因此，驾驶认知行为形成实质上是一个多源信息融合过程，即驾驶人经过与感知、注意、记忆、思维等相对应的信息收集、筛选、储存、编码等一系列心理活动的不断反复，最后才能达到决策的目的[60]。

1.3.3 驾驶失误(Driving Error)

从本质上说，驾驶人失误是引发道路交通事故的根本原因。驾驶失误可以分为**感知失误**、**操作失误**和**疏忽** 3 类。感知失误指对驾驶情境评价发生偏差，而操作失误是指不能实施原先计划的操作动作。疏忽和错误是两个不同的概念。疏忽是指原先计划的行动没有达到要求的目的；而错误是指原先计划的实施不能达到要求的目的。

驾驶失误包括**经常性**和**偶然性**两种失误。**经常性失误**反映一个人实际驾驶行为与标准驾驶行为的差距，反映驾驶人的信息加工能力的局限性；**偶然性失误**是反映驾驶人主观状态变化的差异，体现了人的行为的固有特点。缺乏驾驶技能和经验的驾驶人极易产生经常性失误，这种失误较为容易评估和控制，一般通过教育与培训就可避免发生这类失误。但作为严重影响道路交通安全的偶然性失误却极难预测，控制它很困难，因此偶然性失误是事故发生的主要原因。

驾驶失误的诱发因素分为两种，一种是影响驾驶人产生失误的因素，另一种是影响驾驶人差错恢复能力的因素。驾驶人的失误会导致严重后果，因此应在道路系统中设置一些预防驾驶人失误的设施，以便及时反馈驾驶人失误的信息。驾驶人失误如得不到及时反馈，对驾驶行为形成的认识就不会深刻，也不利于驾驶人及时改正失误。驾驶人的失误应不断得到校正,才能使正确的驾驶行为成为自动化行为。因此,从驾驶行为分析上来说,影响驾驶人差错恢复能力因素比影响驾驶人产生失误的因素更为重要。

尽管人们已在驾驶失误的数据采集处理方面进行了大量工作,但过于孤立地运用专家评价、数学模型求解、模拟和事故统计的方法是不可能完成大量数据的客观采集的,在一定程度上这些数据受到了不同程度的"污染"。

1.3.4 驾驶意图(Driving Intention)

自从 Pentland 和 Liu 提出驾驶意图概念以来,出现了不同的研究方向[53]。隐马尔科夫模型(HMM)、动态贝叶斯网络(DBN)、稀疏贝叶斯学习(SBL)等概率方法在驾驶意图识别方面得到了应用。Oliver 和 Pentland 运用隐马尔科夫模型分析了特殊的驾驶行为和驾驶意图,主要是通过对 70 名驾驶人的驾驶行为进行的测试,结合内置车载传感器采集到的数据分析了驾驶意图[54]。而 McCall 等人通过分析采集到的驾驶人驾驶过程中的视频、车载内置传感器数据和轨迹识别共同分析了驾驶意图[55]。Kumagai 等人分析了交叉口中驾驶人采取制动的概率,基于隐马尔科夫模型给出了驾驶行为预测的框架[56]。Yoshifumi 等人在分析隐马尔科夫模型的基础上发现,该模型没有考虑以往驾驶行为对模型的影响。基于对过去驾驶人行为的分析,提出了自回归马尔科夫模型。该模型提高了停车意图推测精度,由于考虑以往驾驶行为的影响,增强了模型的可靠性和鲁棒性[57]。

在驾驶人—车辆—道路环境系统中,驾驶人可以看作一个自适应智能传感器,而驾驶意图就是将该传感器的信号加以处理得到相应的信息。驾驶意图和行驶环境的识别很难用数学模型来表达,只能根据车辆行驶状态和驾驶人操作,结合行车经验做出判断[52]。目前的研究多是利用预测车辆轨迹来确定驾驶意图的。特别的,如果分析结果显示在未来几秒钟内,车辆很有可能穿过车道线,那么就可以假设驾驶人打算换道。Kuge 等人通过观测车辆参数和车道位置,利用隐性马尔可夫模型建立了车辆轨迹模型[58],而 Salvucci 等人利用认知理论构建了策略层面上的"行为轨迹"。尽管这些方法都比直接预测驾驶人意图容易很多,想要区分轨迹预测与一个驾驶人真正的意图是很复杂的,仍需要更深入的研究[59]。

为了改进这一问题,很多研究人员在驾驶意图建模过程中[61,62],考虑到驾驶人头部运动这一因素,把更多的驾驶人特殊状态信息输入到驾驶人意图推测系统中,使推测结果更贴近于驾驶人的真正意图。这样可以更好地避免因只考虑轨迹预测,把车道保持状态中正常的车辆摆动误认为是驾驶人企图换道。

1.3.5 驾驶乐趣(Driving Fun)

每一个驾驶行为都存在着一定的危险[1,62]。然而在实际交通运行中驾驶人只能通过主观判断来确定危险的程度,而不能意识到客观危险。当驾驶人对危险的主观评估比客观存在的危险要高时,就会谨慎驾驶,否则就会随意驾驶。谨慎驾驶的行为称之为“安全”。以主观危险为轴,定义一个个别的可接受危险(图1.5);当对于一个行为的判断比这个边界低时,就执行这个行为;当比这个边界高时,就不采取行动。因此,在这种情况下的驾驶行为是在安全区域内的。人们喜欢把行为的危险性提高到接近个别的可接受危险,因为这会使他们感到刺激、有乐趣。当在安全的领域时,会感到刺激,驾驶有乐趣;当处于错误的主观判断危险区域时,即为客观危险行为,这时驾驶人处于危险状况。

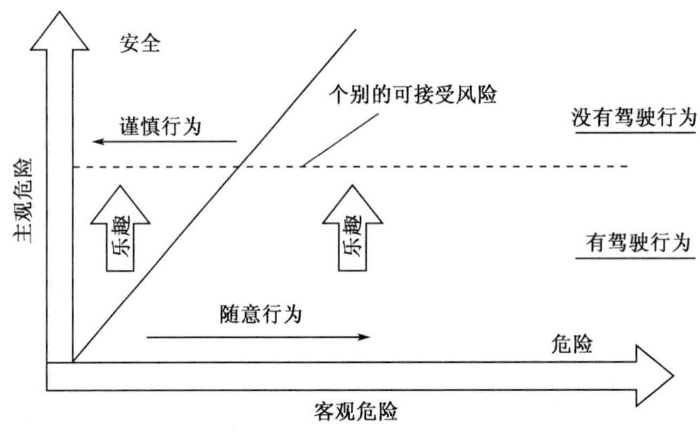

图1.5 主、客观危险和驾驶乐趣之间的关系

在运动、艺术和游乐领域,有许多例子显示人类的乐趣是来源于成功地征服一个具有挑战性的任务,也就是说有时触及危险边界的行为会让驾驶人感到愉快。而车辆主动安全系统的介入可能会导致驾驶时乐趣的减少。一般地,驾驶人希望在无聊或是在瓶颈路段行驶时能够得到辅助系统的支持,但在其他情况下能够自由驾驶。因此如果想要提高交通安全,必须保证驾驶人在安全区域内行驶时也能感到驾驶乐趣。

1.4 驾驶模拟与驾驶辅助系统
(Driving Simulation and Driver Assistance Systems)

1.4.1 驾驶模拟(Driving Simulation)

驾驶模拟器是指利用计算机、机电、车辆、软件、声音和图像等复合技术手段来模拟现实驾驶环境的仿真平台,可以用于车辆设计与开发、驾驶行为分析建模、道路交通规划评价、交通事故研究以及评估道路设计与交通方案等。

科研型驾驶模拟器主要由运动系统和视景系统组成。根据对不同驾驶模拟器的功能需求,还包括模拟行驶时噪声的音响系统,模拟转向盘反力、加速踏板反力、道路反力等触感模拟系统,等等。

驾驶模拟器通过计算机技术产生车辆行驶过程中的虚拟视景、音响效果和运动仿真,使驾驶人沉浸到虚拟驾驶环境中,产生实车驾驶感觉。国内科研型驾驶模拟器发展较晚,直到 20 世纪 90 年代才开始研发。具有代表性的科研型驾驶模拟器主要发展如表 1.1 所示。

世界主要科研型驾驶模拟器 表 1.1

研发时间	研发机构	模拟器简介	后续发展情况及用途
1970	德国大众公司	世界最早的科研型驾驶模拟器,3 自由度	1989 年大众公司更新原来驾驶模拟器计算机系统和视景生成系统并用于新产品开发
1985	德国戴姆勒—奔驰公司	当时世界最先进的驾驶模拟器,6 自由度	1993 年扩大座舱侧向移动范围,2010 年将驾驶模拟器改建成 7 个自由度,主要用于车辆研发方面
1993	美国爱荷华大学	启用 1 300 万美元开发出先进的驾驶模拟器,6 自由度	1996 年增加 3 000 万美元进行改进,多年扩建现成为世界最先进的驾驶模拟器之一(8 自由度),主要进行驾驶人行为分析、车辆的安全系统测试及道路的设计规划研究
1994	美国福特公司	6 自由度	2008 年研制虚拟跑道测试实验,并于 2012 年对其进行了升级,用于优化车辆的安全性能

续上表

研发时间	研发机构	模拟器简介	后续发展情况及用途
1999	德国宝马公司	6 自由度	研究动态驾驶主动安全,用于开发和测试驾驶辅助系统,于 2003 年扩建
1999	日本东京大学	6 自由度	2004 年引入 360 度回转功能、实景影像与计算机图像集合技术等,并于 2007 年进行再次扩建
2007	日本丰田公司	8 自由度	世界规模最大的驾驶模拟器,用于分析驾驶特性,提升车辆主动安全

1.4.2 驾驶辅助系统(Driver Assistance Systems)

驾驶辅助系统是车辆主动安全系统的一个重要组成部分[1,61-83]。随着科学技术的发展,车辆不再单纯是人们的交通工具,更将成为一种舒适、和谐、先进的高科技发展的象征。车辆安全性研究的焦点也将从被动安全性向主动安全性方向发展,并最终向着智能化的方向前进。作为车辆主动安全性研究的重要组成部分[89],驾驶辅助系统的研究将加快步伐(图 1.6)。从图 1.6 可以看出,只有在事故发生前采取措施才有希望解决道路交通事故,但是这受到许多方面因素的影响和制约,而驾驶辅助系统为解决这类问题提供了很好的方法。

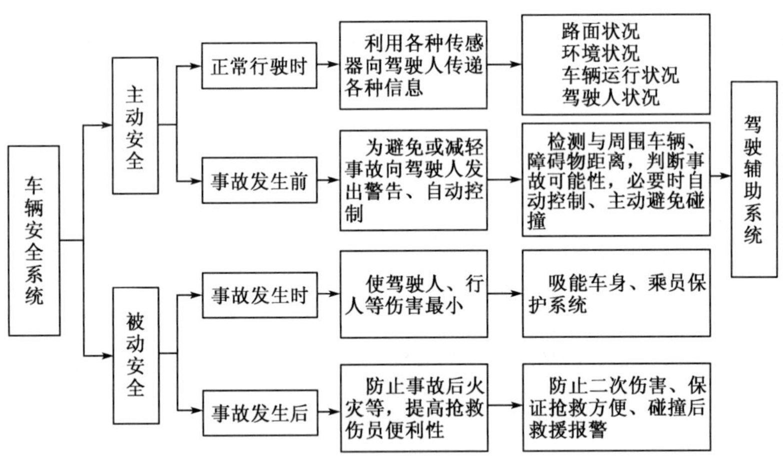

图 1.6 驾驶辅助系统在车辆安全系统中的地位

驾驶辅助系统是利用安装于车上的各式各样的传感器,在第一时间收集车辆内外的环境数据,进行静、动态物体的辨别、侦测与追踪等技术上的处理,从而能够让驾驶人在最快的时间察觉可能发生的危险并提供支持功能，保证行车安全。

从功能上讲，驾驶辅助系统可分为三个阶段：第一个阶段是以弥补驾驶人感官不足为主的预警系统，如：碰撞预警系统、车道偏离预警系统、防瞌睡驾驶人警告系统、轮胎气压警告系统、盲角监测警告系统等；第二个阶段是弥补驾驶人决策能力和反应能力不足的辅助驾驶系统，如：碰撞避免系统、自适应巡航控制系统、自动泊车系统、车道保持系统等；最后一个阶段是智能驾驶系统，智能驾驶系统可以代替驾驶人进行汽车的监控，是最高层次的驾驶辅助系统。

现阶段，较为典型的驾驶辅助系统主要包括：防抱死制动系统（Anti-locked Braking System，即 ABS）；牵引力控制系统或循迹控制系统（Traction Control System，即 TCS）；抬头显示系统（Head Up Display，即 HUD）；电子稳定程序（Electronic Stability Program，即 ESP）；制动辅助系统（Brake Assist System，即 BAS）；车辆夜视系统（Night Vision System，即 NVS）；自适应巡航控制系统（Adaptive Cruise Control，即 ACC）；车道偏离预警系统（Lane Departure Warning System，即 LDWS）；车道保持辅助系统（Lane Keep Assist System，即 LKAS）；车辆防撞预警系统（Advance Collision Warning System，即 AWS）；交叉口驾驶辅助系统（Intelligent Assistant System，即 IAS）。图 1.7 为驾驶辅助系统的时间发展路线图。

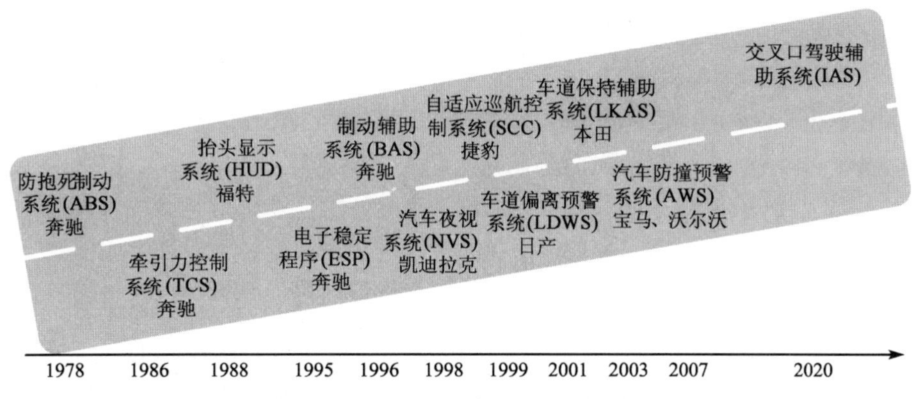

图 1.7 驾驶辅助系统的时间发展路线图（第一次出现在市场的年份以及其使用者）

（1）防抱死制动系统（ABS）

20 世纪 70 年代初，由于欧美生产的新型轿车的前轮或前后轮开始采用盘式制动器，促使了防抱死制动系统在车辆上的应用，1978 年，奔驰 S 级车成为最先装备防抱死制动系统的车辆。防抱死制动系统是车辆上的一种主动安全装置，其作用是在车辆制动时，防止车轮抱死在路面上滑拖，以提高车辆制动过程中的方向稳定性、转向控制能力和缩短制动距离，使车辆制动更为安全有效。

防抱死制动系统的工作原理：在制动时车轮的速度可以通过每个车轮的独立电子传感器来测量，将4个车轮变化的速度信号及时输送给电脑；电脑连续检测4个车轮的速度信号，经过计算后适时发出控制指令给液压调节器，以控制制动分泵的液压迅速变大或变小。通过灵敏的电子电路使这一过程进行得很快，在1s内可作用60~120次，相当于不停地制动、放松，即相似于机械的“点刹”，防止4个车轮被完全抱死，获取最佳制动力，缩短了制动距离，最大限度地保证了制动时车辆的稳定性，增大了安全性。

(2)牵引力控制系统(TCS)

1986年博世公司推出牵引力控制系统，是继防抱死制动系统后又一新发展，这一系统首先安装在奔驰车上。车辆行驶在易滑路面上时，当进行起步或急加速时，驱动轮可能出现打滑现象，如果是后轮，将会造成甩尾；如果是前轮，车辆方向就容易失控，导致车辆向一侧偏移。当安装了牵引力控制系统后，车辆在加速时就能够避免或减轻这种现象，保持车辆沿着正确方向行驶。牵引力控制系统可以提高车辆行驶稳定性，提高车辆的加速能力和爬坡能力。

牵引力控制系统基本工作原理：电子传感器探测到从动轮速度低于驱动轮时，若在低速时发现打滑，牵引力控制系统会立即向防抱死制动系统发出一个信号，通过防抱死制动系统减轻此车轮打滑；若在高速时发现打滑，牵引力控制系统会立即向电脑发出指令，指挥发动机调节点火时间、减小节气门开度以降低转速，或降低挡位，使车轮不再打滑，防止车辆失控或甩尾。

(3)抬头显示系统(HUD)

抬头显示系统(HUD)最早应用于军用飞机上。1988年，福特公司首次在车辆上应用了抬头显示系统。2001年，福特公司在其车辆上装备了彩显抬头显示系统。2003年，宝马公司成为欧洲第一家使用抬头显示系统技术的汽车公司，目前宝马的多系车型均已配备抬头显示系统。但目前抬头显示系统并没有在车辆上普及，仅在一些高档车辆上配置。所谓抬头显示，即驾驶人可以不需要低头查看仪表，就可以看到前方风窗玻璃或显示器上所显示的有关车辆的各种所需数据。通过抬头显示系统的使用，可以有效降低驾驶人低头查看仪表的频率，从而避免注意力中断，以提高车辆行驶的安全性。

抬头显示系统利用光学反射原理，将重要的驾驶信息通过芯片处理后，投射在前风窗玻璃或者前方显示器上。前风窗玻璃上安装一片薄膜,以利于提高信息显示的可视性。薄膜或显示器的高度大致与驾驶人的眼睛呈水平,驾驶人通过抬头显示系统往前方看的时候,能够轻易地将外界的景象与抬头显示系统显示的信息融合在一起,从而在不低头的情况下获取所需信息。通过与车辆行车电脑、GPS 导航仪以及行车雷达的配合,现有车用抬头显示系统给出的显示信息为:车辆速度、转向灯、导航方向、定速巡航以及巡航速度控制、显示和前车的距离、仪表检查或引擎故障显示、当前挡位和发动机转速,等等。

(4)电子稳定程序(ESP)

1995 年博世公司推出的电子稳定程序,由奔驰汽车公司首先应用在其 A 级车上。电子稳定程序是一种能够预知并能迅速有效地控制侧滑现象发生的系统。电子稳定程序能够实时监控驾驶人的操控动作、路面反应、车辆运动状态,并不断向发动机和制动系统发出指令。实际上电子稳定程序也是一种牵引力控制系统,但与其他牵引力控制系统比较,电子稳定程序不但能控制驱动轮,也能控制从动轮。后轮驱动车辆常出现转向过度情况,此时后轮失控甩尾,电子稳定程序会减慢外侧前轮来稳定车辆;在转向不足时,为校正循迹方向,电子稳定程序会减慢内侧后轮,从而校正行驶方向。

(5)制动辅助系统(BAS)

发明制动辅助系统的想法是 1992 年在戴姆勒—奔驰的驾驶模拟器中产生的,经过几年的努力,奔驰公司于 1996 年研制成世界上最早的电子制动辅助系统,并在 S 和 SL 级车辆中普遍配备,从 1997 年春开始在其他奔驰车辆中逐渐普及。

在突然紧急情况下,驾驶人一般都会采取紧急制动,在短时间内大力踩下制动踏板,然而从开始制动到到达最大制动力需要一定时间或者有时不能达到最大制动力,有时可能在初次碰撞平息后驾驶人会过早地松动制动踏板,这样很容易出现制动距离加长的现象。为解决上述情况,在车辆上安装制动辅助系统,当出现紧急制动时,制动辅助系统会识别这种紧急状况而在毫秒内达到最大制动力。由于更早地施加了最大的制动力,紧急制动辅助装置可显著缩短车辆的制动距离。

(6)夜视系统(NVS)

夜视系统是美国通用汽车公司和得州得克萨斯仪表公司从 20 世纪 80 年代末就致力研究的系统,到 1998 年,这种夜视安全装置终于首次在凯迪拉克车上亮相。夜视系统是利用红外线技术能将黑暗变得如同白昼,使驾驶人在黑夜里看得更远更清楚。夜视系统属于主动式安全设备,能够大大提高车辆在特殊天气行驶的安全性,具有较高使用价值。

一般的车辆前照灯只能照射100m左右,而夜视系统至少可看到450m以外的路况信息,耗电量却是前照灯的四分之一。如果车辆行驶前方有一个成年行人,一个视力好的驾驶人,用近光灯可以在距他88m处看见对方,用远光灯可延长到164m。而用夜视系统却能在458m外发现前方的行人,因此驾驶人有足够的时间作出反应。另一方面,由于采用的是红外传感技术,因此,即使打开车辆前照灯也不影响图像的显示,迎面驶来车辆的强烈车灯光线也不会使夜视系统致盲。特别是夜晚两车相会时,双方驾驶人可通过夜视屏观察前方路况,以避免刺眼的眩光。此外,夜视系统是全天候的电子眼,在雨雪、浓雾天气也可照常安全驾驶车辆。如果将液晶屏安装在后视镜上,则可成为倒车后视仪,亦可防止夜晚车辆的追尾相撞。

(7)自适应巡航控制系统(ACC)

自适应巡航控制系统是从传统的定速巡航功能延伸和发展出来的,首先出现在捷豹公司1999年推出的XK180轿车上,标志着自适应巡航控制系统作为一种安全性驾驶辅助系统进入了商品化阶段。

传统巡航控制系统通常在发动机舱内配有巡航控制模块,通过控制执行器调节节气门开度来控制车速。在转向盘附近通常有控制按键,按下设定键就会启动巡航,车辆会自动维持在当前车速。按下加速或减速键时,车速会以一定的数值改变。自适应巡航控制系统可以使车辆以驾驶人设定的速度进行巡航驾驶,并能在当车辆速度与现时交通状况不相适应时,自适应巡航控制系统自动通过加速或制动与前方车辆保持一定距离,降低驾驶疲劳。

自适应巡航控制系统原理:依靠雷达探测前导车,并向自适应巡航控制系统的电子控制单元提供跟随车与前导车相对速度、相对距离、相对角度等信息。自适应巡航控制系统的电子控制单元根据驾驶人所设定的安全车距以及巡航行驶速度,结合雷达传送来的信息确定跟随车的行驶状态。当两车间距离小于所设定的安全距离时,自适应巡航控制系统的电子控制单元计算实际车距和安全车距之比及相对速度的大小,选择减速方式;同时通过警报器向驾驶人发出警报,提醒驾驶人采取相应的措施。

(8)车道偏离预警系统(LDWS)

车道偏离预警系统于2001年第一次在日产公司的汽车上使用。车道偏离预警系统是指一种通过警告的方式辅助驾驶人避免或者减少车道偏离事故的系统。美国国家公路交通安全管理局开展的有关研究将车辆偏离预警系统分为“纵向”和“横向”车道偏离警告两个主要功能。纵向车道偏离警告系统主要用于预防那种由于车速太快或方向失控引起的车道偏离碰撞,横向车道偏离警告系统主要用于预防由于驾驶人注意力不集中以及驾驶人放弃转向操作而引起的车道偏离碰撞。

车道偏离预警系统工作原理:安装在车内倒车镜前方的摄像头配有一套专门开发的算法软件能监视前方的车道标线,该标线视觉信号连同车速数据被发往电子控制单元,能计算出车体与标线之间的距离和车体相对于标线的横移速度,据此可判断车辆是否正在偏离车道。如果偏离,则同时触发“视/声”警示(仪表板上的警灯闪烁和警笛蜂鸣),提醒驾驶人修正方向。若摄像头“看”不到前方的车道标线或是车速低于 72km/h 时,车道偏离预警系统将不起作用。

(9)车道保持辅助系统(LKAS)

车道保持辅助系统是继车道偏离预警系统后开发的技术,于 2003 年在本田汽车上首次使用。车道保持辅助系统通过电脑控制实现自动修舵来修正车辆的行驶轨迹,以免车辆偏离车道的情况发生,提高驾驶安全性和舒适性。

车道保持辅助系统的原理:通过紧贴在前风窗玻璃上的数字式灰度摄像头实时拍摄前方道路上的左右车道线,对其进行监控。拍摄到的图像由电脑转换成信息数据并进行处理,分析车辆是否行驶在两条车道线的中间以及车辆是否有偏移。若有偏移并超出了允许偏移值便会向电子稳定程序发出修舵动作指令,加以干预纠正,车辆便会自动回到两条车道线中间来。如果遇到弯度较大的弯道且车道线清晰,轿车也会自动沿着弯道转弯行驶。

(10)车辆防撞预警系统(AWS)

车辆防撞预警系统最早是由以色列 Mobileye 公司经过 6 年的研究,开发出的一套基于图像处理技术的车辆安全预警系统。该系统有六大功能:行人防撞警示(Pedestrian Collision Warning, PCW)、前碰撞预警(Front Collision Warning, FCW)、车道偏离预警(Lane Departure Warning, LDW)、车距监测预警(Vehicle Distance Monitoring Warning, HMW)、城市前碰撞预警(Urban Forward Collision Warning,UFCW)、智能远光灯控制(Intelligent High Beam Control, IHC)。2007 年德国宝马公司在 08 款新 5 系汽车中,第一个采用车辆防撞预警系统中的车道

偏离预警技术。沃尔沃公司则在其08款S80、V70及XC70中采用车辆防撞预警系统中的前碰撞预警、车道偏离预警、车距监测预警三大技术。

车辆防撞预警系统是在车辆行驶过程中,对车辆的前后以及左右方向的危险物进行检测,在车辆与危险物具有发生碰撞危险的情况下,进行声光报警,提示驾驶人危险物的方向以及危险程度,以便让驾驶人采取相应的措施,避免追尾碰撞等交通事故的发生。

(11)交叉口驾驶辅助系统(IAS)

交叉口驾驶辅助系统是将来车辆实现的技术构想[62]。当车辆进入交叉口处于危险状态时给予驾驶人警告,例如当障碍物挡住驾驶人视线而无法看到对向车流时,该驾驶辅助系统就可以发出警告甚至控制车辆安全行驶。

尽管这些辅助驾驶系统对保证车辆行驶安全起到了积极作用,但部分辅助驾驶系统间功能存在着一定的交叉重叠,从而增大了系统集成与协调的难度。既具有自适应巡航功能,又具有车道保持功能的辅助驾驶系统,从某种程度而言可以实现车辆自主行驶。所以当一切局部自动控制系统功能定位准确后,无人驾驶系统就指日可待。尽管如此,智能车辆的未来发展必须以人为本,完全实现驾驶安全与驾驶乐趣的综合协调。

1.5 车辆人机交互安全与辅助驾驶的重要意义(Importance of Vehicle's Man-Machine Interaction Safety and Driver Assistance)

无论是发展中国家进行的机动化过程,还是发达国家面临的机动化发展,通过辅助驾驶来提高车辆行驶安全都是人们普遍关注的社会问题和科学技术进步面临的重要课题,蕴涵着极其丰富的科学内涵和工程技术价值。

在过去的一百多年间,车辆人机交互安全与辅助驾驶的研究虽然得到了一定的发展和理论上的完善,但因涉及问题本质的极为复杂,尚有很多研究需要展开。由于驾驶人不仅是道路交通系统的信息处理者和决策者,而且也是调节者和控制者,因此驾驶行为的研究就成为道路交通安全的核心问题之一。尽管因研究问题的角度和起点的不同,众多的模型彼此各异,但其目的却是一致的,即通过车辆人机交互的内在机制与外部表现的识别来揭示驾驶行为对道路交通安全的影响程度,以期从根本上设计出安全性更高的车辆或者研发出先进的驾驶

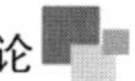

辅助系统，通过道路交通安全管理与控制，达到实现交通安全的目的。

事实上，由于驾驶人生理、心理的多变性和外在因素的多维干扰，以及道路环境及车辆运行时无数随机变量的牵涉，同时受交通安全管理中某些社会负效应的制约，导致对驾驶行为系统深入研究的艰难和迫切，而且驾驶失误的不可避免性也决定了目前采用的方法主要用于识别、减少和控制驾驶失误，而不能从根本上解决驾驶失误，而通过基于信息技术的驾驶辅助系统也只能防范驾驶失误。此外，驾驶人以各自不同的驾驶技能来控制车辆经过交通态势复杂的路段时，在保证安全车速的前提下不仅要确保车辆间的安全车距，而且也需要车辆行驶在纵向横向位移均适当的综合安全区域内，以保证交通系统的高效能运行。因此，车辆人机交互安全与辅助驾驶的研究已成为“以人为中心”的交通行为与安全涉及的重要领域和主攻方向。

对车辆人机交互安全与辅助驾驶的研究，其重点在于：构建了驾驶本质安全化的理论体系与方法模型，提出在出现驾驶失误、车辆故障或道路环境恶化的情况下，如何建立保证交通运行本质安全的新机制和基础设施条件；基于驾驶可信分析方法建立驾驶本质安全化模型，从可靠性、安全性层次对驾驶行为形成进行了解构分析，提出基于可靠性的驾驶差错恢复能力分析方法；从数字驾驶角度构建了车辆人机生态界面设计理论和方法，以期从驾驶乐趣和驾驶安全兼顾的角度提高驾驶可信性。

从人车动态交通过程和驾驶行为形成模式的角度，建立了安全接近和换道行为的微观模型，实现了对安全驾驶行为进行规则化、模型化的定量描述，提出了基于驾驶意图的车辆行驶安全性分析方法，揭示出交叉口中人车单元同弱势交通参与者的冲突在时间和空间上的发生规律。

提出了识别不良交通事件的风险演变及其安全控制的动态模型，利用交通事变征兆所蕴含的信息的传递特性来辨识交通风险，分别从不确定条件、确定条件层次上，对交通事故致因机理、交叉口冲突形成、路网拥堵原因进行了系统研究，为解决交通系统定量风险性评价和交通安全微观控制提供了依据。

车辆人机交互安全与辅助驾驶研究的关键在于：通过对驾驶人—车辆—道路环境系统运行状况的识别，从微观和宏观的层次上来确定交通系统效能的影响因素，重点揭示交通参与者素质与交通系统运行的相关性规律，实现定量识别驾驶人—车辆—道路环境要素间信息传递、转化和处理的微观模型化生成仿真；通过主观评价与客观仿真相互转化、重点事故案例识别与驾驶行为测试互为补充、定性分析与定量评价相互结合的方式，从局部、整体和全面性关联的原则上对驾驶行为进行了系统深入的研究,从“以人为中心”的角度上构筑起车辆人机交互安全的理论体系并发展驾驶辅助技术。为驾驶人的交通内涵界定与技术支撑、道路规划建设与改进、车辆安全性设计与运用、交通事故防范等基础性工作提供理论依据,丰富并开拓交通行为研究与应用的范畴,为开发道路交通事故的校正控制技术和提高道路交通系统运行的效能提供途径。

本章参考文献(References)

[1] Bubb H.. Driver Behaviour and Assistance. Journal of Beijing Institute of Technology (English Edition). 2010 19(S2), 1-17.

[2] Chandler R. E., Herman R., Montroll E. W.. Traffic dynamics: studies in car following. Operations Research, 1958, 6, 165-184.

[3] Gipps P. G.. A behavioural car following model for computer simulation. Transportation Research B, 1981, 15, 105-111.

[4] Michaels R. M.. Perceptual factors in car following. In Proceedings of the Second International Symposium on the Theory of Road Traffic Flow. Paris: OECD, 1963, 44-59.

[5] Evans L., Rothery R.. Experimental measurement of perceptual thresholds in car following. Highway Research Record, 1973, 64, 13-29.

[6] Elefteriadou L., Leonard J., Lieu H., List G.. Beyond the Highway Capacity Manual: A Framework for Selecting Simulation Models in Traffic Operational Analyses. Transportation Research Board 78th Annual Meeting, 1999, 1.

[7] Home of the Next Generation Simulation Community. www. *ngsim-community. org*.

[8] Peacock B., Karwowski W.. Automotive ergonomics, London: Taylor & Francis, 1993.

[9] Guo W. W., Wang W. H., Mao Y., Xiong H., Zhang W. H.. Model of desired speed based on vehicle dynamic. Journal of Beijing Institute of Technology (English Edition), 2012 21(1), 81-84.

[10] Mao Y., Wang W. H., Guo W. W.. Analysis of opposing left-turn conflicts based on traffic conflict technology, Journal of Beijing Institute of Technology (English Edition), 2012 21(4), 487-491.

[11] Wang W. H., Sheng Z. J., Liu H., Yao L. Y., Ikeuchi K.. Traffic system

reliability comparison between digital driving and conventional driving, Journal of Beijing Institute of Technology (English Edition), 2009 18(4), 412-415.

[12] Guo H. W., Wang W. H., Guo W. W., Zhao F. C.. Modeling Lane-keeping Behavior of Bicyclist Using Survival Analysis Approach, Discrete Dynamics in Nature and Society, 2012, Article ID 197518, 1-10.

[13] Jiang X. B., Wang W. H., Bnegler K.. Driver behavior centred traffic conflict analysis with pedestrian at signalized intersection crosswalk. Journal of Beijing Institute of Technology (English Edition), 2010 19(S2), 16-20.

[14] Fastenmeier. W., Hinderer J., Lehnig U., Gstalter H.. Analyse von Spurwechselvorgängen im Verkehr, Zeitschrift für Arbeitswissenschaften, ergonomia verlag, 2001.

[15] Hogema J. and Van. der horst R.. Driver behaviour under adverse visibility conditions, Proceedings of the First World Congress on Applications of Transport Telematics and Intelligent Vehicle-Highway Systems (Paris: TTS), 1994, 1623-1636.

[16] Guo H. W., Wang W. H., Zhao F. C., Guo W. W.. Analyzing influence of bicycles on traffic flow using microscopic simulation approach, Journal of Beijing Institute of Technology (English Edition), 2012 21(2), 210-215.

[17] Nagel K., Schreckenberg M.. A cellular automaton model for freeway traffic, Journal De Physique I, 1992, 2: 2221-2229.

[18] Kumagai T., Sakaguchi Y., Okuwa M.. Prediction of driving behavior through probabilistic inference, *EANN*2003, Malaga, Spain, (2003) 117-123.

[19] Tezuka S., Soma H., Tanifuji K.. A study of driver behavior inference model at time of lane changing using Bayesian Networks, IEEE International Conference on Industrial Technology, Mumbai, 2007.

[20] Kuge N., Yamamura T., Shimoyama. O.. A driver behavior recognition method based on a driver model framework, Warrendale, PA: SAE, 1998.

[21] Sathyanarayana A., Boyraz P., Hansen J. H. L., Driver behavior analysis and route recognition by Hidden Markov Models, IEEE International Conference on Vehicular Electronics and Safety, Columbus, OH, USA, (2008).

[22] Pentland A., Liu A.. Modeling and prediction of human behavior, Neural

Computation, 1999 11(1), 229-242.

[23] Macadam C. C., Johnson G. E.. Application of elementary neural networks and preview sensors for representing driver steering control behaviour, Vehicle System Dynamics, 1996 25(1).

[24] Tomar R. S., Verma S., Tomar G. S.. Prediction of lane changing trajectories through Neural Network, IEEE International Conference on Computational Intelligence and Communication Networks, Bhopal, 249, 2011.

[25] Hidas P.. Modeling lane changing and merging in microscopic traffic simulation, Transportation Research, Part C, 2002,10(5),351-371.

[26] Plavsic M., Klinker G., Bubb H.. Situation Awareness Assessment in Critical Driving Situations at Intersections by Task and Human Error Analyses, Human Factors and Ergonomics in Manufacturing and Service Industries,2010 20 (3),177-191.

[27] 王武宏,等,道路交通系统中驾驶行为理论与方法. 北京:科学出版社,2001.

[28] Han I.,Yang K. S.. Characteristic analysis for cognition of dangerous driving using automobile black boxes. International Journal of Automotive Technology 2009, 10(5), 597-605.

[29] Nebi S.. Personality and behavioral predictors of traffic accidents: Testing a contextual mediated model. Accident Analysis and Prevention, 2003,35, 949-964.

[30] Kuzminski P., Eisele J. S., Garber N., Schwing R., Haimes Y. Y., Li D., Chowdhury M.. Improvement of highway safety I: Identification of causal factors through fault-tree modeling. Risk Analysis, 1995,15, 293-312.

[31] Treat J. R.. A study of precrash factors involved in traffic accidents. HSRI Research Review,1980, 10(6), 1-35.

[32] Sayed T., Walid A., Frank N.. Identifying accident-prone location using fuzzy pattern recognition. Journal of Transportation Engineering 1995, 121 (4), 352-358.

[33] Koppa R. J.. Human factors. Monograph on traffic flow theory. The Federal Highway Administration (FHWA),Gartner, N. H., Messer, C., Rathi, A. K. (Edn), 1996, 3-1-3-32.

[34] Kim S. Y., Choi H. C., Won W. J., Oh S. Y.. Driving environment assessment using fusion of in- and out-of-vehicle vision systems. International Journal of Automotive Technology 2009, 10(1), 103-113.

[35] Glendon A. I., Stanton N. A., Harrision D.. Factor analyzing a behavior shaping concepts questionnaire. Robertson, S. A. (Edn), Contemporary Ergonomics, 1994, 340-345.

[36] Kim J. H., Kim Y. W., Sim K. Y.. Quantitative study on the fearfulness of human driver using vector quantization. International Journal of Automotive Technology 2007, 8(4), 505-512.

[37] Summala H.. Accident risk and driver behaviour. Safety Science, 1996, 22 (1-3), 103-I 17.

[38] Ranney T. A.. Models of driving behavior: A review of their evolution. Accidents Analysis and Prevention, 1994, 26, 733-750.

[39] Groeger J. A.. Drivers' errors in, and out of context. Ergonomics, 1990, 33, 1201-1213.

[40] Parker D., Reason. J. T., Manstead A. S. R., Stradling S. G.. Driving errors, driving violations and accident involvement. Ergonomics, 1995, 38, 1036-1048.

[41] Wang W. H.. A digital driving system for smart vehicle. IEEE Intelligent Systems, 2002, 17 (5), 81-83.

[42] Malaterre G.. Error analysis and in-depth accident studies. Ergonomics, 1990, 33, 1403-1421.

[43] Ding C. X., Wang W. H.. Identification of dangerous area within vehicles operation for driver assistance. Journal of Beijing Institute of Technology (English Edition), 2010 19(S2), 41-44.

[44] Sheridan. T. B.. Vehicle handling: Mathematical characteristics of the driver, SAE paper 630068, SAE International, 1963.

[45] Fiala E.. Lenken von kraftfahrzeugen als kybernetische aufgabe. ATZ 68/5, 1966, 156-162.

[46] Donges E.. A two-level mode of driver steering behavior, Human Factors, 1978, 20(6), 691-707.

[47] Nakagawa J., Tanaka M., Yoshimoto K.. Modelling of a driver's behaviour

considering roll motion, JSAE Review, 1994,15(1), 35-43.

[48] Pilbeam C. ,Sharp R. S.. On the preview control limited bandwidth vehicle suspensions. ARCHIEVE: Proceedings of Institution of Mechanical Engineers, Part D: Journal of Automobile Engineering, 1993 207(D3), 185-194.

[49] Wang W. H. ,Ding C. X. , Feng G. D. ,Jiang X. B.. Simulation modelling of longitudinal safety spacing in inter-vehicles dynamics interactions. Journal of Beijing Institute of Technology (English Edition), 2010 19(S2), 55-60.

[50] 刘雁飞,吴朝晖. 驾驶 ACT-R 认知行为建模. 浙江大学学报(工学版). 2006 40(10),1657-1662.

[51] Lum K. M. , Wong Y. D.. A before-and-after study of driver stopping propensity at red light camera intersections, Accident Analysis and Prevention, 2003, 35(1),111-120.

[52] 王玉海,宋健,李兴坤. 驾驶员意图与行驶环境的统一识别及实时算法,机械工程学报. 2006 42(4).

[53] Pentland A. , Liu A.. Modeling and prediction of human behavior, Neural Computation, 1999, 11(1),229-242.

[54] Oliver N. , Pentland A.. Driver Behavior Recognition and Prediction in a Smart Car. Proceedings of SPIE AerosenseA,2000, 280-290.

[55] McCall J. C. , David W. , Mohan M. , Bhaskar R.. Lane Change Intent Analysis Using Robust Operators and Sparse Bayesian Learning, IEEE Transactions on Intelligent Transportation Systems. 2007, 8(3) 431-440.

[56] Kumagai T. , Sakaguchi, Okuwa Y. M.. Prediction of driving behavior through probabilistic inference, EANN2003, Malaga, Spain, 2003,117-123.

[57] Yoshifumi K. , Koji O.. A Modeling Method for Predicting Driving Behavior Corcerning with Driver's Past Movements,IEEE International Conference on Vehicular Electronics and Safety,2008,132-136.

[58] Kuge N. , Yamamura T. , Shimoyama O.. A Driver Behavior Recognition Method Based on a Driver Model Framework. Warrendale, SAE Trans. 2000, 109, 469-476.

[59] Salvucci D. D. , Liu A.. The time course of a lane change: Driver control and eye-movement behavior, Transportation Ressearch Part F, 2001,5(2), 123-132.

[60] 王晓原,等. 交通流微观仿真与驾驶员行为建模理论及方法. 北京:科学出版社,2010.

[61] Doshi A. , Yuanhsien S. , Cheng M. , Trivedi M. . A Novel Active Heads-Up Display for Driver Assistance. IEEE Transactions on systems man and cybernetics, Part B,2009 39(1),85-93.

[62] Bubb H. . Traffic Safety through Driver Assistance and Intelligence, International Journal of Computational Intelligence Systems, 2011, 4(3) ,287-296.

[63] A·布洛基,等. 智能车辆—智能交通系统的关键技术. 王武宏,等编译. 北京:人民交通出版社,2002.

[64] 王武宏,曹琦. 人的失误及其可靠性分析,成都:西南交通大学出版社,1999.

[65] Wang W. H. , Wets G. . Computational Intelligence for Traffic and Mobility, Paris: Atlantis Press, Spring, 2012.

[66] Wang W. H. . Traffic Engineering. Beijing: China Communication Press,2010.

[67] 王武宏,等. 交通运输. 北京:新时代出版社,2002.

[68] Guo W. W. , Wang W. H. , Mao Y. , Wang D. H. . Influence of Stretching-Segment Storage Length on Urban Traffic Flow in Signalized Intersection. International Journal of Computational Intelligence Systems, 2011 4 (6), 1113-1121.

[69] Guo H. W. , Wang W. H, Guo W. W. , Jiang X. B. . Reliability analysis of pedestrian safety crossing in urban traffic environment. Safety Science, 2012 50(4),968-973.

[70] Liu Y. J. , Wang W. H. , Chen X. D. . Metropolis Parking Problems and Management Planning Solutions for Traffic Operation Effectiveness, Mathematical Problems in Engineering,2012, Article ID 678952,1-6.

[71] Jiang X. B. , Wang W. H. , MAO Y. ,Bengler K. ,Bubb H. . Situational factors of influencing drivers to give precedence to jaywalking pedestrians at signalized crosswalk. International Journal of Computational Intelligence Systems, 2011, 4(6),1987-1998.

[72] Ding C. X. ,Wang W. H. ,Wang X. , Baumann M. . A Neural Network Model for Driver's Lane Changing Trajectory Prediction in Urban Traffic Flow,

Mathematical Problems in Engineering,2013, Article ID 967358,1-9.

[73] Wang W. H., Zhang W., Guo H. W., Bubb H., Ikeuchi K.. A safety-based behavioural approaching model with various driving characteristics, Transportation Research Part C-Emerging Technologies, 2011 19(6),1202-1214.

[74] Wang W. H., Guo H. W., Gao Z. Y., Bubb H.. Individual differences of pedestrian behaviour in midblock crosswalk and intersection. International Journal of Crashworthiness,2011 16(1),1-9.

[75] Wang W. H., Guo H. W., Ikeuchi K., Bubb H.. Numerical simulation and analysis procedure for digital driving dependability in intelligent transport system. KSCE Journal of Civil Engineering, 2011 15(5),891-898.

[76] Wang W. H., Yan M., Jin J., Wang X., Guo H. W., Ren X. M., Ikeuchi K.. Driver's various information process and multi-ruled decision-making mechanism: a fundamental of intelligent driving shaping model. International Journal of Computational Intelligence Systems,2011 4(3),297-305.

[77] Wang W. H., Bengler K., Wets G.. Discrete Dynamics in Transportation System, Discrete Dynamics in Nature and Society, 2012, Article ID 234970, 1-2.

[78] Wang W. H., Bengler K.. Computational intelligence for transportation: driving safety and assistance. International Journal of Computational Intelligence Systems,2011 4(3),3-3.

[79] Wang W. H., Jiang X. B., Xia S. C., Cao Q.. Incident tree model and incident tree analysis method for quantified risk assessment: an in-depth accident study in traffic operation. Safety Science, 2010 48(10),1248-1262.

[80] Wang W. H., Hou F. G., Tan H. C., Bubb H.. A framework for function allocation in intelligent driver interface design for comfort and safety. International Journal of Computational Intelligence Systems, 2010 3(5),531-541.

[81] Wang W. H., Bubb H., Ikeuchi K., Cao Q.. Measurement of dangerous traffic conditions through driving dependability analysis. Journal of Scientific and Industrial Research,2010 69(4),172-176.

[82] Wang W. H., Cao Q., Ikeuchi K., Bubb H.. Reliability and safety analysis methodology for identification of drivers' erroneous actions. International Journal of Automotive Technology, 2010 11(6),873-881.

[83] Wang W. H. , Guo W. W. , Wets G. . Model-based simulation of driver expectation in mountainous road using various control strategies. International Journal of Computational Intelligence Systems,2011, 4(6),1145-1153.

[84] Alhajyaseen W. K. M. , Asano M. , Nakamura H. . Gap acceptance models for left-turning vehicles facing pedestrians at signalized crosswalks, 3nd International Conference on Road Safety and Simulation, Indianapolis, USA, 2011.

[85] Kimberrm R. M. . Gap-acceptance and empiricismin capacity prediction, Transportation Science, 1989 127(2), 100-111.

[86] Cooper P. J. , Zheng Y. . Turning gap acceptance decision-making: the impact of driver distraction. Journal of Safety Research, 2002 33, 321-335.

[87] Rakha H. , Sadek S. , Zohdy I. . Modeling differences in driver left-turn gap acceptance behavior using Bayesian and Bootstrap approaches. Procedia Social and Behavioral Sciences, 2011 16, 739-750.

[88] Sangole J. P. , Patil G. R. , Patare P. S. . Modeling gap acceptance behavior of two-wheeler at uncontrolled intersection using neuro-fuzzy. Procedia Social and Behavioral Sciences, 2011 20, 927-941.

[89] Azim E. . Handbook of Zntelligent Vehicles,Springer London,2012.

第2章 驾驶本质安全化理论与方法 (Driving Intrinsic Safety Methodology)

道路交通系统中驾驶行为的表现方式是多种多样的,诸如对道路交通信号的识别、对道路上其他车辆速度的估计、对行人意图的确定以及转向、制动,等等。由于驾驶行为的各种表现对不同道路交通状态下驾驶失误的频度和后果严重性具有很大的影响,而驾驶失误又作为各种"灰色"、"黑色"信息造成的软故障,一定程度上制约着安全驾驶能力。

构建驾驶本质安全化的理论与方法,即提出在驾驶失误、车辆故障或道路环境恶化的情况下,如何建立保证交通运行本质安全的新机制;从可靠性、安全性层次对驾驶行为形成进行解析,提出基于可靠性的驾驶差错恢复能力分析方法,以期预测驾驶人将来的失误行为,这不仅是实现客观量度道路交通系统可靠性的基础,而且也是道路交通系统优化设计的重要依据,同时也有利于辨识道路交通事故的致因机理和进行交通事故征兆的预先性安全控制。

2.1 驾驶本质安全化的理论依据 (Fundamentals of Driving Intrinsic Safety)

2.1.1 驾驶人的多类信息处理与多维决策机制(Driver's Various Information Process and Multi-ruled Decision-Making Mechanism)

车辆在行驶时,驾驶人要根据道路状况、交通标志、交通信号以及车内仪表等提供的信息来进行车辆的控制。驾驶人主要通过视觉、听觉、触觉以及嗅觉等器官从交通环境中获取信息(图2.1)。研究表明,80%以上的信息是驾驶人通过视觉获取的,其次是听觉。车辆在行驶时,驾驶人必须审视交通环境中出现的各种情况,除注视行车道以外,还需注视前面的车辆及邻近车道的车辆,不时地注视反光镜并及时核对仪表盘。有时,驾驶人还需主动地观察路旁的指路标志

以及其他如里程桩之类的信息。

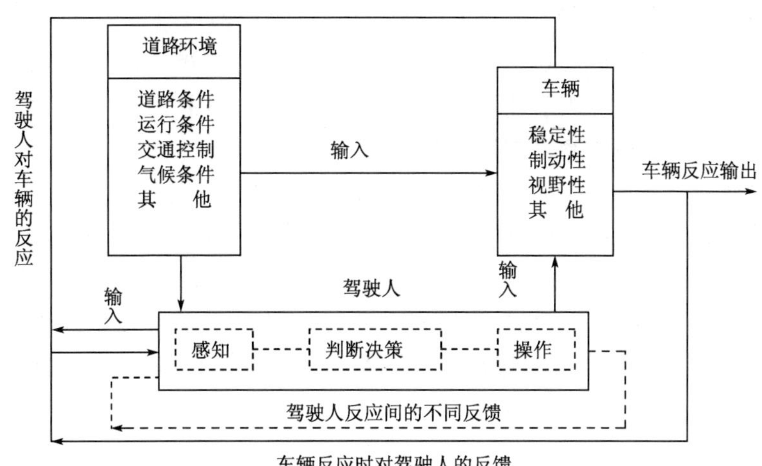

图 2.1 驾驶人、车辆、道路环境因素对驾驶行为形成的影响

对驾驶人来说,在一个最适宜的观察目标密度情况下,驾驶人的情绪不至于紧张,能够较有把握地驾驶车辆,对道路环境的变化也能及时做出反应。适宜的目标密度和适当多样化的环境信息,有助于驾驶人集中注意力。当环境信息过少时,例如在单调的草原地带交通量很小的情况下行车,信息量太少,常常会使驾驶人高级神经活动处于“抑制”状态,昏昏欲睡,很容易发生事故。但在目标密度过大,即“信息过载”时,驾驶人为了从周围的特征(视觉的干扰)中获取所需的信息,会本能地降低行车速度,以使输入的信息重新达到适当的数量。例如,当车辆通过交通量很大或者没有交通控制设施的村镇时,要求驾驶人注意力高度集中,这时驾驶人就需要有选择性地观察目标,放弃一些与行车安全无关紧要的目标;再例如,在交通拥挤的情况下,行人实际上不会引起驾驶人的注意。

驾驶人是具有高度自适应能力的智能体,既受到理性原则的约束,又受到感性思想的影响,会对新的交通状态产生非常复杂的逻辑判断和控制策略。因此,驾驶行为形成其实就是一个多输入单输出的信息处理衰减过程。驾驶人可能并不是根据一种信息输入就做出判断的,往往是根据多通道信息输入,并对各个通道信息加权后,综合各种信息做出判断决策。驾驶行为不但因人而异,而且取决于不同权重集成的多类信息。这些权重受驾驶人的目的、道路线形、车辆的相对速度、交通量、驾驶人的跟随意愿和驾驶时间等的影响。除此之外,权重也与行车过程中具体的交通状态和交通信息复杂性相关,例如紧急情况时权重会剧增。由于驾驶人潜意识里对紧急信息内容十分敏感,当此类信息进入大脑之后首先被预处理,结果由于其紧急性马上被赋予高优先级,立刻得到处理。因此只要一出现紧急事件就会立即吸引驾驶人的注意力,权重越高表示事件越紧急。这就是为什么驾驶人能适应突发交通状况的原因。

驾驶是一个非常复杂的控制过程,驾驶人为了保持车辆行驶安全需要对各种信息进行处理,完成各种驾驶任务。这些信息主要是通过驾驶人的视觉获得。例如,对于驾驶人跟随行为建模分析来说,可以用相对运动速度和距离作为输入中央处理单元,给出预测并指导交通安全。然而,在现实的交通状况下,作为输入的元素往往很多。当车辆接近或离开另一辆车,驾驶人能察觉到很多交通信息,包括跟随距离、在视角前方的车辆、视觉内的道路信息、两车相对位置,等等。

如果以跟随行为为例,驾驶人会从交通运行中选择某种信息作为跟随行为的输入,这不仅取决于状态感知和注意力分布,还取决于跟随条件(车头时距和相对速度)。当前车远离时,驾驶人会识别出与前车的距离并根据变化预测出近似距离;当前车接近时,驾驶人可以根据前方的道路做出判断。在高速时,驾驶人会观察前车尾灯,因为前车会通过红色闪光警告后车驾驶人准备减速;在低速时,驾驶人会分配较多的注意力获取前车视角的变化。驾驶视觉搜索包括识别重要交通信息的不断变化和运动场景。例如,交通信号应设置在可预测的位置并且交通信息应具有可预见性。相反,突发性交通事件则可能位于很难预测的地方,且可能含有较少的可预测信息,如临时性速度限制、车道关闭等。

2.1.2 驾驶本质安全化定义与内涵(Definition Of Driving Intrinsic Safety)

由于驾驶人—车辆—道路环境系统运行的本质极为复杂,因此对车辆人机交互安全与驾驶行为进行系统深入研究就显得十分迫切。而驾驶失误的不可避免决定了目前采用的方法主要用于识别、减少和控制驾驶失误,而不能从根本上解决驾驶失误。即使通过基于信息技术的驾驶辅助系统也只能预防驾驶失误的发生。因此,为实现道路交通安全,必须研究如何在出现驾驶失误、车辆故障或者道路环境恶化等情况下,能够确保交通参与者人身及道路交通安全的理论体系与技术基础,保证车辆驾驶从根本上逐步实现安全。

定义 2.1　驾驶本质安全化:在驾驶人失误、车辆故障或道路环境恶化的情况下,从驾驶车辆的角度出发,逐步实现驾驶人、车辆、道路环境子系统间有序结构的最佳匹配并构建可信驾驶的新机制。

驾驶本质安全化内涵的识别应着重于以驾驶人为本，揭示出一定时间—空间域内驾驶人、车辆和道路环境子系统中主要因素与道路交通安全状况的内在联系，通过寻求其中的规律来规划、设计和协调各组成部分的结构、性能和行为并使之达到最优化。

定义 2.2　驾驶差错(A)：在驾驶人—车辆—道路环境系统运行中，给定时间内驾驶人实际完成的驾驶任务与需要完成的驾驶任务之间的偏差。这样的偏差可能导致各种不同程度的后果，从基本的伤害到重大交通事故。例如，当驾驶人由于注意力不集中或忙于其他娱乐性的驾驶任务而未能及时调整车辆速度时，如果前车在这个时间点突然减速，那么就可能会导致车辆追尾事故的发生。

定义 2.3　驾驶失误(E)：驾驶失误指驾驶差错出现后未能予以恢复且持续一定的时间而产生了极为严重的恶性后果，导致道路交通事故。

在数学上，驾驶失误可以用相对频数来量化，即错误完成驾驶任务的数目与完成驾驶任务总数的比率。驾驶失误可以表示为：

$$E = \frac{\text{错误完成驾驶任务的数目}}{\text{完成驾驶任务的总数}} \tag{2.1}$$

定义 2.4　驾驶可靠性(R)：在规定的道路交通状态下，给定的时间内成功地完成某一驾驶要求的能力。驾驶可靠性在数学上的定义与驾驶失误有关，具体函数关系为：

$$R = 1 - E \tag{2.2}$$

定义 2.5　驾驶行为形成主因子(k)：驾驶人—车辆—道路环境系统中对驾驶人完成驾驶任务具有显著影响的因素。例如，当驾驶人有几个小时甚至更长时间没有休息时就会感到疲劳，这时疲劳就是形成不良驾驶行为的主因子。

定义 2.6　驾驶差错识别能力(i)：指驾驶人具有及时发现差错的能力，这种能力能识别出潜在的和已存在的驾驶差错。

定义 2.7　驾驶差错纠正能力(c)：指驾驶人及时纠正差错的能力，这种能力能在差错尚未形成驾驶失误且尚未酿成道路交通事故前，将差错予以纠正，保证车辆的安全行驶。

定义 2.8　驾驶差错恢复度(a)：是识别驾驶差错概率(i)和纠正驾驶差错概率(c)的乘积，即：

$$a = i \cdot c \tag{2.3}$$

定义 2.9　驾驶可信性(D):在规定的道路交通状态和给定的驾驶时间内,在驾驶行为形成主因子制约下,涉及对驾驶差错恢复时精确地完成规定驾驶任务而不发生驾驶失误也不发生驾驶错误的概率。

考虑驾驶行为形成主因子和驾驶差错恢复度,可得到驾驶可信性的公式为:

$$D = 1 - k(1 - R)(1 - a) = 1 - k \cdot E(1 - i \cdot c) \tag{2.4}$$

定义 2.10　驾驶安全性:在规定的道路交通状态和给定的驾驶时间内,在驾驶行为形成主因子制约下,不发生驾驶错误的能力。

根据上述定义,驾驶可靠性、驾驶安全性和驾驶可信性间的关系及表现出的驾驶后果如图 2.2 所示。由此可知:驾驶车辆的根本目的不仅要正确地而且要准确地实现驾驶功能。从这一点上来讲,保证驾驶安全性是驾驶车辆的最低要求,而实现驾驶可信性则是驾驶车辆的最高要求。

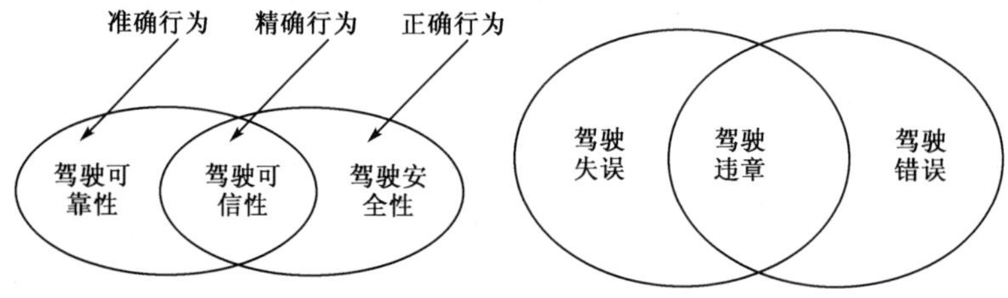

图 2.2　驾驶可靠性、驾驶安全性和驾驶可信性间的关系及表现出的驾驶后果

2.2　驾驶行为及其形成因子分析
(Analysis of Driving Behavior Shaping Factors)

2.2.1　驾驶行为形成模式(Driving Behavior Shaping Architecture)

与车辆相关的驾驶行为内部结构可以用如图 2.3 所示的闭环模式来表示,其中输入是驾驶人必须要完成的驾驶任务,输出则是驾驶任务的完成结果。在驾驶人—车辆—道路环境系统中,驾驶人控制车辆的转向和速度以保证车辆在给定的道路环境中行驶,而道路环境与驾驶人之间的相互作用是通过车辆来实现的。因此,驾驶人与道路环境之间的联系主要包括驾驶人对车辆行驶位置的确定和驾驶人通过一些有限的控制对车辆实施影响。这样,驾驶行为形成模式的建立不仅要考虑到驾驶行为特征还要考虑驾驶行为形成因子。驾驶行为形成

模式既可以定量地分析驾驶行为形成因子和驾驶可靠性之间的联系，还能够量化驾驶人信息处理的能力。

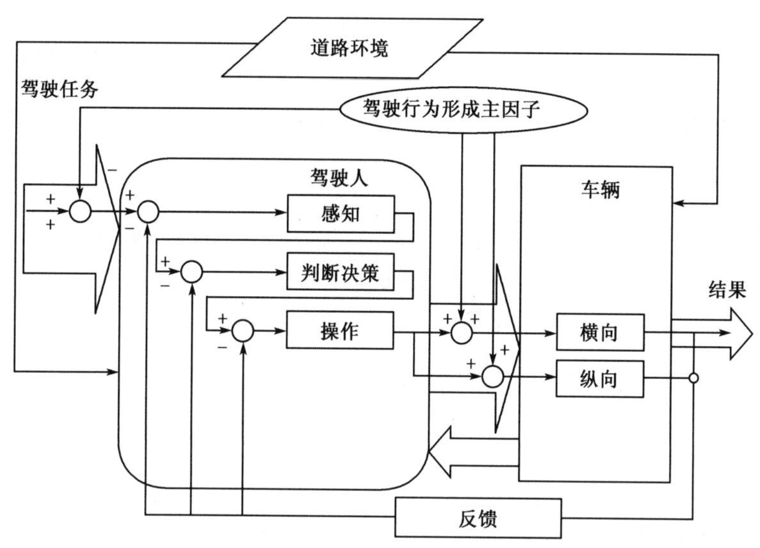

图 2.3　驾驶行为形成模式

依据对驾驶行为形成的分析，驾驶行为可分为三个阶段，即感知阶段、判断决策阶段和操作阶段。

(1)感知阶段

驾驶人主要通过视觉、听觉和触觉等来感知车辆的运行环境条件。车辆的运行环境包括道路交通信号、行人的动静位置、路面状况以及车辆的运行工况等信息。驾驶人的视觉系统主要对各种不同的亮度、反差和距离等状况进行正确的识别；听觉系统主要对声音的特定频率和音调进行辨别；触觉系统主要通过手、脚等肢体感受影响转向盘和座椅的震动以及其他一些车辆反应等。

(2)判断决策阶段

驾驶人在感知信息的基础上，结合驾驶经验和技能，经过分析，做出判断，确定有利于车辆安全行驶的措施。判断决策阶段实际上就是选择合适的驾驶行为的阶段。这一阶段主要由中枢神经系统完成。

(3)操作阶段

驾驶人依据判断决策所做出的实际反应和行动，具体指手、脚对车辆实施的控制，如加速、制动、转向等。驾驶人在这一阶段应能够敏捷、顺畅和协调地操控车辆。这一阶段主要由运动器官完成。

驾驶行为不仅是信息感知、判断决策和操作三阶段不间断地多次串联组合，而且也是三者连锁反应的综合，不仅受车辆仪器仪表显示、运行工况和道路交通环境的直接影响，而且也与驾驶人的知识、经验、生理、心理机能等有关。

2.2.2 驾驶状态意识(Driving Situation Awareness)

对操纵任务的理解称为状态意识。状态意识概念首次在多机空战中飞行员的飞行和商业航空公司的飞行员飞行能力中提出。一般来说，像飞行这样的行为，可以认为是一种动态控制系统，系统的输入变量随飞行任务时间而不断改变。对于驾驶车辆来说，系统的输入变量主要包括道路条件、气候条件、车辆条件和驾驶人反应等主要交通事件和其他一些不确定事件。基于交通环境的信息检测，驾驶人的操作能够改变交通运行状态。因此，需要将状态意识纳入驾驶行为分析中。

定义 2.11 驾驶状态意识：在一定的时间和空间内，通过对道路交通状态中各要素的观察和识别及对其含义的理解来确定随后要素状态的过程。

良好的驾驶状态意识，是驾驶人在动态交通环境中有效操作的保障。这与静态交通环境中的任务有很大的不同，主要有以下两点：

①要在一个相当短的时间内做出决策；

②在做决策的过程中对不断变化的状态进行分析，决定驾驶任务的具体内容。图 2.4 为驾驶状态意识的系统框图。驾驶状态意识分为以下三个层次。

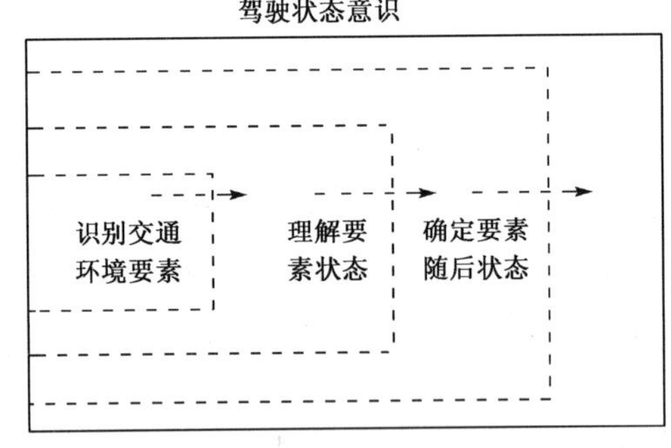

图 2.4 驾驶状态意识的系统框图

(1)层次 1——识别道路交通环境中的要素(第一级 DSA)

在车辆行驶时，驾驶人需要知道其他车辆和障碍物在哪里，它们的运动状态

及自己车辆的运动状态和特性。驾驶人可以从道路环境、车内显示仪表或直接通过感觉器官来识别道路交通状态中的要素及其相应特性。

(2)层次2——理解要素的状态(第二级DSA)

理解要素的状态是基于对层次1中分散、不连贯要素的综合,层次2超越了仅仅意识到所表现出或观察到的要素,包括根据相关操作目标,对那些要素意义的理解,以层次1要素的知识为基础,将不同要素组合起来建立模型。驾驶人依据要素的模式匹配来形成对要素的全面认识和重要特性的归结。例如,驾驶人必须要不断理解在特定路段上其他车辆的靠近行为意味着什么。

(3)层次3——确定要素的随后状态(第三级DSA)

确定要素的随后状态是一种能力,这要求驾驶人在非常短的时间内,结合层次1和层次2的结果,根据对现有状态的认识和理解来确定要素的随后状态,以便正确判断决策和协调操作。例如,驾驶人常需要预测车辆碰撞的可能性以便于采取更有效的行动。

驾驶人对已存在着的道路交通状态中要素的识别和正确理解、对要素随后状态的合理确定是保证安全驾驶的基础。即使驾驶技能良好、经验丰富的驾驶人,如果没有完全和准确的驾驶状态意识,也极有可能导致判断决策和操作差错。因此,驾驶状态意识在驾驶行为中起着十分重要的作用。

2.2.3 驾驶差错的致因分析(Causations of Driving Erroneous Actions)

驾驶差错的致因与驾驶行为密切相关,主要是由于各阶段驾驶行为形成主因子的制约而导致相应阶段行为的恶化,从而出现感知、判断决策和操作差错,由这些差错单独或共同累加而逐步形成驾驶差错。

(1)感知差错

涉及道路环境和车辆的某些因素,诸如驾驶视野不充分、夜间灯光照明不足、障碍物(如树木、建筑物、其他车辆)的遮挡以及不良的天气等都会对驾驶人的感知构成干扰。如果驾驶人没有克服这些干扰,未及时发现或根本没有发现威胁安全行车的危险情况,便会出现感知差错。

同样,与驾驶人自身状态相关的某些因素,诸如年老疾病、疲劳、饮酒、服药等会使驾驶人感觉器官的机能下降,注意力受到干扰而引起感知差错。此外,车辆高速行驶时,驾驶人的有效视野缩小,动态视力下降,但单位时间内出现的信息量却随车速的增加而增多,所以高速行驶也容易出现感知差错。

(2)判断决策差错

判断决策差错是对感知的信息处理不当,而进行了不适当的决策。当驾驶人缺乏必要的安全行车知识和驾驶经验时,就容易出现判断决策差错。此外,判断决策差错也与驾驶人的自身状态以及动机、态度有关。

(3)操作差错

驾驶人操纵车辆的不当易造成操作差错,如在紧急状况下因操作频率的增高而导致手脚的不协调。

2.2.4 驾驶失误分析(Driving Errors Analysis)

驾驶行为内在结构的极其复杂性和外部表现方式的多样化,一定程度上造成驾驶行为的多变性和不确定性,从而导致驾驶差错的发生,如果这些差错未能予以恢复且持续一定的时间就会产生极为严重的恶性后果,从而形成驾驶失误而肇发道路交通事故。

由于驾驶行为由三阶段组成,因此,驾驶失误分为感知失误、判断决策失误和操作失误。

(1)感知失误

感知失误指未能予以恢复的感知差错所形成的极为严重的恶性后果,并且导致道路交通事故。主要分为:没有感知到信息、感知到错误信息、没有感知到所有信息和感知了多余信息。

(2)判断决策失误

判断决策失误指未能予以恢复的判断决策差错所形成的极为严重后果,并且导致道路交通事故。在判断决策过程中,由于驾驶人的认知能力、知识水平和驾驶经验等的不足而使自己的动机与实际不相符合,因而出现判断决策失误,引起道路交通事故。

(3)操作失误

操作失误指未能予以恢复的操作差错所形成的极为严重的后果,并且导致道路交通事故,主要指不能正确地踏制动踏板、对转向盘的过度转动,等等。

表2.1为2016起因驾驶人引发的道路交通事故致因分析结果,从中可以看出感知失误占54.18%,判断决策失误占35.88%,操作失误占9.15%,而其他原因所占比例最低,仅为0.789%。

2016 起道路交通事故致因分析结果 表 2.1

驾驶失误分类	主要原因	起数	百分比(%)
感知失误	没注意	520	25.59
	视野被遮	145	7.14
	分心	241	11.86
	注意力不集中	195	9.60
	小计	1101	54.18
判断决策失误	对其他道路使用者状况的判断错误	251	12.35
	对路面状态的判断错误	114	5.61
	预测车速错误	109	5.16
	车距、时间判断不准	96	4.72
	不适当的决策	158	7.82
	小计	729	35.88
操作失误	不适当的动作	117	5.76
	错误的动作	69	3.40
	小计	186	9.15
其他	非事故	4	0.199
	未知原因	12	0.590
	小计	16	0.789
总计		2 016	100

2.2.5 驾驶行为形成主因子(Key Driving Behavior Shaping Factors)

2.2.5.1 驾驶行为形成主因子的含义

道路交通系统中由于驾驶行为表现方式的不同以及行为特征的多样性,导致了驾驶行为形式的多方位和多层次。正因如此,影响驾驶行为的因素既有生理上的又有心理上的;既有自然属性又有社会属性;既涉及车辆运行工况也涉及道路环境状况。而且部分影响因素之间具有明显的关联性,存在共性或近似共性的问题。这些影响驾驶行为的关键因素就是驾驶行为形成主因子,而不同的驾驶行为形成主因子对驾驶行为具有不同程度的影响。

在对驾驶行为形成主因子进行分析之前,首先需要对交通事故数据进行规范化。从包含驾驶人自述的各类交通事故数据库中随机抽取 2 016 起事故作为案例样本。虽然这些数据并不能代表数据库中的所有事故,但是足以分解样本中各种导致交通事故发生的因素。删除交通事故记录的缺失变量,总共用30个变量来记录每个交通事故。按下式进行数据的规范化,即:

$$V_{ij}=\frac{x_{ij}-y_{\min j}}{y_{\max j}-y_{\min j}} \tag{2.5}$$

式中:$y_{\max j}$和$y_{\min j}$分别是指第j个变量的最大值和最小值。

在确定驾驶行为形成主因子时需要有关反映驾驶行为的足够多的样本量。对驾驶行为形成主因子测度的研究中,主要采用的研究方法是问卷调查。有关驾驶行为形成的问卷包含了32个综合变量,这些综合变量是通过对交通安全规则和程序文件的悉心钻研,对大量交通事故报告的深入分析,进行广泛的讨论和与驾驶人的交谈中得到的。例如,从具有5 000~6 000名员工的某公共交通公司中发生过交通事故的驾驶人中采集相关的驾驶差错的所有数据。总共有1 660份驾驶行为形成问卷分发给了1 440名公交车驾驶人(86.7%)、50名具有驾驶经验的管理人员(3%)、150名正在驾校学习驾驶的学员(9%)和20名货车驾驶人(1.2%)。要求调查对象用10分制来描述对这32项的同意程度,其中0分是完全不同意,10分是非常同意。有7名驾驶人由于事故受伤而没有返回他们的问卷,这样实际有效的数据样本为1 653组。

对每一项数据进行分析得到其具有影响力的因子。根据消除变量的原则进行分析,变量从32个降到了19个。将这19个变量分成5组因子,分别包括变量数和总方差的百分比,具体为:因子1是6个变量,占24.54%;因子2是5个变量,占21.03%;因子3是3个变量,占20%;因子4是3个变量,占16.75%;因子5是2个变量,占12.97%。驾驶行为形成主因子的独立集可以用这些包含了所有原变量96.45%信息的5组因子来表示。

结合道路交通系统的特性和各因子的辨识结果,五个驾驶行为形成主因子的含义可进一步解释为:

(1)车辆人机界面质量

车辆行驶速度和车辆间距等会影响驾驶人感知、判断决策和操作的适宜时间,从而增加驾驶人的复杂反应,出现对车速和距离判断的差错,导致驾驶时间裕度不足而降低了车辆的操纵稳定性和安全性。同样,车辆驾驶室人机工程低水平的设计和乘员的干扰亦会制约驾驶人的安全驾驶能力。

(2)操作频率

在道路环境条件恶劣或紧急情况下,由于操作频率增高而使驾驶人处于高

度紧张状态，此时驾驶人的安全驾驶能力受到影响。

(3) 差错后果危险性

驾驶人在行车时，尽管出现的每个差错不一定直接诱发道路交通事故，但差错后果危险性却制约到驾驶人感知、判断决策和操作的准确性，同时也波及与之相关的其他车辆驾驶人或行人，甚至影响到整个道路交通运行。

(4) 生理心理机能

驾驶车辆是脑力与体力的综合作业，较长时间行车，易引起驾驶人生理心理机能的恶化，导致驾驶人视力、自感应激和活动能力的下降，从而出现对信息感知、判断和处理的失误。

(5) 道路环境状况

如果道路环境缺乏良好的视认性和诱导性，很容易引起驾驶人的错觉，而交通信号、标志、弯道、树木等亦会制约驾驶人的安全驾驶能力。

2.2.5.2　驾驶行为形成主因子的量化

影响驾驶行为的因素既有主观因素，也有客观因素，且各因素均具有模糊性、随机性的特点。因此，驾驶失误率不仅在每个驾驶行为阶段不同，而且驾驶行为形成主因子对各阶段失误率的制约也不同，甚至在不同的时间、路段均有较大的变化，从而导致各阶段事故百分率的不同。当包含驾驶差错的道路交通事故样本足够大时，可以假定感知失误、判断决策失误和操作失误诱发的交通事故发生率与感知差错(A_S)、判断决策差错(A_O)和操作差错(A_R)的概率相接近。因此，三个阶段的驾驶行为形成主因子的量化公式如下：

$$\begin{cases} 1 - E'_S = k_S(1 - A_S) \\ 1 - E'_O = k_O(1 - A_O) \\ 1 - E'_R = k_R(1 - A_R) \end{cases} \tag{2.6}$$

式中：E'_S，E'_O，E'_R 分别为感知差错、判断决策差错和操作差错的基本概率。

由于感知差错的基本概率的范围从 0.000 1 到 0.01[6,21,28]，而在发生交通事故中的感知失误所占百分比见表 2.1，于是有：

$$1 - 0.0001 = k_{S_j}(1 - 54.65\%) \tag{2.7}$$

由式(2.7)可以求解得到感知阶段中驾驶行为形成主因子的量化值 k_{S_j} = 2.205，但是考虑到实际的驾驶人—车辆—道路环境系统状况，k_{S_j} 值适当增大到 2.5。同理可以求得在判断决策和操作阶段中驾驶行为形成主因子的量化值。

2.2.5.3 驾驶行为形成主因子的不确定分析

基于模糊集的专家判断可以确定交通事故状态下驾驶行为的变化情况。假定 X 为一个典型的集合,其中 x 为组成元素,K 为其子集,那么隶属函数 μ_K 可以描述为

$$\mu_K = \begin{cases} 1, 当\ x \in K\ 时 \\ 0, 其他 \end{cases} \tag{2.8}$$

当上述函数的值在区间[0,1]之间时,集合 K 就是确定了 x 对 K 的隶属度的模糊集。

为了处理在选择驾驶行为形成主因子量化值时的不确定性问题,可以根据实际驾驶行为的变化,给出驾驶行为形成主因子 k 值的可能分布。

由于三角函数分布既是有效又是简单的分布函数,可以很好地描述三个估计值,即:不可能、可能和非常可能。因此,运用从 1 到 k 值的实际范围内的三角函数分布,具体来描述驾驶行为分析的可变性和复杂性。按照三角函数分布确定的每个阶段 k 值的无条件概率分布如图 2.5 所示。

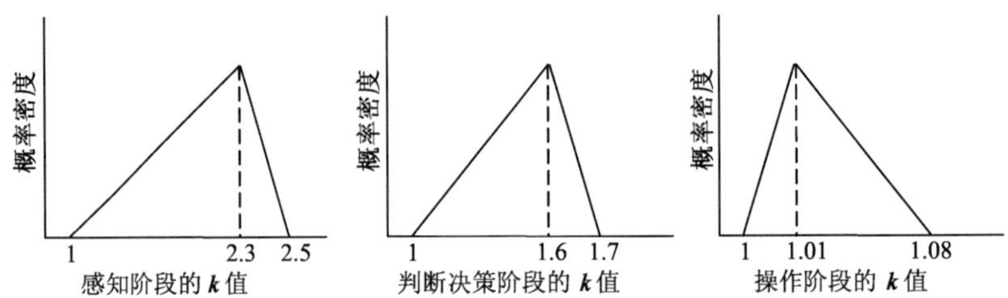

图 2.5 每个阶段 k 值的无条件概率分布

2.3 驾驶差错恢复能力分析
(Analysis of Driver Recovery from Erroneous Actions)

2.3.1 驾驶差错恢复能力及其特征(Characteristics Of Driver Recovery from Erroneous Actions)

尽管因驾驶行为形成主因子的制约,往往会产生驾驶差错,但由于驾驶行为的自学习、自适应性等特征,在一定程度上,驾驶差错是可以进行恢复的。即克服不利因素,在差错尚未酿成失误前,予以恢复或部分恢复(图 2.6),从而调控车辆正常行驶。因此,驾驶差错恢复能力的特征可归结如下:

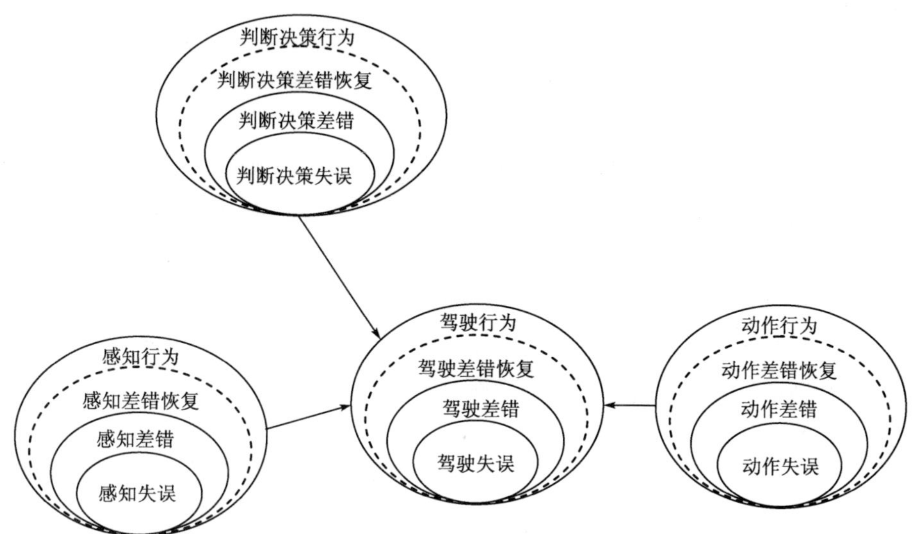

图2.6　驾驶行为、驾驶差错恢复能力、驾驶差错与驾驶失误之间的关系(按驾驶行为单元方式描述)

(1)驾驶人感知、判断决策和操作的敏捷,要求对各阶段差错的恢复应及时,即在瞬间驾驶人能对出现的差错予以识别,同时对差错的纠正要迅速。

(2)各阶段驾驶行为的不同,导致了各阶段差错恢复机理的不同。即感知差错可直接恢复,判断差错除考虑直接恢复外,还应注意经过感知—判断决策方式的恢复,而对操作差错的恢复则可以依据操作、判断决策—操作、感知—判断决策—操作三种途径进行恢复。

(3)驾驶人感知、判断决策和操作差错恢复,因驾驶行为的多输入、单输出的影响,使驾驶人在各阶段差错恢复的概率有所差异。

(4)驾驶人的差错不同恢复过程及其结构形式,不仅与驾驶人自身有关,而且也与驾驶行为形成主因子相关。

2.3.2　驾驶差错恢复度计算方法(Modelling Method of Driver Recovery From Erroneous Actions)

驾驶人识别差错的概率(i)和驾驶人纠正差错的概率(c)明显是与驾驶环境相关的。尽管测度驾驶差错恢复度是非常困难的,但是基于改进的决策树是可以测算出这些参数的具体取值的。

将专家评估和交通安全系统分析相结合,建立了基于主成分分析的决策树分析方法[13,28,31]。以下是建立和量化未识别差错概率和未纠正差错概率的决策树分析方法的具体步骤。

步骤1:确定驾驶行为形成主因子并按照其对驾驶行为的影响程度进行归类整理(如感知、判断决策和操作阶段)。

步骤2:评估每个 k 对驾驶差错未识别或未纠正的影响程度(或值);不同驾驶行为形成主因子决定了同一 k 可以有不同的取值。假定影响程度是在1到5的范围内:最不可能(1)、较不可能(2)、可能(3)、较为可能(4)、最可能(5)。应用专家评估和交通安全系统分析对这些值进行估算。

步骤3:基于 k 的潜在影响来建立决策树(图2.7),对 k 状态的分配使得决策树顶端的分支最易于实现驾驶差错恢复。

步骤4:对决策树的节点数值范围进行计算。首先对第一节点取任意值(例如一个整数,1是合理的值,因此在图2.7和图2.8中都取1),然后根据相关 k 的影响程度来估计第二节点的数值范围。

步骤5:利用专家评估和交通安全系统分析相结合的方法,考虑所有相关 k 的状态,对驾驶人未识别或未纠正差错的基准点的概率进行估计。例如,通常选择决策树中驾驶差错未识别的最高概率为最后节点(终点15)。

步骤6:如同步骤4中计算各个节点的数值范围一样,通过校准基准点的概率来计算其他节点的未识别或未纠正的差错概率。例如,如果以最后节点作为基准点,那么其他节点的概率就是该节点的取值除以其他节点的取值再乘以基准点的概率(如图2.7和图2.8)。通过这种方法,就可以得到所有未识别和未纠正差错的概率。

结合在道路交通事故数据库中2 016起事故样本和1 440名公交车驾驶人的行为调查数据,图2.7和2.8为在 k 制约下的驾驶差错恢复的量化过程。图2.7和图2.8中还给出了驾驶差错未识别的概率 $(1-i)$ 和驾驶差错未纠正的概率 $(1-c)$。驾驶差错恢复的概率如下:

$$
\begin{aligned}
a &= i \cdot c - [1-(1-c)] \cdot [1-1-(1-i)] \\
&= 1-(1-i)-(1-c)+(1-i)\cdot(1-c)
\end{aligned} \tag{2.9}
$$

例如,在第12个 k 制约下,驾驶差错恢复的概率为:

$$
\begin{aligned}
a_{12} &= 1-(1-i_{12})-(1-c_{12})+(1-i_{12})\cdot(1-c_{12}) \\
&= 1-0.083\,3-0.05+0.083\,3\times 0.05 = 0.870\,863
\end{aligned} \tag{2.10}
$$

这样,在驾驶行为形成主因子制约下的驾驶差错恢复的概率都可以用式(2.9)计算得到。

	车辆人机界面	生理心理机能	操作频率	后果危险性	道路环境状态	节点	数值	驾驶差错未识别度
	K_1	K_2	K_3	K_4	K_5	m	q	$1-i$
						1	1*	0.000 83
						2	2	0.001 67
						3	4	0.003 33
						4	5	0.004 17
						5	10	0.008 33
						6	20	0.016 67
						7	15	0.012 50
						8	30	0.025 00
						9	60	0.050 00
						10	25	0.020 83
						11	75	0.062 50
						12	100	0.083 33
						13	300	0.250 00
						14	900	0.750 00
						15	1 200	1.000 0**

* 表示任意值（正数）；** 表示驾驶差错未纠正的基本概率（基准点）。

图 2.7　驾驶差错未识别的决策树量化过程

	车辆人机界面	生理心理机能	操作频率	后果危险性	道路环境状态	节点	数值	驾驶差错未纠正度
	K_1	K_2	K_3	K_4	K_5	m	q	$1-c$
						1	1*	0.000 667
						2	2	0.001 333
						3	4	0.002 667
						4	8	0.005 333
						5	16	0.010 667
						6	5	0.003 333
						7	10	0.006 667
						8	20	0.013 333
						9	15	0.010 000
						10	45	0.030 000
						11	25	0.016 667
						12	75	0.050 000
						13	100	0.066 667
						14	500	0.333 333
						15	1500	1.000 0**

* 表示任意值（正数）；** 表示驾驶差错未识别的基本概率（基准点）。

图 2.8　驾驶差错未纠正的决策树量化过程

2.4 驾驶可靠性与安全性分析
(Driving Reliability and Safety Analysis)

2.4.1 驾驶可靠性分析方法(Driving Reliability Analysis Method)

通过专家评估得到的驾驶差错都是基本驾驶差错,而在实际驾驶人—车辆—道路环境系统中的驾驶差错与驾驶行为形成主因子相关。因此,识别驾驶差错机制将有助于理解驾驶行为形成,并根据特定驾驶任务中的驾驶差错可能性分析,确定出具有显著影响的驾驶行为形成主因子。依据驾驶行为分析,感知阶段(F_S)、判断决策阶段(F_O)和操作阶段(F_R)的差错概率就是三阶段的驾驶行为形成主因子量化值 k 乘以相应阶段驾驶差错的基本概率,即:

$$F_S = F'_S \times k_S \tag{2.11a}$$

$$F_O = F'_O \times k_O \tag{2.11b}$$

$$F_R = F'_R \times k_R \tag{2.11c}$$

式中:k_S、k_O、k_R——分别是感知、判断决策和操作阶段的驾驶行为形成主因子的量化值。

由于感知(R_S)、判断决策(R_O)和操作阶段(R_R)的可靠性与相应阶段驾驶失误概率的和为1,因此有

$$R_S = 1 - F'_S \times k_S \tag{2.12a}$$

$$R_O = 1 - F'_O \times k_O \tag{2.12b}$$

$$R_R = 1 - F'_R \times k_R \tag{2.12c}$$

由于驾驶行为是这三个阶段的一个串联系统,假定这三个阶段在统计上又是相互独立的,驾驶可靠性(R)可以表示为:

$$R = R_S \cdot R_O \cdot R_R = (1 - F'_S \times k_S)(1 - F'_O \times k_O)(1 - F'_R \times k_R) \tag{2.13}$$

利用基于失误的驾驶可靠性模型和基于模糊集的规范化专家评估的方法,对交通事故状况下的 2 000 名公交车驾驶员进行了驾驶可靠性分析计算(图

2.9)。根据计算结果可以得出:在交通事故状况下的驾驶可靠性低至0.9驾驶员达到了93.25%。因此在交通系统的运行中,较低的驾驶可靠性就会导致交通事故的发生。

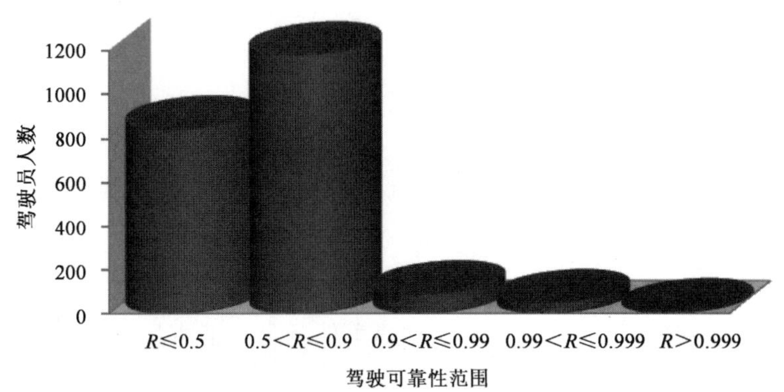

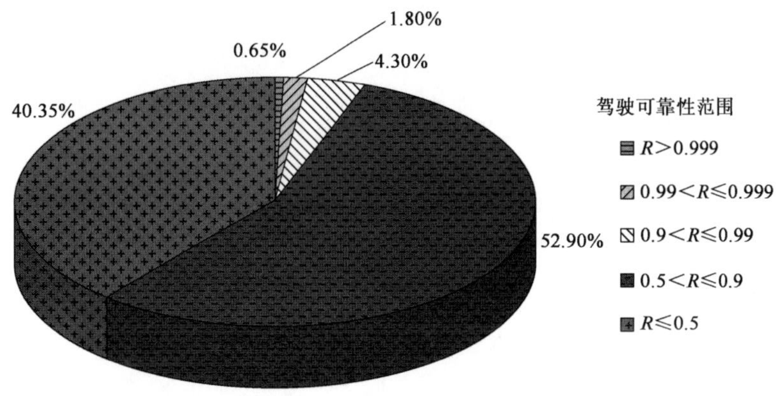

图2.9　驾驶可靠性分析结果

在实际的交通运行中,最典型的驾驶行为特征之一就是驾驶行为的多变性。例如,驾驶人可能严重地低估了迎面而来的车辆速度而继续前行,或是驾驶人无法按具体意图来控制车辆。所以很难从日常的驾驶行为变化中将驾驶差错分离开,也很难定义一个良好的或零差错的驾驶人的行为特征。从这个意义上来说,基于失误的驾驶可靠性模型可以对未来评价驾驶过程和为解决各种不同的交通问题奠定基础。

2.4.2 驾驶可信性分析(Driving Dependability Analysis)

考虑到不同阶段中驾驶行为形成主因子,由式(2.12)可知,感知、判断决策和操作阶段的驾驶可靠性分别为:

$$R_S = 1 - F'_S \times \sum_{j=1}^{5} k_{S_j} \tag{2.14a}$$

$$R_O = 1 - F'_O \times \sum_{j=1}^{5} k_{O_j} \tag{2.14b}$$

$$R_R = 1 - F'_R \times \sum_{j=1}^{5} k_{R_j} \tag{2.14c}$$

式中:j——每个阶段的驾驶行为形成主因子的数量($j=1,2,\cdots,5$)。

由于驾驶差错恢复能够阻止不良交通事件诱发交通事故,所以在实际的驾驶人—车辆—道路环境系统运行中,无论在正常或紧急交通状况下都应考虑到驾驶差错恢复能力的影响。因此,感知(D_S)、判断决策(D_O)和操作阶段(D_R)的可信性可分别表示为:

$$D_S = 1 - F'_S \times \sum_{j=1}^{5} k_{S_j}(1 - i \cdot c) \tag{2.15a}$$

$$D_O = 1 - F'_O \times \sum_{j=1}^{5} k_{O_j}(1 - i \cdot c) \tag{2.15b}$$

$$D_R = 1 - F'_R \times \sum_{j=1}^{5} k_{R_j}(1 - i \cdot c) \tag{2.15c}$$

于是,驾驶可信性(D)可以表示为 D_S、D_O 和 D_R 的乘积:

$$D = D_S \cdot D_O \cdot D_R = \left\{1 - F'_S \times \sum_{j=1}^{5} k_{S_j}(1 - i \cdot c)\right\} \cdot \left\{1 - F'_O \times \sum_{j=1}^{5} k_{O_j}(1 - i \cdot c)\right\} \cdot \left\{1 - F'_R \times \sum_{j=1}^{5} k_{R_j}(1 - i \cdot c)\right\} \tag{2.16}$$

利用式(2.16)和基于模糊集的专家评估方法,对在交通事故状况下某公共交通公司的2016名公交车驾驶员进行了驾驶可信性分析。表2.2为驾驶可信性的分析结果。由表2.2可知,在交通事故状态下有93.8%的驾驶人的驾驶可信性低于0.99。这一结果主要是考虑到驾驶差错恢复能力影响所致。由此可以看出,在驾驶人—车辆—道路环境系统运行中,较低的驾驶可信性可能导致交通事故的发生。

驾驶可信性分析结果　　表 2.2

驾驶可靠性的范围	人数	占比(%)
0.000 0 ~ 0.400 0	131	6.498
0.400 0 ~ 0.500 0	214	10.615
0.500 0 ~ 0.600 0	238	11.806
0.600 0 ~ 0.700 0	332	16.468
0.700 0 ~ 0.800 0	325	16.121
0.800 0 ~ 0.900 0	384	19.047
0.900 0 ~ 0.990 0	267	13.245
0.990 0 ~ 0.999 0	72	3.571
0.999 0 ~ 0.999 5	36	1.786
0.999 5 ~ 0.999 9	12	0.595
0.999 9 ~ 1.000 0	5	0.248
总计	2016	100

由于日常的驾驶行为体现在不断变化的交通状况中，因此驾驶行为分析与建模对交通安全和道路通行能力均具有重要的影响。然而，很多交通事故研究和数据库应用都只是局部地描述了驾驶差错，因此导致了在对驾驶行为识别、评测时误差的出现。在这样的情况下，基于可信性分析的驾驶行为模型可以定量和定性地分析驾驶差错与交通事故致因之间的关系，这在估计驾驶差错概率和制定合适的交通事故对策中起着十分重要的作用。

本章参考文献(References)

[1] Clare K.. WHO acts on road safety to reverse accident trends. The Lancet 362, 2003, 4, 1125.

[2] Glendon A. I., Stanton N. A., Harrision D.. Factor analyzing a behavior shaping concepts questionnaire. Contemporary Ergonomics, 1994, 340-345.

[3] Groeger J. A.. Drivers' errors in, and out of context. Ergonomics, 1990, 33, 1201-1213.

[4] Hale A. R., Stoop J., Hommels J.. Human error models as predictor of accident scenarios for designer in road transport systems, Ergonomics, 1990, 33, 1377-1387.

[5] Han I., Yang K. S.. Characteristic analysis for cognition of dangerous driving using automobile black boxes. International Journal Automotive Technology, 2009, 10(5), 597-605.

[6] Inokuti M., Yasuo Y.. New Traffic System. Tokyo, Asakura Press, 1985.

[7] Kim S. Y., Choi H. C., Won W. J., Oh S. Y.. Driving environment assessment using fusion of in- and out-of-vehicle vision systems. International Journal Automotive Technology,2009 10(1), 103-113.

[8] Kim J. H., Kim Y. W.,Sim K. Y.. Quantitative study on the fearfulness of human driver using vector quantization. International Journal of Automotive Technology, 2007, 8(4), 505-512.

[9] Koppa R. J.. Human factors. Monograph on traffic flow theory. The Federal Highway Administration (FHWA), 1996, 3-1-3-32.

[10] 任福田,刘小明.论道路交通安全.北京:人民交通出版社,2001.

[11] Kuzminski P., Eisele J. S., Garber N., Schwing R., Haimes Y. Y., Li D.,Chowdhury M.. Improvement of highway safety I: Identification of causal factors through fault-tree modeling. Risk Analysis, 1995, 15, 293-312.

[12] Malaterre G.. Error analysis and in-depth accident studies. Ergonomics, 1990, 33, 1403-1421.

[13] Moieni P., Surgin A. J.,Singh A.. Advances in human reliability analysis methodology. Part I: Frameworks, models and data; Part II: PC-based HRA software, Reliability Engineering & System Safety, 1994, 44, 27-66.

[14] Mortazavi A., Eskandarian A.,Sayed R. A.. Effect of drowsiness on driving performance variables of commercial vehicle drivers. International Journal of Automotive Technology 2009 10(3), 391-404.

[15] Nebi S.. Personality and behavioral predictors of traffic accidents: Testing a contextual mediated model. Accident Analysis and Prevention, 2003, 35, 949-964.

[16] Parker D., Reason J. T., Manstead A. S. R.,Stradling S. G.. Driving errors, driving violations and accident involvement. Ergonomics, 1995, 38, 1036-1048.

[17] Parry G. W.. Suggestions for an improved HRA method for use in probabilistic safety assessment. Reliability Engineering and System Safety, 1995, 49,

1-12.

[18] Peter B. ,Samuel C.. Influencing driver behaviour through road marking, in NZRF / RIAA Conference and Exhibition 17-19, 2005.

[19] Ranney T. A.. Models of driving behavior: A review of their evolution. Accidents Analysis and Prevention, 1994, 26, 733-750.

[20] Reason J.. Human Error. Cambridge University Press. Cambridge, 1990.

[21] Rin Y., Okawa M. ,Inokuti M.. Human-Machine System Design. Tokyo, Humans and Technology Company. 1971.

[22] Sayed T., Walid A., Frank N.. Identifying accident-prone location using fuzzy pattern recognition. Journal of Transportation Engineering 1995 121(4), 352-358.

[23] Summala H.. Accident risk and driver behaviour. Safety Science 22, 1996, 1-3, 103-117.

[24] Tarek S., Walid A., Frank N.. Identifying accident-prone location using fuzzy pattern recognition, Journal of Transportation Engineering, 1995, 121, 352-358.

[25] Walberg A. E.. The stability of driver acceleration behavior and a replication of its relation to bus accidents, Accident Analysis and Prevention, 2004, 36, 83-92.

[26] Wang W. H., Bubb H., Ikeuchi K. ,Cao Q.. Measurement of dangerous traffic conditions through driving dependability analysis. Journal of Scientific and Industrial Research, 2010, 69, 254-258.

[27] Wang W. H.. A digital driving system for smart vehicle. IEEE Intelligent Systems 2002 17(5), 81-83.

[28] 王武宏,等. 道路交通系统中驾驶行为理论与方法. 北京:科学出版社,2001.

[29] Wang W. H.. Incident tree model and incident tree analysis method for quantified risk assessment: An in-depth accident study in traffic operation. Safety Science, 2010, 48(10), 1248-1262.

[30] Wang W. H. A framework for function allocation in intelligent driver interface design for comfort and safety. International Journal of Computational Intelligence Systems, 2010, 3, 531-541.

[31] Wang W. H. , Cao Q. , Ikeuchi K. , Bubb H. . Reliability and safety analysis methodology for identification of drivers' erroneous actions. International Journal of Automotive Technology, 2010 11(6) ,873-881.

[32] Wang W. H. ,Wets G. . Computational Intelligence for Traffic and Mobility, Paris: Atlantis Press, 2012.

第3章　加减速行为分析(Analysis of Acceleration and Deceleration Behavior)

车辆的加减速行为是交通行为的重要组成部分,车辆在行驶过程中大部分时间处于跟随状态。因此,通过研究车辆跟驰行为的特性,建立加减速模型对解决交通安全问题有着至关重要的作用。

从交通流的基本元素——人车单元的运动和相互作用的层次上分析交通流特性,运用数学模型来描述跟车过程中可能发生的各种状态并进行模拟仿真,可以得到任意时刻车队中各车辆的速度、加速度和位置等参数,用于描述交通流的微观特性并为驾驶辅助系统提供理论依据。

3.1　加减速行为与跟驰特征分析(Acceleration and Deceleration Behavior and Car-Following Characteristics)

3.1.1　加减速行为影响因素分析(Influencing Factors in Acceleration and Deceleration Behavior)

交通运行包括驾驶人、车辆、道路环境及其相互关系,驾驶人通过控制制动踏板和加速踏板保持合理的跟随距离。驾驶是一种非常复杂的任务,需要感知、理解和融合道路环境状态,确定具体的操作。如图3.1所示,车辆A跟随前车B,

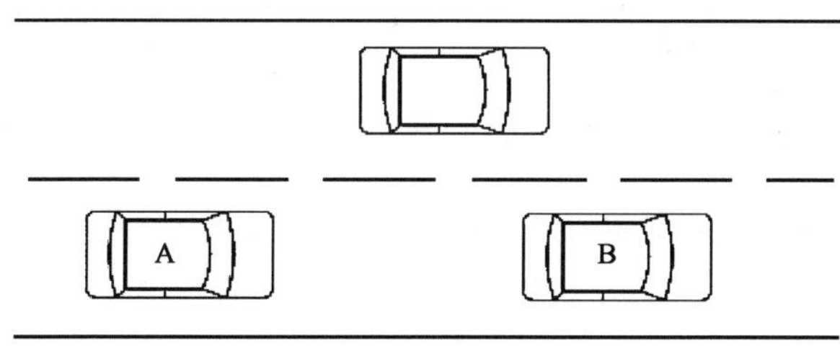

图3.1　跟驰驾驶行为

A 车试图以安全距离跟随 B 车。跟驰行为取决于以下因素:A 车和 B 车间的距离,A 车和 B 车的车速,A 车的期望车速,周围区域内交通流量特性等。

在实际跟随过程中,驾驶人不直接感知相对速度,而是发现间距、车速和追尾风险。因此,跟随状态中刺激—反应体现在依靠驾驶经验对追尾风险的感知。在实际交通中,跟随距离是邻近两车的间距和它们之间偏离中心位置距离的函数,图 3.2 显示了两辆邻近车辆纵向跟随距离和水平位置的关系[10],主要分为正常跟随、错列跟随和不跟随行为。

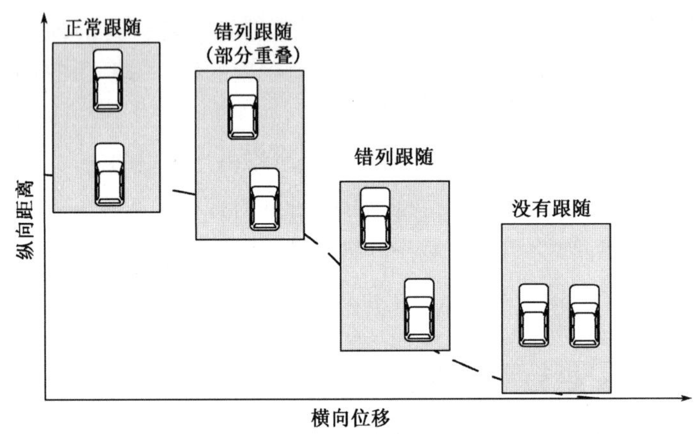

图 3.2　两车间水平位置关系和跟随距离

驾驶状态意识的复杂性导致每天的驾驶行为都完全不同,因此建立规范的加减速行为模型似乎是不切实际的。然而在特殊情况下用基本模型模拟加减速行为是很有效的。为了保持合理跟随距离,驾驶人会控制制动踏板和加速踏板。因此,在模拟和描述跟随行为时,必须考虑这些有意或无意的变量信息。

道路上交通流密度很大时,车辆间距必然较小,除第一辆车之外,车队中的其他车辆都处于“非自由行驶状态”。制约性、延迟性及传递性构成了车辆加减速行驶的基本特征,同时也是车辆加减速模型建立的理论基础。

3.1.2　车辆跟驰行为中的驾驶人因素(Driver Factors in Car-following)

在跟随行驶时,如果驾驶人感知到有严重危险,驾驶人会快速制动;如果驾驶人判别风险小,则缓慢减速。如果前车减速,后车驾驶人会按照他/她的驾驶经验选择适当的反应时间和减速度来防止追尾。在跟随过程中除紧急情况驾驶人不可能采取突然加速或减速。因此,车辆的加减速行为可以用反应时间、减速

度和加速度之间的关系来表示。

驾驶人能够感知距离、速度和加速度，所以驾驶人不仅能处理交通信息，还能调节和控制车辆，驾驶行为对交通流主要影响体现在道路交通安全上。由于跟驰模型可以描述同一车道前车与后车的速度—距离关系，所以一旦后车的减速或加速速度确定，可用运动方程来计算任意时刻后车的速度和位置。

在驾驶过程中，驾驶人打电话、饮酒和疲劳都会影响驾驶人跟随前车。确切地说，原本驾驶人能够精确地反应前车的速度变化，但当出现以上不良因素时驾驶人反应能力明显减慢。从工程或心理角度准确描述跟驰行为较为困难，这是因为驾驶人的感知、判断决策和操作阶段信息处理极其复杂。研究表明每个特定因素都可能会影响跟驰行为，其中车头时距是主要的影响因素。车头时距随着驾驶人年龄的增加而增加，并且通常男性比女性短，而且不系安全带的驾驶人车头时距较短[9]。在拥挤的情形下，驾驶人为了延长车头时距不得不时刻关注前车，驾驶人很可能采取较短的车头时距阻止邻近车道车辆的穿入。因此，研究跟驰模型也应该考虑驾驶人控制车辆的失误。

3.1.3 自适应巡航控制系统的控制策略(Control Strategy of Adaptive Cruise Control System)

驾驶行为在城市交通中日益复杂，很难实际评测驾驶人的安全跟驰行为。目前一些车辆装有自适应巡航控制系统(ACC)，通过调节车速以保持车头时距，防止超过其安全阈值。事实上，ACC 系统可以自动加速或减速达到驾驶人的目标速度和车头间距，如图3.3 所示。驾驶人通过转向盘上的开关操纵 ACC，如果检测到前车缓慢行驶，ACC 系统将会算出其位置、运动速度和相对速度，并且减速控制 ACC 车辆与前车之间的净间隙或车头时距。如果系统检测到前车不在 ACC 车辆车道，ACC 系统将加速到系统设置的巡航控制速度。该操作可以使车辆在没有驾驶人干预情况下自动减速和加速。然而，当驾驶人驾驶车辆在公路上行驶时，驾驶人可以设置较高车速和较短车头时距来进行驾驶。观察发现，有 ACC 系统的驾驶人控制车辆技术不如没有 ACC 系统的驾驶人。这就表明 ACC 用在车辆上，可改善和协调交通流，但只是在较高车速和较短车头时距时不增加事故的发生率和严重程度。在没有前车时，ACC 车辆的实际车速等于驾驶人设置的参考车速。如果检测到前车，ACC 自动改变车头时距控制，即保持真实的预设车头时距。

基于 ACC 的车速控制方法是通过节气门控制和限制制动踏板操作来实现

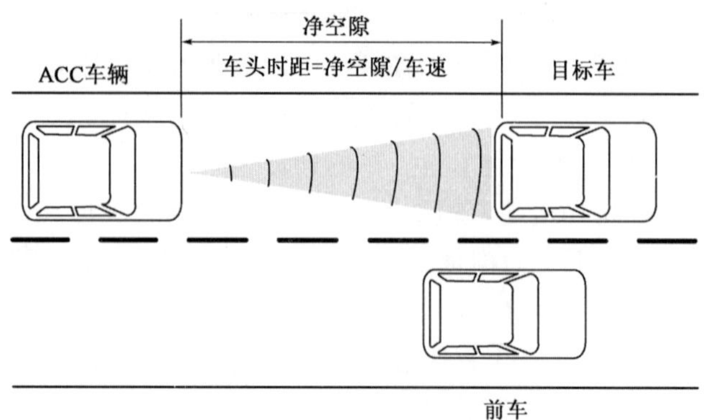

图 3.3 配有 ACC 系统车辆的行驶情况

的。在 ACC 系统运行时,会发送目标车速到发动机控制单元和减速命令到制动控制单元,达到设置车头时距的目的。ACC 系统不仅可以防止因感知、判断决策、操作失误而导致的追尾事故,而且可以降低驾驶人因频繁操作带来的驾驶强度。如果检测到本车道前方有车辆时,ACC 系统通过减慢发动机或者使用制动踏板来调节车速,近似保持均匀车距。对于均匀车距,驾驶人可以选择三种不同的设置。如果前车突然制动,驾驶人不得不踩制动踏板。由于雷达辐射是圆锥形的,没有前车那么宽,驾驶人需要前车突然操作的提醒。因此,ACC 系统能部分控制车辆纵向行驶,降低驾驶强度。图 3.4 显示了 ACC 系统的技术功能路线

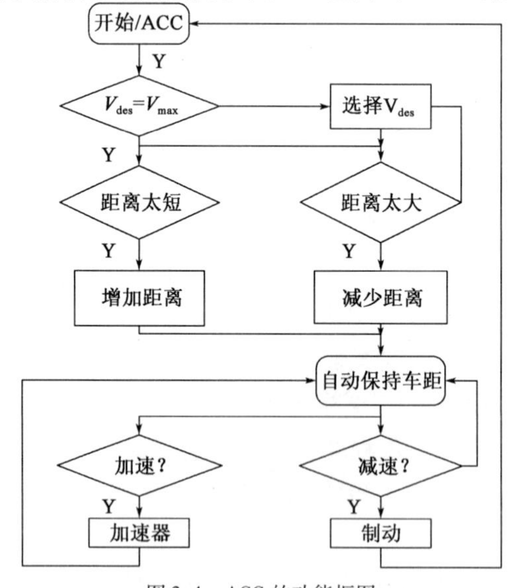

图 3.4 ACC 的功能框图

图,特别是针对当前交通拥堵状况,ACC 系统新增了一项功能适用于复杂交通状况,在低速甚至是“走走停停”状态时辅助跟驰行为。

3.2　基于感知阈值的安全加减速行为建模方法 (Deceleration and Acceleration Algorithms for Driver's Car-following Safety Behavior)

3.2.1　稳定状态下的安全时距(Safe Headway in Stable Situation)

在车辆跟驰稳定状态下,驾驶人保持车速不变,并且感知不到任何相对速度。当前车突然加速或减速时,车辆间距和相对速度都会发生变化,当这些变化超过驾驶人感知阈值时,驾驶人就会采取相应的操作以适应前车速度变化,并寻求安全跟驰时距。例如,当相对速度较大时,驾驶人首先感知到前车视角变化率的改变,从而跟随其变化;当相对速度较小时,视角变化率低于感知阈值时,驾驶人保持当前车速不变,直到视角累积变化量突破阈值,此时驾驶人将感知到跟驰距离发生了变化,从而采取相应的措施跟随,补偿当前跟驰时距与安全时距的差值。

驾驶人通过观察前车的视角变化来感知车辆相对速度,视角变化率与感知阈值(k)有如下关系:

$$k = \mathrm{d}\theta/\mathrm{d}t \approx \Delta v/D_p^2 \tag{3.1}$$

式中:θ——视角;

Δv——车辆的相对速度;

D_p——车辆间距。

根据 Webers 法则[11],在两车接近时,当前车的观察视角增大 10% 的时候,驾驶人就会感知到距离发生了明显变化;在两车远离时,当前车观察视角缩小 12% 的时候,驾驶人才会感知到距离发生了变化。这种对距离感知的不对称性,可以解释为驾驶人出于对自身安全的考虑,潜意识中对两车接近的情况更敏感一些。跟驰距离明显变化时,驾驶人将以某个不变的加速度加速或减速,直到前车视角变化率再次突破感知阈值,此后驾驶人会选择与刚才相反的加速度操作。

驾驶人在跟驰过程中总是保持一定的车头时距作为跟驰安全余量,驾驶人在控制车辆间距（沿车道中心线从后车车头到前车车尾的空间距离）的目的就是为了满足车辆安全时距的要求。车辆安全时距大小不受车速的影响，而与每个驾驶人的个性、受教育程度、年龄等个人因素相关，因此对每个驾驶人来说相对稳定。根据 Winsum 的研究，车辆间距可以用以下公式描述[8]：

$$D_p = t_p v_i \tag{3.2}$$

式中：t_p——前后车辆时距（s）；

v_i——稳定跟驰状态下车辆行驶速度（m/s）。

对于一个给定驾驶人，在一定的情况下 t_p 值不随车速变化而变化，因此当车速增加或减小时，车辆间距会随之增大或减小，这与实际观察到的情况是一致的。但是不同驾驶人的 t_p 值有很大的差异，Winsum 根据实验数据推断 t_p 与驾驶人的感知—操作技能有关，即接受视觉信息并转而执行相关动作的技能[8]。例如，技术不熟练的驾驶人跟驰时会选择较大的 t_p，以求安全；而熟练的驾驶人则相反。这种差别可以看做驾驶人针对其技术熟练程度而采取的补偿措施。此外女性驾驶人选择的 t_p 较男性驾驶人为大，高龄驾驶人选择的 t_p 较年轻驾驶人为大。

3.2.2 减速时的跟驰算法（Development of Deceleration Algorithms）

当前车减速时，无论是前车视角变化率还是前车视角累积变化量达到感知阈值时，驾驶人都将采取减速操作。驾驶人执行的减速操作与当时的碰撞时间 TTC 大小有关，TTC 定义为驾驶人感知到前车减速并决定减速时前后车辆间距除以相对速度得到的商。TTC 越小，驾驶人感觉到的危险性越大，减速操作越快，加速度的绝对值也越大。Winsum 认为驾驶人减速时采用的加速度大小是他对 TTC 估计值的函数[8]：

$$a_i = c\mathrm{TTC}_{\mathrm{est}} + d + \varepsilon \tag{3.3}$$

式中：a_i——后车加速度，$a_i < 0$；

c 和 d——常数，$c > 0$，$d < 0$；

ε——随机误差；

$\mathrm{TTC}_{\mathrm{est}}$——驾驶人对实际碰撞时间的估计值。

上式能很好地反应后车加速度与 TTC 的逻辑关系，当 TTC 越小，情况越危险，加速度越大；反之 TTC 越大，加速度则越小。但是公式成立的条件之一是 TTC 不大于驾驶人减速阈值（10s），即驾驶人必须明显感觉到危险性的存在并认为有立刻减速的必要。否则当 TTC 大于该阈值时,加速度为零。此外,公式中的随机误差项反应了驾驶人操作过程的不准确性和人为随机误差的存在,这个误差通常是在驾驶人松开加速踏板或踩下制动踏板时产生的。这个误差的大小与驾驶人技能和精神状态有关。

此外,Winsum 和 Heino 在实验中发现驾驶人减速时的制动力和操作速度与制动初始的 TTC 紧密相关[12]。TTC 越小,操作速度越快,制动力越大,a_i 的绝对值越大,反之亦然。由于驾驶人在估计 TTC 的时候表现出规律性误差,TTC 的估计值与实际数值的关系可以描述为:

$$\mathrm{TTC}_{\mathrm{est}} = e\mathrm{TTC}^{f} \tag{3.4}$$

式中:TTC——实际碰撞时间;

e 和 f——符合 Webster 法则的参数。

将式(3.4)代入式(3.3),得:

$$a_i = c \cdot e\mathrm{TTC}^{f} + d + \varepsilon \tag{3.5}$$

实际碰撞时间 TTC 由车间距和相对速度决定,求解式(3.5)的关键成为如何求解 TTC,即确定驾驶人何时决定减速由此改变车间距和相对速度的问题。用 D_d 表示驾驶人开始改变行驶速度的距离,该距离等于车间距减去反应阈值 JND(Just Noticeable Distance),即:

$$D_d = D_p - \mathrm{JND} \tag{3.6}$$

这里通过引入反应阈值变量 JND 来表示从前车减速到后车驾驶人感知到相对速度的过程中车辆间距的变化情况。驾驶人的感应阈值直接影响到采取减速措施时的车间距,是安全减速行为分析的关键,其受到相对速度大小的影响较为显著,相对速度不同时采用的算法也不同。

3.2.2.1 相对速度较大时的 JND 算法

如果前车减速较快,前后车相对速度较大,则前车视角累积变化量尚未达到阈值 g(10%),而前车视角变化率已经超过了驾驶人感知阈值 k(6×10^{-4}),驾驶人将立刻减速。假设跟驰车队初始速度为 v_i,初始跟驰间距为 D_p,前车减速时保持稳定加速度 $a_j = a(a < 0)$。从前车减速开始计时,设经过 t 时间后,后车驾驶人感知到相对速度 Δv 的存在,则:

$$\Delta v = at \tag{3.7}$$

将式(3.7)代入式(3.1),得到:

$$t = -k \cdot D_p^2/a \tag{3.8}$$

由此相对速度可以表示为:

$$\Delta v = kD_p^2 \tag{3.9}$$

根据 $\mathrm{JND} = -at^2/2$,D_d 可以表示为:

$$D_d = D_p - \mathrm{JND} = D_p + k^2 D_p^4/(2a) \tag{3.10}$$

根据实际碰撞时间 TTC 的定义,可以得到:

$$\mathrm{TTC} = D_d/(kD_P^2) \tag{3.11}$$

将式(3.11)代入式(3.5),得到:

$$a_i = c \cdot e \cdot [D_d/(k \cdot D_p^2)]^f + d + \varepsilon \tag{3.12}$$

3.2.2.2 相对速度较小时的 JND 算法

如果前车减速时相对速度较小,前车视角变化率未达到感知阈值 k,驾驶人将保持原车速继续行驶,直到距离的变化导致视角累积变化量达到阈值 g(10%)。需要指出的是,驾驶人在观察前车时,主要选择宽度方向上的视角变化作为控制输入信号,该视角 θ 的大小与前车宽度 W 以及车辆间距相关,且满足如下关系式:

$$\begin{cases}(1+g)\theta = 2\arctan(W/2D_d) \\ \theta = 2\arctan\left(\dfrac{W}{2D_p}\right)\end{cases} \tag{3.13}$$

求解上式得到:

$$D_d = W/\{2\tan[(1+g)\arctan(W/2D_p)]\} \tag{3.14}$$

式中:一般取 $W = 1.8\mathrm{m}$

因为 $D_p - D_d = (at^2)/2$,可以得到:

$$t = \sqrt{2(D_p - D_d)/a} \tag{3.15}$$

由此可以得到 TTC 的表达式为:

$$\mathrm{TTC} = D_d/\Delta v = D_d/(at) = D_d/\sqrt{2a \cdot (D_p - D_d)} \tag{3.16}$$

将式(3.16)代入到式(3.5),可以得到:

$$a_i = c \cdot e\text{TTC}^f + d + \varepsilon = c \cdot e \cdot [D_d/\sqrt{2a \cdot (D_p - D_d)}]^f + d + \varepsilon \tag{3.17}$$

3.2.3　加速时的跟驰算法(Development of Acceleration Algorithms)

当前车加速的时候,无论是前车视角变化率还是前车视角累积变化量突破了感知阈值,驾驶人都会采取加速操作,以补偿车辆间距 D_p 的变化。通过实地观察和研究发现,后车加速度大小与驾驶人决定加速时的车辆间距 D_d 密切相关。在驾驶人感知到前后车相对速度的时刻,车辆间距的变化量 D_d/D_p 越大,后车的加速度越大。此外,驾驶人的加速操作与前后车相对速度也有一定联系。一般来说,相对速度越大,驾驶人采用的加速度越大。除此之外,驾驶人的加速操作与其驾驶动机、个人性格、习惯等因素有关,可以用如下公式计算:

$$a_i = \alpha \cdot D_d/D_p + \beta \cdot \Delta v + \lambda + \varepsilon \tag{3.18}$$

式中:α 和 β 为参数,且 $\alpha > 0, \beta > 0$;

λ——随驾驶人而定的个性化参数,与驾驶人个性、驾驶习惯、驾驶任务紧急度、驾驶人年龄、性别有关,任务紧急度越高,则 λ 越大,男性驾驶人比女性驾驶人的 λ 大,年轻驾驶人比老龄驾驶人的 λ 大,技术熟练驾驶人比新手的 λ 大。

另外还应注意的是,驾驶人在加速时所选择的加速度大小往往变化不大,a_i 的值受习惯影响较大,即参数 α 和 β 相对 λ 很小。ε 仍然表示驾驶人操作时的随机误差。

式(3.18)成立的条件是前车视角变化率超过驾驶人的感知阈值 $k(-1\times 10^{-3})$。当前后车相对速度较小时,驾驶人未感知到前车视角变化率的存在,而视角累积变化量首先突破阈值 $g(12\%)$ 时,驾驶人的加速度操作则几乎与相对速度无关,而主要取决于车辆间距的变化量 D_d/D_p,式(3.18)变为如下形式:

$$a_i = \alpha \cdot \frac{D_d}{D_p} + \lambda + \varepsilon \tag{3.19}$$

在前车加速情况下,一般认为 $D_d = D_p + \text{JND}$。现在的问题仍然是如何求取

JND 和相对速度 Δv,结合驾驶人行为特性,根据相对速度的大小情况分别进行讨论。

3.2.3.1 相对速度较大时的 JND 算法

当前车加速较快,相对速度较大的时候,后车驾驶人首先感知到前车视角变化率突破阈值 $k(-1\times10^{-3})$,随后将立刻以某一加速度加速,追赶前车。假设跟随车队初始速度为 v_i,初始车辆间距为 D_p,前车加速度为 $a_j=a$,经过 t_1 时间后车驾驶人获得前车加速信息并开始加速,则

$$\Delta v = at_1 \tag{3.20}$$

同理,一般有 JND$\ll D_p$,则

$$\mathrm{d}\theta/\mathrm{d}t \approx \Delta v/D_p^2 = k \tag{3.21}$$

将式(3.20)代入上式,解得:

$$t_1 = k\cdot D_p^2/a \tag{3.22}$$

$$\Delta v = k\cdot D_p^2 \tag{3.23}$$

$$\mathrm{JND} = D_d - D_p = a\cdot t_1^2/2 = k^2\cdot D_p^4/(2a) \tag{3.24}$$

将 Δv 和 JND 代入加速度公式(3.18),得到:

$$a_i = \alpha\cdot(1 + k^2\cdot D_p^3/(2a)) + \beta\cdot k\cdot D_p^2 + \lambda + \varepsilon \tag{3.25}$$

3.2.3.2 相对速度较小时的 JND 算法

当前车加速较慢,相对速度较小的时候,后车驾驶人未感知到前车视角变化率的存在,而前车视角累积变化量首先突破阈值 $g(12\%)$,此刻后车驾驶人将立刻以某一加速度加速,追赶前车。假设跟随车队初始速度为 v_i,初始车辆间距为 D_p,前车加速度为 $a_j=a$,经过时间 t_1 后车驾驶人获得前车加速信息并开始加速,下面求取后车加速度 a_i。

首先应该指出,在这种情况下后车加速度主要受到车辆间距变化量 D_d/D_p 影响,而与 Δv 几乎不相关,此时只需求取 JND 即可。由驾驶人观察前车视线图得到:

$$D_d = W/\{2\tan[(1-g)\arctan(W/2D_p)]\} \tag{3.26}$$

式中:一般取 $W=1.8\text{m}$。

于是有：

$$\mathrm{JND} = D_d - D_p = W/[2\tan((1-g)\arctan(W/2D_p))] - D_p \quad (3.27)$$

$$a_i = \alpha\{W/\{2\tan[(1-g)\arctan(W/2D_p)]\}/D_p\} + \lambda + \varepsilon \quad (3.28)$$

3.2.4 模型仿真与分析(Model Implementation and Evaluation in Microscopic Traffic Simulation)

3.2.4.1 系统模型的简化

基于驾驶人感知阈值的心理—行为模型从理论上解决了车辆跟驰过程中驾驶人行为的定量描述问题，但是模型中尚存在未量化的参数，仍然需要做大量的实验。这里通过仿真来加以解决。在进行模型仿真之前，首先必须对模型做必要的简化。模型中表示人为随机误差的 ε 一般满足均值为 0 的正态分布，因此在仿真过程中将其忽略，这样，驾驶人减速时的加速度计算公式可简化为：

$$a_i = c \cdot e\mathrm{TTC}^f + d \quad (3.29)$$

式中：$e=1.04$，$f=0.72$，只有 c，d 是未知参数，需要通过模型仿真加以量化。当 TTC 趋于 0 时，后车趋于最大负加速度 d，即当车辆在瞬间就要发生碰撞时，后车的加速度为 d。因此 d 的大小代表了后车能够执行的最大负加速度，它与车辆性能密切相关。根据对车辆减速试验数据的统计处理，得到 d 的平均大小为 -6.918。此外，因为公式成立的条件之一是 $\mathrm{TTC} < 10\mathrm{s}$，因此当 $\mathrm{TTC} = 10\mathrm{s}$ 的时候驾驶人应该保持当前车速，即加速度为 0，根据这个边界条件可以确定 $c = 1.264$。由此得到减速情况下的加速度计算公式如下：

$$a_i = 1.264 \times 1.04 \times \mathrm{TTC}^{0.72} - 6.918 \quad (3.30)$$

此外，反应驾驶人的驾驶动机、状态以及个体差异造成加速度差别的参数 λ 一般也满足均值为 0 的正态分布，因此在仿真过程中未考虑驾驶人个体差异造成的影响，则驾驶人加速时的加速度计算公式简化为：

$$a_i = \alpha \cdot (D_d/D_p) + \beta \cdot \Delta v \quad (3.31)$$

式中：α 和 β 为未知参数，需要通过模型仿真加以量化。根据经验，α 取值范围为 1.5 ~2.9，步长为 0.1；β 取值范围为 0.10 ~0.60，步长为 0.05。根据车辆行驶过程中后方跟驰车辆的速度、间距和车头时距的分布规律，采用跟驰过程仿真来确定位置参数的取值。

假设车辆以20m/s的速度在同一车道内行驶，二者初始车间距为25m，车头时距为1.25s；随后，前车以$-2.5m/s^2$的加速度减速至10m/s。根据这一仿真过程，分别将α和β代入式(3.31)，经过多组合数据计算，最终得到$\alpha=2$和$\beta=0.3$，由此可得到

$$a_i = 2 \times D_d/D_p + 0.3\Delta v \tag{3.32}$$

根据式(3.19)，同样以仿真的方式获得α的优化参数值为2.09，则加速情况下加速度计算公式可由D_d/D_p进行确定，即

$$a_i = 2.09 \times (D_d/D_p) \tag{3.33}$$

3.2.4.2 仿真模型中的相关参数

驾驶人的跟驰行为仿真模型建立在一系列假设条件基础上的，这些假设条件能够通过设定与安全驾驶行为有关的参数来真实地预测危险驾驶行为。与安全驾驶行为相关的跟驰模型参数主要由理论分析研究或基于实际交通系统运行的统计推断得出，部分参数也可通过实际观测获得[14]。然而，描述驾驶人加减速行为的相关参数对构建仿真模型及其结果是十分重要，因为这些参数的选择和设定将直接影响所建模型的预测和仿真结果。因此，选择能够准确描述真实驾驶行为的参数是建立跟驰模型的基本条件。

期望速度：期望速度是模型的输入参数，其取值等于车辆在道路中行驶时的自由流速度。在城市中心区，由于有大量行人以及行人过街会导致自由流速度明显降低，因此期望速度也随之显著下降。

期望车头距：在建立车辆跟驰模型时，一个重要假设条件就是驾驶人希望在保证安全的前提下与前车保持最小间距，这个间距常用车头间距或者车头时距来表示。当前导车与跟随车以相同的速度行驶时，期望车头时距则表示当前车突然减速时跟随车能够获得与前导车相同的减速度所需要的最小时间。一般来说，期望车头时距取值范围在1s至2s之间。

正常加速度和最大加速度：驾驶人在正常驾驶车辆过程中一般会采用较小的加速度，只有在超车过程或者加速通过交叉路口时才会使用最大加速度，正常行驶的车辆加速度设定为$1.5m/s^2$，最大加速度则设定为$3.0m/s^2$。

正常减速度和最大减速度：驾驶人在行驶过程中，若接近熟悉的障碍物或者

是在较远距离时就已发现障碍物，会采用较小的减速度进行制动，例如接近交通信号灯或低速行驶的车辆，若前方出现紧急状况，则会以最大减速度进行制动。这里，设定车辆行驶时的正常减速度为 $2.5m/s^2$，最大加速度为 $3.0m/s^2$。

3.2.4.3　仿真模型的建立

仿真模型是从后车驾驶人如何控制加速度的角度建立的，因此，该模型必须首先给出前车的运动状态，然后在闭环控制系统中模拟后车驾驶人对加速度的控制，最后根据车辆间距和相对速度变化曲线检查模型仿真结果的合理性，并以此仿真结果为依据优化模型参数。其模型设计结构图如图 3.5 所示。

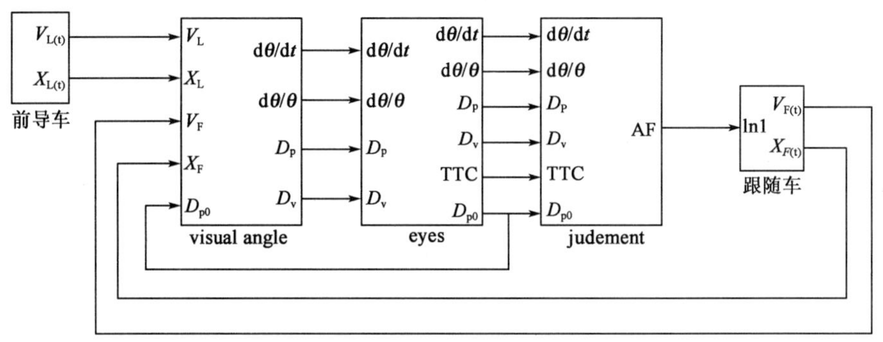

图 3.5　仿真模型设计结构图

由图 3.5 可知，该仿真模型按照信息的产生、传递以及处理过程，将车辆跟驰系统分为五个逻辑功能不同的模块。其中 Lead vehicle 模块模拟前车运动子系统，它按照预先设定的加速度曲线控制前车的运动状态，输出前车运动状态信息，包括前车速度和位置。模块内部结构如图 3.6a）所示。该模块按照预先给定的阶跃输入加速度，通过积分器积分，得到前车的速度和位置，并输出给下一个模块。后车运动模块是代表后车运动的模块，其内部结构如图 3.6b）所示，它的功能是根据输入的后车加速度信号，计算并输出后车运动信息，即后车的速度和位置，并将此运动信息反馈到视角计算子系统。

Visual angle 模块模拟前车观察视角计算子系统，其内部结构如图 3.7 所示。该模块是驾驶人获得刺激信息的来源，它完成一个加法器的功能，通过将前后车的速度和位置做求和运算，得到前后车之间的相对速度 Δv 和距离 D_p；然后根据前后车辆的相对速度和距离，通过两个函数模块计算前车视角变化率 $d\theta/dt$ 和累积变化量 $d\theta/\theta$，并将以上四个信号输入给下一个模块 Perception。

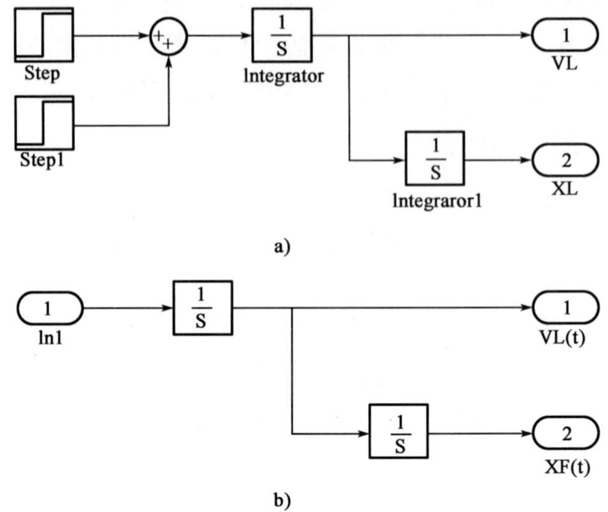

图 3.6　前、后车运动子系统
a)前车运动子系统;b)后车运动子系统

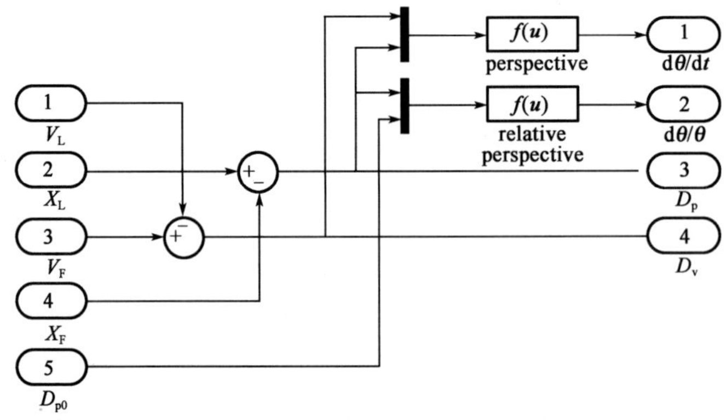

图 3.7　前车观察视角计算子系统

Perception 模块模拟驾驶人眼球子系统,从逻辑上完成驾驶人观察的功能,它像驾驶人的眼睛一样只对大于感知阈值的信息起作用,而忽略掉小于感知阈值的微小变化,其内部结构如图 3.8 所示。当前车视角变化率 $\mathrm{d}\theta/t$ 和累积变化量 $\mathrm{d}\theta/\theta$ 大于感知阈值的时候,才会被该模块捕获,从而传递给下一个模块,因此该模块完成驾驶信息过滤器的功能,将不可感知的驾驶信息滤掉。在两车接近情况下,该模块还可以计算出距离碰撞发生的时间 TTC,作为计算后车加速度的输入信号。此外,该模块还具有记录稳定跟随状态下车辆初始间距的功能,即在

相对速度为 0 的时候，记录车辆间距，用以计算前车初始视角，从而得到前车视角累积变化量。最后该模块将能够通过信号输出给下一个模块 Judgement。

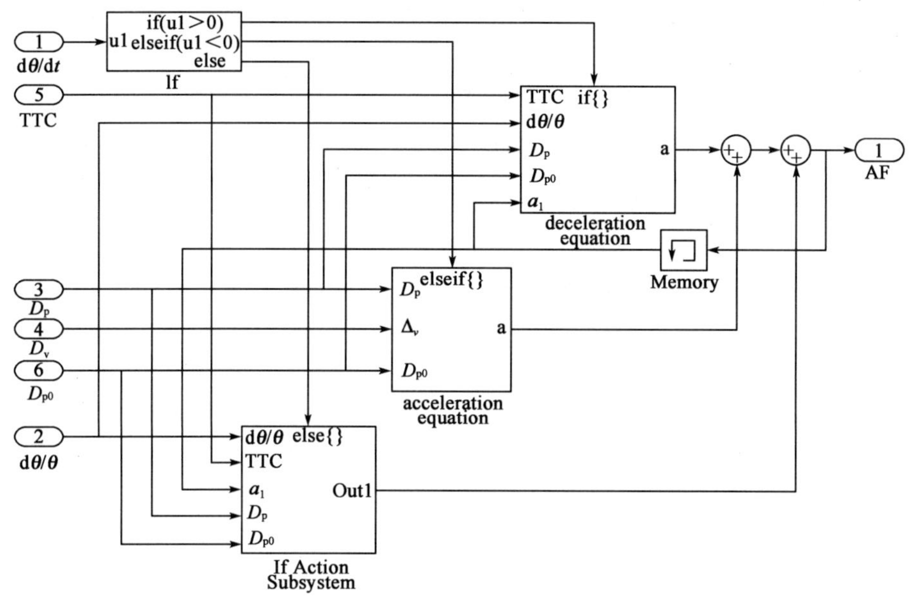

图 3.8　驾驶人观察子系统

Judgement 模块模拟驾驶人判断决策子系统，它从逻辑上完成驾驶人大脑的功能，其内部结构如图 3.9 所示。该模块的输入信号有 6 个，并利用这 6 个输入信号模拟驾驶人的逻辑判断和决策过程。其中信号 1 和 2 是前车视角变化率和视角累积变化量，他们是驾驶人行为的触发信号，由他们决定驾驶人是否执行动作以及执行怎样的动作（加速或减速）。紧接着的信号 3 和 4 是距离和相对速度，信号 6 是车辆初始距离，这 3 个信号决定了驾驶人在加速情况下执行动作的程度，即加速度的大小，对应由正加速度计算子系统（acceleration equation）计算得到。信号 5 是距离碰撞发生的时间 TTC，它决定了驾驶人在减速情况下执行动作的程度，即负加速度的大小，对应由负加速度计算子系统（deceleration equation）计算得到。所有输入信号经过该判断决策子系统的处理之后，最终输出后车的加速度信号，并传递给后车运动模块。

3.2.4.4　仿真实现

仿真过程中，假定初始状态下车辆行驶速度为 20m/s，车间距为 25m，随后前导车在 4s 内速度下降至 10m/s。在这一过程中，前导车和跟随车的速度和车间距的变化情况如图 3.10 所示。

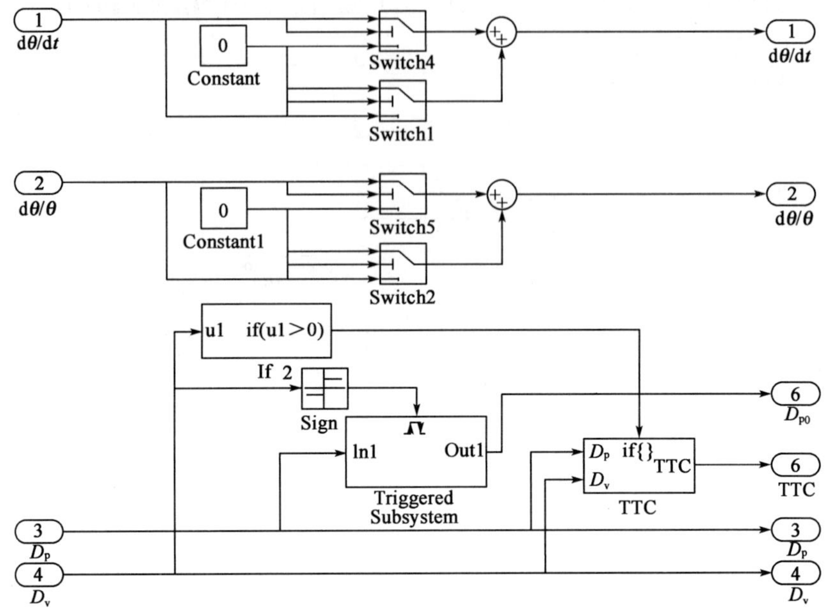

图 3.9 驾驶人判断决策子系统

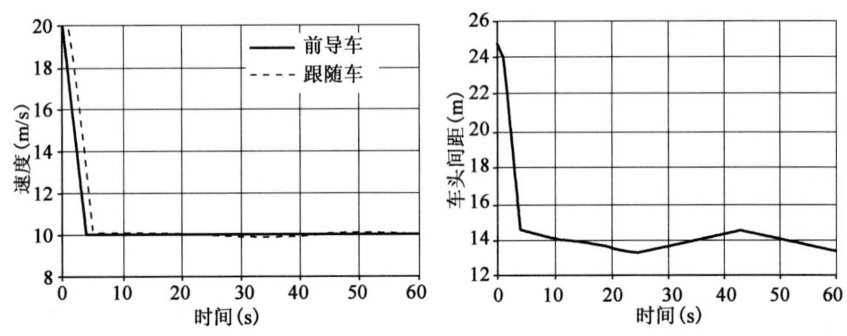

图 3.10 前后车速度和车头间距随时间变化曲线图

从图 3.10 中可以看出,后车的速度变化相对于前车的滞后时间大约为 0.95s。当前车速度稳定在 10m/s 的时候,后车速度不能很快地稳定下来,而是围绕前车速度产生一定的波动,同时两车距离也围绕某一值(大约为 14m)上下波动,这种现象完全符合 Action Point 模型的结论,即驾驶人不能准确地跟随前车的速度变化,而是在允许范围内循环波动。当前车速度稳定之后,两车之间的

时距发生了微小变化,从原来的 1.25s 增加到 1.4s,这反应了驾驶人受心理因素影响,在前车减速之后会主动提高安全警觉性。同时,因为车辆跟驰间距减小,驾驶人必须投入更多的注意力观察前车,从而增加了精神负担和疲劳程度,因此作为一种补偿机制,驾驶人会主动增加跟驰时距,以获得较高的安全性、降低驾驶要求。这样可以将车辆跟驰时距作为度量驾驶人精神负担的一种手段。车辆跟驰时距越小,表示驾驶人投入的精力越多,精神负担越重,越容易达到驾驶疲劳;相反,车辆时距越大,表示驾驶人投入的精力越少,精神负担越小,不容易达到驾驶疲劳。

3.2.4.5　仿真结果讨论

为了检验该加减速模型的应用性以及模型公式参数优化后的合理性,在上述仿真模型的基础上,针对其他三种典型的驾驶人跟驰行为做了进一步的仿真,结果如下。

(1)驾驶人跟驰状态Ⅰ

前后车辆初始速度均为 20m/s,初始车辆间距 25m,初始车辆跟驰时距 1.25s,前车以 2.5m/s^2 的加速度加速到 30m/s。仿真结果如图 3.11 所示。

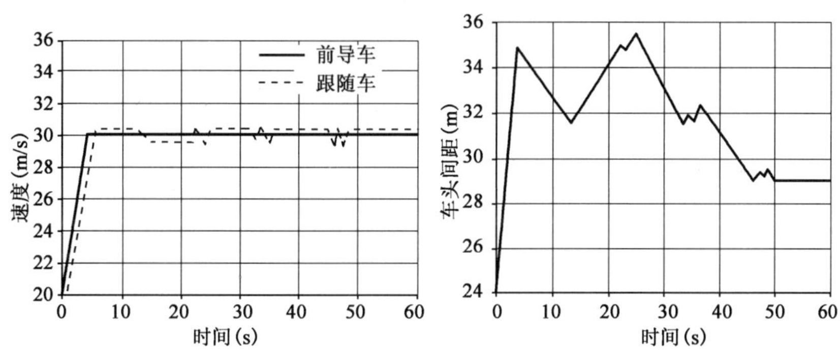

图 3.11　跟驰状态Ⅰ中速度和车头间距随时间变化曲线图

由图 3.11 可以看出,后车的速度变化相对于前车仍然滞后大约 1.0s,并围绕前车速度在一定范围内上下波动,同时两车距离也围绕某一数值(大约为 33m)上下波动,车辆时距从初始 1.25s 下降到 1.1s,这说明在前车加速行为的影响下,后车驾驶人在心理上更加倾向于冒险行为,或者说后车驾驶人在加速追赶前车的时候,其冒险性受到激发,表现为驾驶人主动减小跟驰时距,投入更多的观察注意力,但是这种情况更加容易诱发驾驶疲劳。应当注意的是,车辆间距的波动在 35s 以后出现了异常,这部分数据不符合实际情况,应当舍去。这说明该仿真模型在模拟前车加速情况下的后车驾驶行为的时候还不够准确。

(2)驾驶人跟驰状态Ⅱ

前后车辆初始速度均为 20m/s,初始车辆间距 25m,初始车辆跟驰时距 1.25s,前车以 -2.5m/s^2 的加速度减速到 10m/s,然后再以 1.5m/s^2 的加速度加速到 16m/s。仿真结果如图 3.12 所示。

由图 3.12 可以看出,后车的速度变化相对于前车滞后大约 0.95s,并最终围绕前车速度在微小范围内波动,同时两车距离也围绕某一数值(大约为 16m)上下波动,车辆时距从初始 1.25s 首先上升到 1.40s,然后又下降到 1.00s。在这种情况的仿真中,车辆的相对速度变化较小,这说明后车跟随前车速度变化的过程比较准确。应当注意的是,在前车加速行为的影响下,跟随车驾驶人采取的跟驰时距变化过大,从 1.40s 降低到 1.00s,这个变化超过了驾驶人心理因素的影响范围,是本次仿真的不足之处。

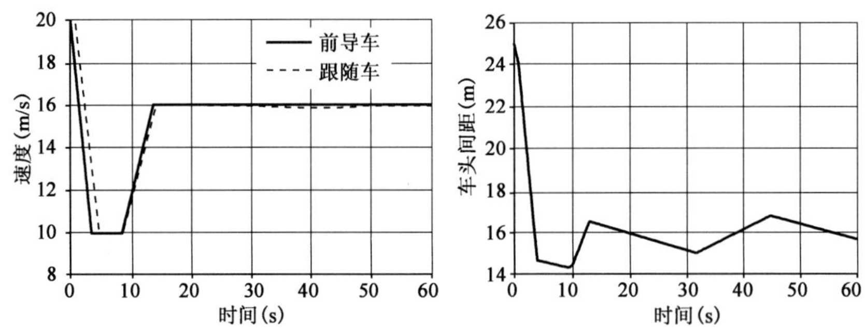

图 3.12 跟驰状态Ⅱ中速度和车头间距随时间变化曲线图

(3)驾驶人跟驰状态Ⅲ

前后车辆初始速度均为 20m/s,初始车辆间距 25m,初始车辆跟驰时距 1.25s,前车以 2.5m/s^2 的加速度加速到 30m/s,然后再以 -2.5m/s^2 的加速度减速到 22.5m/s。仿真结果如图 3.13 所示。

由图 3.13 可以看出,跟随车的速度变化相对于前车滞后大约 1.0s,并最终围绕前车速度在一定范围内波动,同时两车距离也围绕某一数值(大约为 25m)上下波动,车辆时距从初始 1.25s 首先下降到 1.20s,然后又下降到 1.11s。在这种情况的仿真中,车辆的相对速度变化较大,这说明跟随车跟随前车速度变化的过程不是非常准确。应当注意的是,车辆间距的波动在 40s 以后出现了异常,这部分数据不符合实际情况,应当舍去。此外,车辆跟驰时距在这个过程中始终不

是先降后升，而是始终在降低，这个现象不符合常规，这说明该仿真模型在模拟这类情况下的跟随车驾驶行为的时候还不够准确。

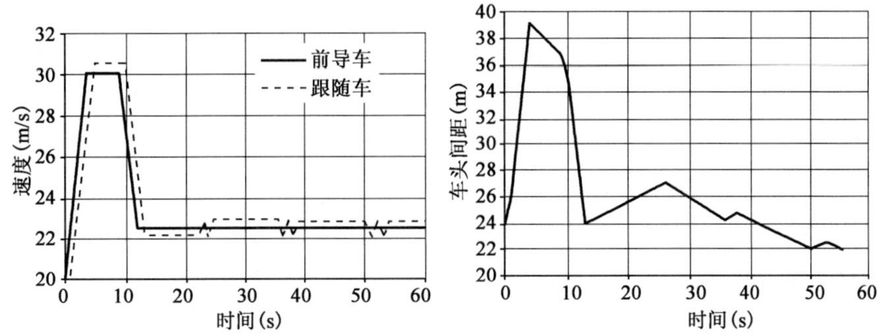

图3.13 跟驰状态Ⅲ中速度和车头间距随时间变化曲线图

3.2.4.6 仿真结果验证

根据建立的安全加减速行为模型并进行的仿真研究，还需对结果的有效性进行进一步验证。这里采用交通视频提取的车辆行驶轨迹数据对模型的仿真结果进行研究，该数据源自美国加利福尼亚 Emeryville 的Ⅰ-80 高速公路某路段的现场实测数据，从中选取 15min(4:00PM ~4:15PM)作为数据样本。数据样本所表现的交通状况为道路流量逐步增加并开始出现拥堵时的情况，并且当时的天气条件、能见度和道路状况均非常好，且无事故对车辆行驶造成负面影响[28,29]。

为便于现场实测数据与仿真结果进行对比验证，将数据样本中的车辆作为前导车，以现场实测数据作为其运动过程数据，跟随车的运动过程则利用所建立的安全加减速模型进行仿真，再将仿真数据与现实场景中的跟随车行驶过程数据进行对比。例如，数据样本中 7 号车为前导车，跟随车为 21 号车，其各自的行驶过程数据以及仿真的跟随车速度变化数据如图 3.14 所示。根据图 3.14 可知，

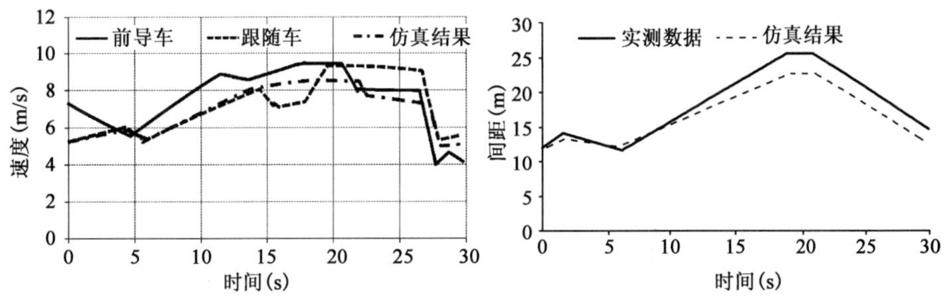

图3.14 仿真结果有效性验证数据示意图

现实场景中的跟随车行驶速度变化明显滞后于前导车；作为对比，仿真场景中的跟随车在速度较低时滞后于前导车，而速度较高时这种滞后效应会减小。这意味着模型中的车辆表现出一定的松弛行为，并且能够根据由视角变化所表现的车间距和相对速度的变化迅速做出反应。此外，尽管模型相对于实测数据表现出较近的跟驰距离，但是这种近距离的跟随行驶行为恰好反映出模型的优势：即模型能够应用于自适应巡航控制系统（ACC）中以更近但是更安全的跟驰行为来提高交通运行效率。

从图 3.14 可以看出，仿真结果中的车辆速度变化要小于实测结果（其中仿真结果跟随车速度方差为 16.7，实测结果为 20.1），意味着该模型中车辆加减速行为发生频率有所降低，车辆行驶安全性随之增加。因为频繁的加减速会导致驾驶人疲劳，易诱发交通事故，这种稳定的行驶过程能够降低因疲劳导致事故的风险。

总之，通过对加减速行为进行的分析，一方面从加减速行为的影响因素对车辆跟驰特性进行了分析，另一方面从驾驶人的角度对跟驰行为的影响因素进行了探讨，从理论角度上讨论了安全驾驶行为的仿真研究基础和自适应巡航控制系统（ACC）的控制策略。基于感知阈值的安全加减速行为建模方法分别考虑相对速度不同时的安全加速和减速行为模型，并对模型进行仿真分析，还利用实测数据对模型的有效性进行验证。该模型成功地模拟了驾驶人在车辆跟驰过程中表现出的跟随动作滞后现象、跟驰速度波动现象以及跟驰时距受心理因素影响的扰动现象，再现了实际车辆跟驰过程，验证了基于驾驶人感知阈值的心理—行为跟驰模型的合理性。

3.3　车辆安全跟驰距离的建模与分析
（Modelling of Safety Distance in Car-following Regime）

3.3.1　跟驰行为安全条件分析（Safety Conditions on Car-following）

3.3.1.1　位移条件

前导车与跟随车之间的距离是由它们之间的状况决定的。这一距离受 5 个主要因素的影响：前导车的速度、前导车的加速度、跟随车的速度、跟随车的加速度和跟随车的反应时间。根据两车的制动过程，假设车辆跟驰过程分为 3 个主要部分：当前导车突然减速时，跟随车仍以均一的速度行驶；跟随车的速度从0增加到最大值；跟随车的减速与前导车的减速保持一致。

前导车与跟随车之间的相对距离受前导车刺激的影响。一旦前导车改变了速度，跟随车就必须对此做出反应，将两车之间的距离调整到安全范围之内，如图3.15所示。因此，相对距离应满足下面的关系：

$$S(t) \geqslant x_F + d_{ms} - x_L \tag{3.34}$$

式中：x_F——跟随车的制动距离(m)；

x_L——前导车的制动距离(m)；

d_{ms}——安全制动距离(m)；

$S(t)$——通常被假设为常量，表示相邻两车的相对距离。

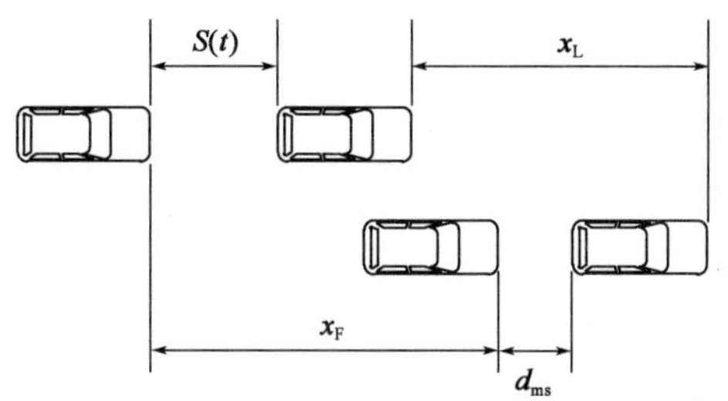

图3.15　纵向安全距离示意图

3.3.1.2　速度条件

在实际交通中，车辆行驶速度越高，越难制动，制动距离与速度的平方成正比。特别是在车辆跟驰状态下，需要将速度控制在安全范围内，否则将会导致车辆追尾。

在不同交通条件下，驾驶人的反应时间和信息处理能力不同，直接涉及交通安全。交通信息复杂性系数(β)指不同交通条件的衡量标准，结果表明，反应时间随系数(β)的增长而增长。

此外，安全速度也受道路质量、道路结构以及车辆自身条件的影响。将所有相关因素考虑在内，实际交通运行中车辆的安全速度为：

$$V_m = \frac{P(W_k - W_c - 2D_{ms} - L_c A_\gamma)}{A_\gamma t_r \beta} \tag{3.35}$$

式中：W_k——道路宽度(m)；

W_C——车辆宽度(m)；

D_{ms}——车辆长度(m)；

L_c——车辆与道路边缘之间的最小安全距离(m)；

A_γ——车辆的偏向角度；

t_r——驾驶人的反应时间；

P——前导车与跟随车保持一致的修正系数。

3.3.2 车辆安全距离建模(Model Development for Safety Distance in Car-following Regime)

当图3.16中的时间间隔$[t_0,T]$一定时，用一个简单的车辆跟驰模型来定义前导车与跟随车之间的起始最小纵向间距。图3.16表示制动的时间间隔，时间间隔$[t_0,T]$定义如下：

(1)t_0时刻，前导车L开始制动，$t_0=0$；

(2)t_1时刻，跟随车F受到前导车减速影响而开始做出制动反应；

(3)t_1+t_2时刻，跟随车F减速达到最大值；

(4)$t_1+t_2+t_3$时刻，跟随车F开始调整减速；

(5)T时刻，跟随车F与前导车保持同一行驶速度。

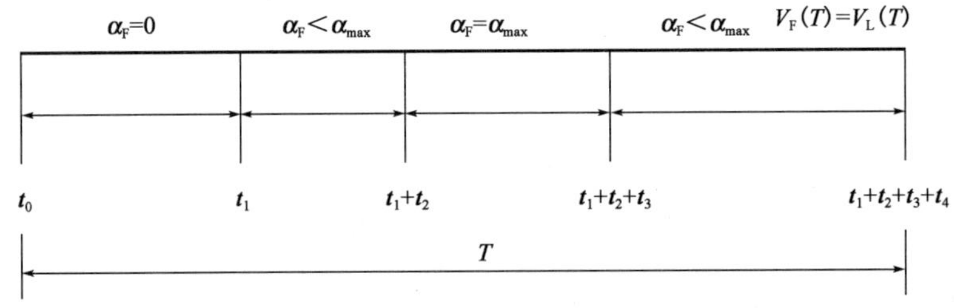

图3.16 制动时间间隔示意图

图3.16中，α_L为前导车的减速度(m/s²)，α_F为跟随车的减速度(m/s²)，α_{max}为最大减速度(m/s²)，前提是假设所有车辆的最大减速度一样。

图3.16描述的是整个制动过程的各个阶段。减速在第三阶段的变化分为两步：主要制动阶段和随机制动阶段。在随机制动阶段，跟随车试图通过连续调整速度来与前导车保持适当距离。减速调整过程非常复杂，因此只能获取制动过程两头(调整前的初始状态和制动过程最后的终结状态)的交通信息。Hermit

插值算法可以用来解决这一问题，t_1, t_2, t_3, t_4 分别用来表示每一减速阶段的时间。

跟随车的速度和加速度分布情况见图 3.17 所示，比较第一制动阶段和第二制动阶段，后者因车辆减速的变化而更为复杂，在图中以虚线表示，而其他阶段以实线表示。

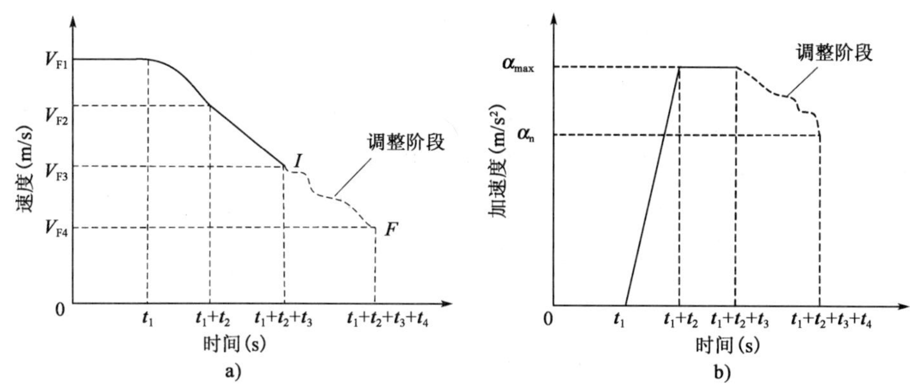

图 3.17 跟随车速度、加速度分布情况

a)跟随车速度分布情况；b)跟随车加速度分布情况

(1)均匀速度情况

跟随车中的驾驶人需要一段时间来对前导车的减速刺激作出反应，这一时间被称为驾驶人反应时间。驾驶人信息处理过程分为 3 个阶段：感知阶段、判断决策阶段和操作阶段。因此，反应时间也可以分为感知时间、判断决策时间和操作时间。

在这一阶段，跟随车的速度鲜有变化，车辆以稳定的速度行驶。可以通过下面的公式计算出跟随车的移动距离：

$$d_{F1} = V_{F1} t_1 \tag{3.36}$$

式中：t_1 为跟随车驾驶人的反应时间，包括对交通信息反应的延迟时间和从脚踩到制动踏板上的时间，呈对数正态分布[20]。

(2)减速度增大情况

在跟随车驾驶人减速度从 0 增加到最大值的阶段，车速急剧降低，这里设定减速呈线性增长[22]：

设$\frac{\mathrm{d}v_F}{\mathrm{d}t} = kt$，则有 $k = -\alpha_{max}/t_2$，条件为 $V_{F2}(t) = V_{F1} - \frac{\alpha_{max}}{2t_2}t^2$。

跟随车在第二阶段的移动距离如下：

$$d_{F2} = \int_0^{t_2}\left(V_{F1} - \frac{\alpha_{max}}{2t_2}t^2\right)dt = V_{F1}t_2 - \frac{1}{6}\alpha_{max}t_2^2 \tag{3.37}$$

式中：k——跟随车F在线性减速阶段$[t_1, t_1 + t_2]$的减速度增长值；

t_2——跟随车的减速度增长时间；

α_{max}——跟随车紧急制动时的减速度，它等于跟随车的最大减速度。

(3)连续制动情况

跟随车驾驶人将保持一定要求距离，连续制动分为两个阶段：主要制动阶段和减速调整阶段(随意制动阶段)。在图3.17中，跟随车在t_3期间以最大减速度制动，这一阶段的初始速度为V_{F2}，t_4为减速调整阶段所需的时间，跟随车调整其状态，最终与前导车在速度和减速度上保持一致。跟随车在t_3时间内的行驶距离为：

$$H_{F1} = V_{F2}t_3 - \frac{1}{2}\alpha_{max}t_3^2 \tag{3.38}$$

主要制动阶段之后，跟随车会对其状态进行调整。如图3.17(a)所示，除了在制动阶段临结束时虚线上速度与时间之间的关系是未知的，在初始点(I)，跟随车的速度和加速度可以通过一般制动阶段的特点进行分析计算；在终止点(F)，跟随车期望与前导车保持相同的运动状态($V_{LT} = V_{F4}$，其中V_{LT}表示前导车在T时刻的速度，V_{F4}表示跟随车在终止点的速度)。终止状态的交通动态特性如表3.1所示。

终止状态的交通动力学特性 表3.1

时间 t(s)	0	$\Delta t(t_4)$
速度 V_F(m/s)	V_{F3}	V_{F4}/V_{LT}
减速度 α_F(m/s^2)	$-\alpha_{max}$	

为了简化模型，并考虑到实际交通状况，可以在虚线部分运用埃尔米特插值函数。速度与时间之间的关系如下：

$$V_F(t) = \left(\frac{V_{F4} - V_{F3} + \alpha_{max}t_4}{t_4^2}\right)t^2 - \alpha_{max}t + V_{F3} \tag{3.39}$$

对式(3.39)两边进行积分，就可以计算出跟随车在时间段$[t_1 + t_2 + t_3 - T]$

内移动距离：

$$H_{F2} = \int_0^{t_4} V(t)\,dt = -\frac{\alpha_{max}}{6}t_4^2 + (V_{F4} + 2F_{F3})\frac{t_4}{3} \quad (3.40)$$

式中：$V_{F3} = V_{F2} - \alpha_{max}t_3$，$\alpha_L$ 为前导车的减速度。

与表 3.1 所一致，跟随车的速度等于前导车在时间 T 时的速度，有：

$$V_{F4} = V_{LT} = V_1 - \alpha_L T = V_{L1} - \alpha_L(t_1 + t_2 + t_3 + t_4) \quad (3.41)$$

跟随车在持续制动阶段的移动距离 H_F 等于于主要制动阶段和调整阶段的移动距离之和：

$$H_F = H_{F1} + H_{F2} = V_{F2}t_3 - \frac{1}{2}\alpha_{max}t_3^2 - \frac{\alpha_{max}}{6}t_4^2 - \frac{\alpha_L}{3}t_3t_4 - \frac{\alpha_L}{3}t_4^2 - \frac{2\alpha_{max}}{3}t_3t_4 + \frac{1}{3}[2V_{F2} + V_{L1} - \alpha_L(t_1 + t_2)]t_4 \quad (3.42)$$

因此，跟随车在时间区间$[t_0, T]$内的行驶距离为：

$$x_F = d_{F1} + d_{F2} + H_F \quad (3.43)$$

假设前导车在 T 时间内以一定的减速度进行制动，那么可以计算出前导车的移动距离为：

$$x_L = V_{L1}T - \frac{1}{2}\alpha_L T^2 \quad (3.44)$$

结合式(3.34)、式(3.43)和式(3.44)，可以用以下公式计算出前导车和跟随车之间的相对距离：

$$S(t) = x_F - x_L + d_{ms} = d_{F1} + d_{F2} + d_{ms} - x_L + H_F \quad (3.45)$$

在实际交通中，驾驶人主要关心他们的行驶安全距离。尽管如此，计算相对距离需要事先获取一定变量。遗憾的是，估算这些变量非常困难，因为驾驶人的驾驶技能和习惯也因人而异，各有不同。考虑到驾驶安全需求，需要计算出最小相对距离，也就是最小安全跟随距离(Minimum Safe Following Distance, MSFD)，它对驾驶人而言是一种参照，因为当驾驶人的行驶距离小于 MSFD 时，能对驾驶人起到提示作用。

分析公式(3.45)可以发现，等式右边由 5 部分组成，只要前导车速度已知，其余4部分就可以计算出来。只有第五部分 H_F 不确定,因此可以通过最小化这一部分来获取MSFD。

通过上述分析,令式(3.45)的偏导数等于0,有:

$$\begin{cases}\dfrac{\partial H_F}{\partial t_4}=0\\\dfrac{\partial H_F}{\partial t_3}=0\end{cases}\tag{3.46}$$

通过分析发现,这是一个凹函数,可以获得极值。

$$\frac{\partial^2 H_F}{\partial t_3^2}\times\frac{\partial^2 H_F}{\partial t_4^2}-\left(\frac{\partial^2 H_F}{\partial t_3 t_4}\right)^2=(3\alpha_{max}^2+2\alpha_{max}\alpha_L-\alpha_L^2)/9>0\tag{3.47}$$

因为式(3.46)的解是通过 $\hat{H}_F$ 计算出的最优解,所以跟随车在减速阶段 T 内的移动距离为:

$$\hat{x}_F=d_{F1}+d_{F2}+\hat{H}_F\tag{3.48}$$

结合式(3.34)、式(3.44)和式(3.48),给定变量 x_L 和 x_F,可以通过以下公式得出MSFD:

$$\text{MSFD}=\hat{S}=\hat{x}_F-x_L+d_{ms}=d_{F1}+d_{F2}+\hat{H}_F-V_{L1}T+\alpha_L T^2/2+d_{ms}\tag{3.49}$$

3.3.3 安全跟驰距离仿真研究与分析(Simulation and Validation of the Safe Following Distance Model)

根据实际交通状况,当驾驶人决定制动时,应满足速度极限值 x_F 和 x_L。以此使车辆的初始速度在安全速度 V_m 的范围之内(30km/h≤V_m≤130km/h,且 d_{ms}≥3m),这里 d_{ms} 为3m。

3.3.3.1 安全跟驰距离对比分析

一般而言,当前导车突然制动时,跟随车的减速度要大于前导车。在相同的条件下,给定跟随车的速度、最大减速值和前导车的减速度,就可以计算出表3.2中的最小安全距离(Minimum Safe Distance, MSD)和MSFD。通过比较,MSFD要远远小于MSD。变量 D 是校准不同速度下车辆跟驰的标准。

不同交通状况下的 **MSFD** 和 **MSD** 分布　　　表 3.2

V_F(km/h)	α_{max}(m/s^2)	α_L(m/s^2)	D(m)	MSD(m)	MSFD(m)
60	-10	-5	60	35.1	16.7
90	-10	-5	100	103.8	35.7
120	-10	-5	155	160.9	67.9

在不同的减速度条件下，模型也会根据平均道路附着力系数发生改变，干燥路面上减速度为 6m/s^2，潮湿路面为 5m/s^2，冰雪路面为 2.85m/s^2，初始速度为 60km/h。表 3.3 列出了跟随车在不同减速度时的 MSFD。

跟随车在不同减速度时的 **MSFD** 取值　　　表 3.3

α(m/s^2)	V_m(m/s)	MSFD(m)
6	60	28.2
5	60	35.5
2.85	60	47.0

从表 3.3 中可以发现，MSFD 随着减速度的降低而增大，这与实际交通状况相吻合。路面质量越差时，车辆跟驰状态下的减速所受限制也更为严格，而最小安全跟随距离(MSFD)也随之变大。

3.3.3.2 安全跟驰距离的仿真

从上面的比较分析中，建立的模型在车辆跟驰状态下可以提供一个更合理的跟随安全距离。为了使 MSFD 更为合理化，同时满足安全需求，运用 VISSIM 软件来模拟真实交通状况，具体模拟步骤见图 3.18。

仿真模拟的重点在于讨论最小安全跟随距离(MSFD)是否满足安全需求，可以将 MSFD 看作输入参数，也就是说需要创建一个车辆跟驰模型，这一模型在 VISSIM 软件中与 SFD 模型相一致。然后，就可以按照模拟步骤用这一模型来模拟车辆跟驰过程。在仿真过程中，分别针对不同的初始速度和不同的道路质量进行模拟，并对数据结果进行分析以确认是否存在车辆追尾风险。根据仿真结果，各种模拟场景均不存在追尾事故，这也就清楚地表明新模型可以满足安全需求，符合驾驶人安全驾驶预期。

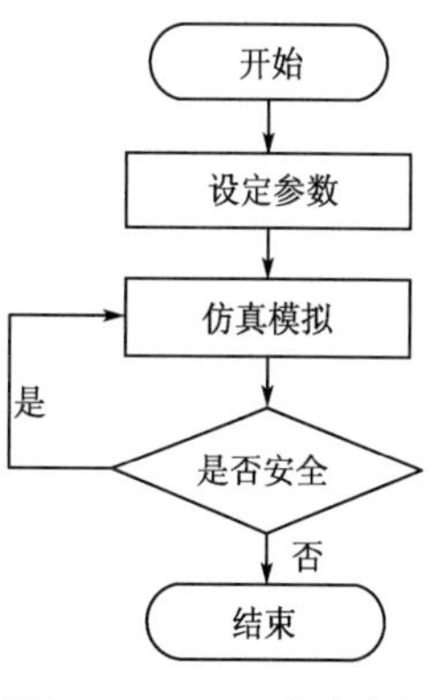

图 3.18 VISSIM 仿真流程

3.3.3.3 模型合理性讨论

为了证明所建模型的合理性,使用了实际交通运行中所收集的车辆轨迹数据,这些数据是通过使用高置摄像机拍摄获得的[28,29]。这里使用的轨迹数据是2005年6月12日,在位于美国加利福尼亚州的洛杉矶US-101高速公路(好莱坞高速公路)的一个路段上收集得来的,这里选取早上7:50到8:05这15min时段内采集的数据作为示例,该数据基本上能够反映最为典型的交通状况。

在进行仿真之前,所选取的轨迹数据样本需要经过平滑处理[30],使数据平缓分布,避免过大的波动。图3.19中给出了相邻两辆车(前车的编号为31,后车的编号为34)在跟驰行驶过程中的速度和间距分布情况,图3.20给出了二者行驶过程中实测速度、加速度和间距数据以及数据平滑处理之后的情况。从图中可以直观地看出平滑算法对实测数据平滑性的改善效果明显,这样有利于提高数据应用的精度。通过图3.20中的实测数据可以看出,后车速度随着前导车变化。作为比较,后车的速度滞后随着时间的变化而减小,假设后车希望与前车保持一样的行驶状态可以实现,那么实测数据体现的变化充分地说明了后车的这种期望。通过图中数据还可以看出,最小安全跟驰距离(MSFD)与车辆跟驰状态下的车间距(实测数据)具有相似的变化趋势,这也说明该模型能够很好地体现安全需求。也就是说,该模型可以用来描述后车驾驶人希望与前车保持同样的行驶状态的行为。根据相对速度和间距的变化,跟随车将紧随前导车,二者之间的距离逐步接近最小安全跟随距离。

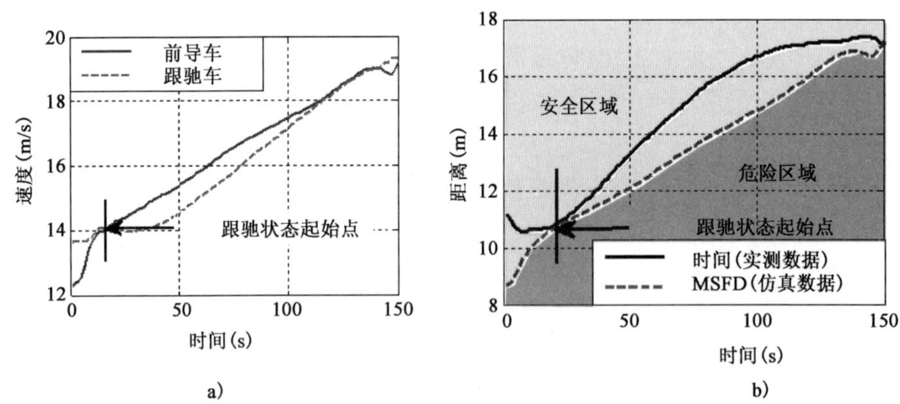

图3.19 车辆速度与间距分布情况

a)真实交通环境中跟驰车辆行驶速度;b)相邻车辆的间距和MSFD分布

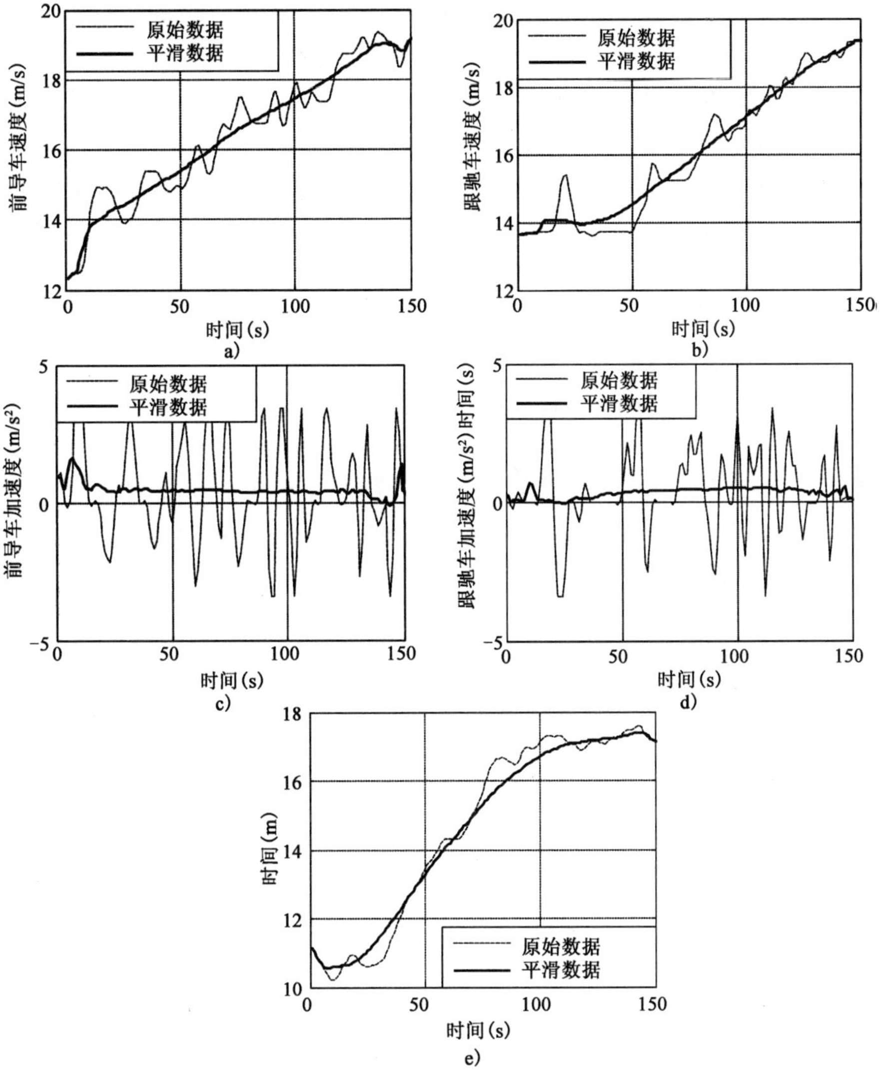

图 3.20　实测数据和平滑处理结果

a)前导车速度实测数据和平滑处理结果；b)跟随车速度实测数据和平滑处理结果；c)前导车加速度实测数据和平滑处理结果；d)跟随车加速度实测数据和平滑处理结果；e)车间距实测数据和平滑处理结果

本章参考文献(References)

[1] Chandler R. E. , Herman R. , Montroll E. W.. Traffic dynamics: studies in car following. Operations Research, 1958, 6, 165-184.

[2] Gipps P. G.. A behavioural car following model for computer simulation. Transportation Research B, 1981, 15, 105-111.

[3] Michaels R. M.. Perceptual factors in car following. In Proceedings of the Second International Symposium on the Theory of Road Traffic Flow, Paris: OECD, 1963, 44-59.

[4] Evans L. , Rothery R.. Experimental measurement of perceptual thresholds in car following. Highway Research Record, 1973, 64, 13-29.

[5] Elefteriadou L. , Leonard J. , Lieu H. , List. G.. Beyond the Highway Capacity Manual: A Framework for Selecting Simulation Models in Traffic Operational Analyses. Transportation Research Board 78th Annual Meeting, January 1999.

[6] Federal Highway Administration. Traffic Software Integrated System Version 4.2 User's Guide. March 1998.

[7] Home of the Next Generation Simulation Community. *www. ngsim-community. org/*.

[8] Winsum W.. The human element in car following models, Transportation Research Part F, 1999, 2, 207-211.

[9] Evans L. , Wasielewski P.. Risky driving related to driver and vehicle characteristics. Accident analysis and prevention, 1983, 15, 121-136.

[10] Gunay B.. Car following theory with lateral discomfort, Transportation Research Part B 2007, 41, 722-735.

[11] Dawis S. M.. A molecular basis for Weber's law, Visual Neuroscience, 1991, 7, 285-320.

[12] Winsum W. , Heino. A.. Choice of time-headway in car-following and the role of time to collision information in braking, Ergonomics, 1996, 39, 579-592.

[13] Bonsall P, Liu R. H. , Young W.. Modelling safety-related driving behaviour—impact of parameter values, Transportation Research Part A, 2005 39, 425-444.

[14] Wang W. H. , Zhang W. , Guo H. W. , Bubb. H. , Ikeuchi. K.. A safety-based behavioual approaching model with various driving characteristics,

Transportation Research Part C-Emerging Technologies, 2011 19 (6), 1202-1214.

[15] Wang Y., Xie J. et al.. Analysis on Traffic Safety Distance of Considering the Deceleration of the Current Vehicle, International Conference on Intelligent Computation Technology and Automation. 2009, 3, 491-494.

[16] Koornstra M. J.. Risk-adaptation theory, Transportation Research Part F, 2009 12, 77-90.

[17] Khayyam H., Nahavandi S., Davis S.. Adaptive cruise control look-ahead system for energy management of vehicles, Expert Systems with Applications. 2012, 39, 3874-3885.

[18] Wang W. H., Cao Q., Ikeuchi K., Bubb H.. Reliability and safety analysis for identification of driving erroneous actions, International Journal of Automotive Technology, 2010, 11, 873-881.

[19] Wang W. H, Bubb H., Ikeuchi K., Cao Q.. Measurement of dangerous traffic conditions through driving dependability analysis, Journal of Scientific and Industrial Research. 69 (2010) 172-176.

[20] Ke W. U., Adomat R.. Radar based automotive obstacle detection system, SAE Transactions Section 6-Journal Of Passenger Cars, 1994, 103, 1224-1236.

[21] Wu D., Olson D. L.. Enterprise Risk Management: Coping with model risk in a large bank, Journal of the Operational Research Society, 2010, 61, 179-190.

[22] Chen Y. L., Wang C. A.. Vehicle safety distance warning system: A novel algorithm for vehicle safety distance calculating between moving cars, IEEE VTC2007-Spring in Dublin. 2007, 2570-2574.

[23] Brackstone M., McDonald M.. Car-following: a historical review, Transportation Research Part F. 1999, 2, 181-196.

[24] Lu G., Cheng B., Lin Q., Wang Y.. Quantitative indicator of homeostatic risk perception in car following, Safety Science, 2012, 50, 1898-1905.

[25] Ossen S., Hoogendoorn S. P.. Heterogeneity in car – following behavior: Theory and empirics, Transportation Research Part C: Emerging Technologies, 2011, 19, 182-195.

[26] Kong J., Guo F., Wang X.. A vehicle rear-end anti-collision method base on

safety distance mode, Microcomputer information. 2008, 24, 251-253.

[27] Uchiyamaa Y.. The neural substrates of driving at a safe distance: a functional MRI study, Neuroscience Letters, 2003, 352, 199-202.

[28] NGSIM, 2002, Next Generation Simulation Program, Federal Highway Administration (FHWA). <www. ngsim. fhwa. dot. gov>.

[29] NGSIM COMMUNITY, 2005. NGSIM I-80 Data Analysis, Summary Reports, Federal Highway Administration. http://ngsim-community. org/.

[30] Thiemann C., Treiber M., Kesting A.. Estimating acceleration and lane-changing dynamics from next generation simulation trajectory data, Transportation Research Record. 2008, 2088, 90-101.

[31] Wang W. H., Ding C. X.. Identification of dangerous area within vehicles operation for driver assistance, Journal of Beijing Institute of Technology (English Edition), 2010 19(S2), 41-44.

[32] Wang W. H., Wets G.. Computational Intelligence for Traffic and Mobility, Paris: Atlantis Press, 2012.

第4章　换道行为分析
(Analysis of Lane-changing Behavior)

车辆排队、拥堵、超车及车辆驶入或驶出交织区和匝道等过程往往伴随有换道行为。与加减速行为相比，换道行为需要考虑的车辆更多，驾驶人的决策过程更加复杂，也更难用数学形式来简单描述。

车辆行驶在多车道上时，驾驶人对当前车道的行驶条件不满意或者临近车道上行驶条件较好时，驾驶人就会考虑换道。因此，换道行为是在一定的行驶条件刺激下才产生。同时，换道过程是车辆的横向运动和纵向运动的综合，驾驶人对车辆的纵向运动和横向运动进行协调控制，最终完成换道任务。这就需要通过对换道过程进行系统分析，详细地描述换道过程中的驾驶行为特征和车辆动力学特征，然后进行换道行为的建模与仿真。

4.1　换道特性分析
(Characteristic Analysis of Lane-Changing Behavior)

4.1.1　换道行为过程分析(Analysis of Lane-changing Process)

车道变换行为是驾驶人根据车辆动力学和自身驾驶特性，从交通环境中获取周围车辆的车速、车辆间距等信息，调整并完成自身驾驶目标策略，包括判断决策和操作的综合行为过程。

车辆在道路中行驶时，驾驶人变换车道需求的原因各式各样，根据追求利益动机的不同，换道行为可分为强制换道(Mandatory Lane Changing, MLC)和自由换道(Discretionary Lane Changing, DLC)。**强制换道**指具有确定的目标车道，在一定区间内必须实施换道的行为，如匝道的分流车辆、合流车辆、交织区车辆、绕过前方障碍物的车辆等；**自由换道**指当车辆在遇到前方较慢的车辆时，为了追求更快的车速和更自由的驾驶空间而进行的变换车道行为。

(1)对于强制换道行为,驾驶人只需以下两个步骤就可以完成换道。

估计可行的换道间隙:在这个阶段,驾驶人会对目标车道上的前后车的间隙进行估计,并且决定是否满足换道要求,如满足,则决定换道到目标车道上;如不满足,则继续估计直到满足为止。

(2)执行换道决策:该过程是整个换道过程中唯一能被观察到的。

对自由换道,需要有换道动机,主要包含:提高车速、超过满载车或重车、交织区内躲避交织车辆。相比强制换道行为,自由换道行为有换道需求环节,该环节将决定什么时候应该换道,什么时候不应该换道,如需要换道,该换到哪条车道等,这一过程驾驶人是很难把握的。通过分析驾驶人换道行为,可假设自由换道行为分成如下三个阶段(如图4.1所示)。

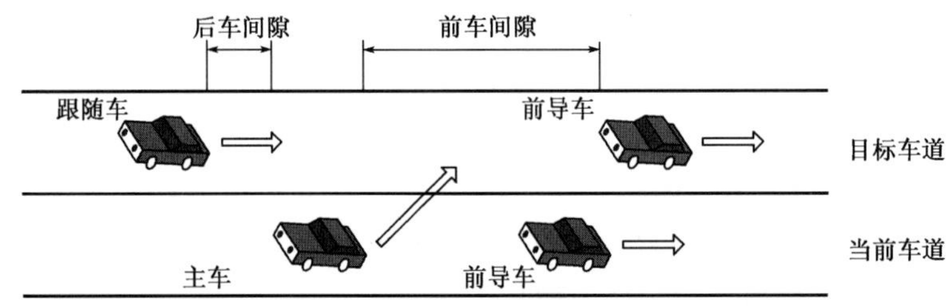

图4.1　换道过程示意图

(1)是否需要换道?

当驾驶人对当前车道上的行驶条件不满意时,比如说加速度小于某一数值,或前方有重车(公交、大型货车等)需要超车等,驾驶人会考虑更换车道。

(2)选择哪条车道?

驾驶人会对比原车道与临近车道上的行驶条件,一般是比较左右车道和原车道,通过三条车道行驶条件的估计,如果临近车道上的行驶条件较好,则驾驶人会选择临近车道(左车道或右车道)。

(3)能否进入目标车道?

变换车道必须满足安全要求,一方面换车道后不与目标车道上的前车发生冲突;另一方面换车道后不与目标车道上的后车发生冲突。需满足这两个条件车辆才能换道成功,即要求前车间隙与后车间隙满足一定的条件。

影响车道变换的因素很多,除道路交通条件外,还包括驾驶人自身生理、心理等因素的影响。车辆的行驶性能也会对之产生很大影响。

首先,道路交通条件对驾驶人进行车道变换的影响很大。当交通流量很大时,车流密度增加,车辆之间平均间距减小,这就促使驾驶人对交通状况的不满意度增加,诱发驾驶人进行变换车道以寻求更大的驾驶空间。但是,另一方面道路中车流密度增加,又使得车道中出现可以满足进行车道变换需要的车辆间距减小,约束了车道变换行为。

其次,驾驶人自身的生理、心理等因素会对车道变换行为产生很大影响。例如,即使在相邻车道上所具有的安全间距偏小的情况下,性格冲动的驾驶人也容易选择变换车道。

再次,车辆的行驶性能对车道变换行为有很大的影响,车辆的技术性能好,车辆在进行车道变换的过程中可以获得更大的加速度,可以减少车道变换所需要的时间。另一方面,车辆还可以获得更大的制动减速度,这对驾驶人判断相邻车道上所具有的安全间距存在着很大影响。

4.1.2 换道行为体系(Framework of Lane-changing Behavior)

通过对换道行为过程的分析,可知换道行为中除了执行换道决策这一操作能被观察到之外,其余整个换道过程都是潜藏性的。基于换道行为的特性识别,将换道过程主要分为两部分,即换道需求产生和换道间隙检测。

换道模型的框架体系如图4.2所示,其中潜藏部分和可观察部分分别用椭圆和长方形来表示[1]。顶层的"MLC"分支对应驾驶人决定执行强制换道情况,而"$\overline{\text{MLC}}$"分支对应驾驶人决定执行自由换道情况。

根据获得可行的换道间隙概率大小,强制换道分为以下两种情况。

(1)特殊强制换道:当换道间隙不足时,并且得到可行的换道间隙的概率很低时,目标车只能通过目标车道上后车的谦让或者是强迫后车减速来获得换道间隙,从而完成换道,其典型模型是强制并道模型。

(2)一般强制换道:目标车可以轻松获得可行的换道间隙来进行换道。

判断驾驶人是否考虑自由换道,通常包括以下两阶段的决策:

(1)驾驶人对当前车道行驶条件是否满意;

(2)如果行驶条件不满意,驾驶人将对比当前车道与临近车道上的行驶条件,决定是否换道。

影响判断行驶条件是否满意的因素包括:当前车速与期望车速之间差多少、在目标车前后是否有重型车、驾驶人是否在赶时间,等等。如果当前车道行驶条件不满意,驾驶人会考虑换道到临近车道上。

影响换道决策的因素还包括目标车道上的行驶状况，即使驾驶人当前车道的行驶条件不满意，但经对比临近车道上的行驶条件，如果当前车道较好，驾驶人依然选择留在原车道上行驶；否则，驾驶人会估计换道间隙后选择一条可替代的车道行驶。

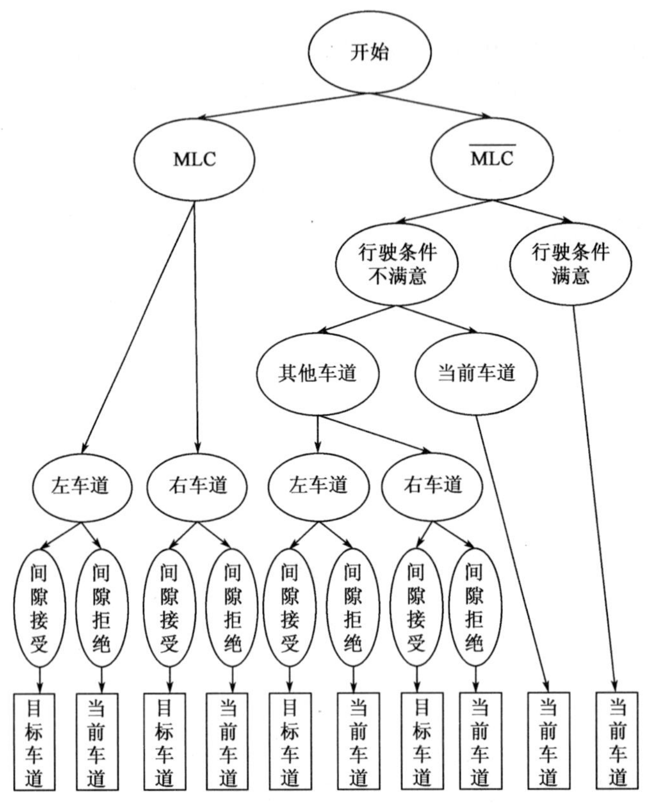

图 4.2　换道行为结果

当换道间隙不足时可分为两种情况：第一，强制换道时，主车驾驶人会通过与目标车道上的后车协调或者是强制其减速来获得足够的换道间隙；第二，自由换道时，主车驾驶人会继续寻找下一个间隙直到间隙满足为止。当驾驶人选择自由换道时，影响获得换道间隙的因素有间隙长度、主车车速、目标车道上前车与后车的车速、主车的车型。例如，当车辆高速行驶时，车道合并需要较大的间隙；重型车相对小轿车其机动性较低，故需要较大的间隙。在强制换道情况下，换道间隙还受主车至换道完成点的距离、延时（冒险和不耐心的驾驶人）的影响。

4.2 换道行为建模与仿真
(Modelling and Simulating of Lane-changing Behavior)

车道变换模型是研究车辆安全行驶行为的重要模型之一,其涉及驾驶人的主观能动性、车辆的技术性能、交通环境的随机干扰、道路几何条件等因素,导致难以用数学模型来客观描述,这也是车道变换模型发展相对缓慢的根本原因。

在多车道路段上,如果驾驶人在本车道上达不到期望速度(如前车太慢),则可选择换道或超车。能否换道或超车,取决于相邻车道上的前后位置能否保障换道时前后的安全车距。要描述这样的复杂驾驶行为,不仅需要大量的车辆运行参数,而且要构建合理的数学模型。

4.2.1 车道变换安全性分析(Safety Analysis of Lane-changing Behavior)

由于城市交通运行多变,给车辆造成了复杂的行车环境。然而,驾驶人都想达到期望车速或是由于某些主观因素想超车,都会涉及车道变换行为。因此,对车辆在换道时的安全性分析是不可或缺的。在低交通密度时,驾驶人可以根据道路交通状况及车辆技术性能,选择行驶速度和行驶车道,车辆主要执行判断性变换车道(不包括因车道封闭施工、交通事故等关闭车道)行为。在车辆变换车道之前,驾驶人首先判断目标车道的车头间距、期望车速等,表4.1列出与不同换道行为相关的安全影响因素。

不同的车道变换目的和安全影响因素 表4.1

车道变换目的	安全影响因素
超越慢车/重车	相邻车道的车头间距、邻近车道车速、期望车速、车辆速度、慢/重车速度、慢/重车前方车辆状态
变换到快车道	与当前车道车队的距离、目标车道与当前车道车队的差异(如车速)、车头间距、主车的性能。
变换到慢车道	停车距离、慢车道的车头间距
强制并道	换道间距、道路设施

(1)模型条件

车道变换是一个复杂的过程,图4.3是一个较为典型的换道环境,主车的运动轨迹由一个二维坐标系统构建。其中主车 M 从当前车道变换到目标车道上，L_d 车和 F_d 车分别是目标车道上的前、后车辆，L_0 车和 F_0 车分别是同车道上的前、后车。当主车换道时，它以侧向加速度从当前车道的 L_0 车和 F_0 车之间移动到目标车道的 L_d 车和 F_d 车之间。

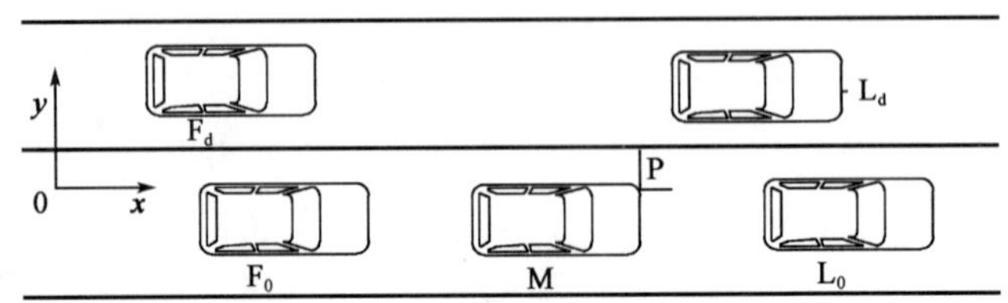

图 4.3　主车行驶状态及位置示意图

(2) 换道时间段的定义

换道时间段可以用图 4.4 描述，其中 t_0 为开始换道操作的时间，令 $t_0=0$；t_{adj} 为 M 车施加横向加速度前的调整时间；t_C+t_{adj} 为车辆前角到达目标车道临界线的瞬时；$t_{lat}+t_{adj}$ 为 M 车施加横向加速度结束的时间；T 为车辆完成换道的时间。换道持续时段 $[t_0,T]$ 可以定义为：

- 时刻 t_0，M 车开始执行换道行为，此时有 $t_0=0$；
- 时刻 t_{adj}，M 车开始调整横向加速度；
- 时刻 t_C+t_{adj}，M 车到达碰撞点边缘；
- 时刻 $t_{lat}+t_{adj}$，M 车完成横向加速度调整；
- 时刻 T，完成换道行为。

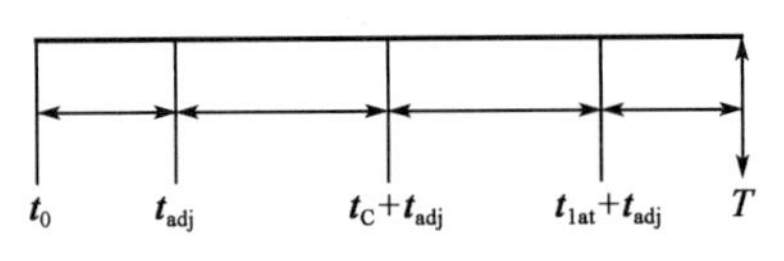

图 4.4　换道过程时间段示意图

(3) 换道车辆参考点的定义

如图 4.5 所示，车辆 M 的四个角分别用 P_2、P_2、P_3、P_4 来表示。假设已知 M 车左前角 P_2 点的横向位移为 $Y_{lat}(t)$，则其他三个点的位移可以由此推算出。为降低复杂度，这里采用一阶近似来表示 M 车各角的横向位置，即：

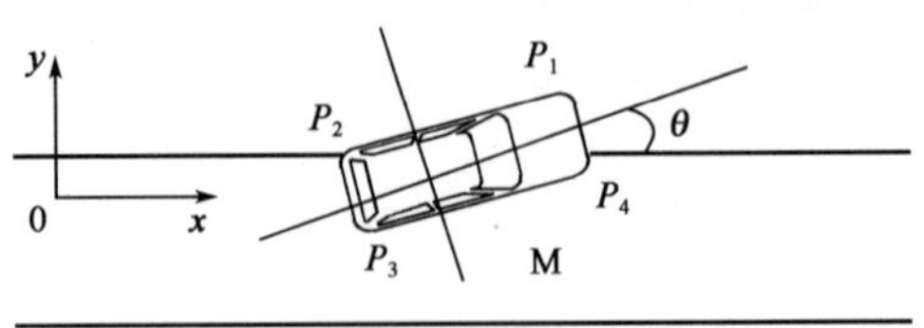

图 4.5　车辆各个参考点示意图

$$\begin{cases} Y_{p2}(t) \cong Y_{\text{lat}}(t) - l_{\text{M}} \times \sin(\theta(t)) \\ Y_{p3}(t) \cong Y_{\text{lat}}(t) - (l_{\text{M}} \times \sin(\theta(t)) + w_{\text{M}} \times \cos(\theta(t))) \\ Y_{p4}(t) \cong Y_{\text{lat}}(t) - w_{\text{M}} \times \cos(\theta(t)) \end{cases} \tag{4.1}$$

式中：l_{M}——M 车的长度；

w_{M}——M 车的宽度；

$\theta(t)$——M 车换道轨迹切线与 x 轴的夹角。

4.2.2 换道过程运动学特征(Dynamic Characters of Lane-Changing Behaviour)

设定 M 车在 $t=0$ 时刻开始车道变换操作，变换时间由两部分组成：施加横向加速度之前的调整时间 t_{adj} 与施加横向加速度的时间 t_{lat}。M 车在换道过程中的横向加速度为 $a_{\text{lat}}(t)$，且除 M 车之外，其他车辆的横向加速度均为 0。M 车变换车道到目标车道过程中车辆的行驶轨迹如图 4.6 所示。

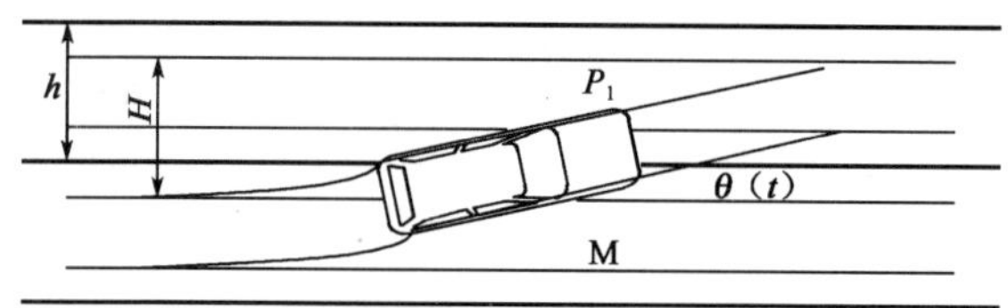

图 4.6 车道变换过程运动分析

由于 M 车是向左换道，则左前方 P 点为参考点，车道变换行为完成的标准即为 P 点的横向移动距离为 H。显然有，横向距离达到 $H/2$ 时，车辆的横向加速度 $a_{\text{lat}}(t)$ 达到最大值。假设 M 车换道过程平稳，$V_{\text{lat}}(t)$ 符合正弦波特性[2]，则 M 车的横向加速度 $a_{\text{lat}}(t)$ 符合余弦波特性，则有：

$$a_{\text{lat}}(t) = A\sin(wt + \pi/2) \qquad t_{\text{adj}} \leqslant t \leqslant t_{\text{lat}} + t_{\text{adj}} \tag{4.2}$$

式中：A 为待定参数，$\omega = \dfrac{2\pi}{t_{\text{lat}}}$。

对式(4.2)两边积分可得：

$$\int_{t_{\text{adj}}}^{t_{\text{lat}}+t_{\text{adj}}} \int_0^t A\sin(wt + \pi/2)\,\mathrm{d}\tau\,\mathrm{d}t = H \tag{4.3}$$

解得 $A = \dfrac{2\pi H}{t_{\text{lat}}^2}$，所以有：

$$a_{lat}(t)=\begin{cases}2\pi H/t_{lat}^2\times\sin\left(\dfrac{2\pi}{t_{lat}}(t-t_{adj})\right) & t_{adj}\leqslant t\leqslant t_{lat}+t_{adj}\\0 & \text{其他}\end{cases}\tag{4.4}$$

式中:H——换道过程中 M 车的横向位移;

t_{adj}——M 车施加横向加速度前的调整时间;

t_{lat}——M 车施加横向加速度的时间。

由式(4.4)可知,横向加速度 $a_{lat}(t)$在前 $H/2$ 位移内为正,在后 $H/2$ 位移内为负。

对式(4.4)两边积分,可得 M 车横向速度为:

$$V_{lat}(t)=\begin{cases}\dfrac{-H}{t_{lat}}\times\cos\left(\dfrac{2\pi}{t_{lat}}(t-t_{adj})\right)+\dfrac{H}{t_{lat}} & t_{adj}\leqslant t\leqslant t_{lat}+t_{adj}\\0 & \text{其他}\end{cases}\tag{4.5}$$

对式(4.5)再积分,可得 M 车左前角 P 点的横向位移为:

$$Y_{lat}(t)=\begin{cases}-H/2\pi\times\sin\left(\dfrac{2\pi}{t_{lat}}(t-t_{adj})\right)+\dfrac{H}{t_{lat}}(t-t_{adj}) & t_{adj}\leqslant t\leqslant t_{lat}+t_{adj}\\0 & \text{其他}\end{cases}\tag{4.6}$$

由图 4.6 可知,车辆在变换车道过程中,横向加速度来自行走方向加速度的横向分量。设 t 时刻车辆行走轨迹切线方向与道路纵向的夹角为 $\theta(t)$,则有:

$$\tan(\theta(t)=\frac{v_{lat}(t)}{v_M(t)}\tag{4.7}$$

式中:$v_{lat}(t)$、$v_M(t)$分别为车辆的横向速度和纵向速度。可见,任意时刻的 $\tan(\theta(t))$都可以根据车辆的横向速度和纵向速度求得,这样 $\sin(\theta(t))$的值亦可解得。

4.2.3 安全距离模型(Safe Distance Model)

在车道变换过程中,主要受到两个方面因素的影响:交通环境和驾驶人差异。交通环境主要包括车道的线形、几何参数、主车周围影响车辆的类型、各个间距等因素,并且不同的因素对车辆换道行为的影响都不尽相同。驾驶人差异

主要体现在驾驶技能差异和性格差异等方面，冒险型的驾驶人所要求的换道间距就会小于保守型的驾驶人；驾驶技能好的驾驶人的车道变换行为就较为平顺，车辆换道过程中的行驶轨迹就较为正常。结合以上两个方面的特征可以构建车道变换模型。

4.2.3.1　M 车和 L_d 车之间的安全距离

主车 M 换道过程中的行驶轨迹如图 4.7 所示，设 S 表示初始时刻 M 车和 L_d 车的横向内侧间距，L_S 为 L_d 车右侧纵向切线，当 M 车变换车道时，M 车前面车宽的中心点与 L_d 车尾部的纵向距离就是 M 车应该考虑的安全间距 L_s。如果该间距 L_s 过小，碰撞发生的概率将大大提高，最终导致换道行为不成功，所以必须要保证间距 L_s 在一定的范围内，驾驶人才能顺利完成换道。以车前部中点为基准，主车与目标车道上的前车之间的距离，可表示为：

$$\begin{cases} Y(t) = H - Y_M(t) \\ S(t) = X_M(t) - X_{Ld}(t) + L_s \end{cases} \tag{4.8}$$

式中：$Y_M(t)$——M 车的横向位移；

$Y(t)$——M 车与 L_d 车之间的横向间距；

$S(t)$——M 车与 L_d 车之间的纵向间距；

L_s——M 车与 L_d 车之间保留的安全距离；

$X_M(t)$——M 车的纵向位移；

$X_{Ld}(t)$——L_d 车的纵向位移。

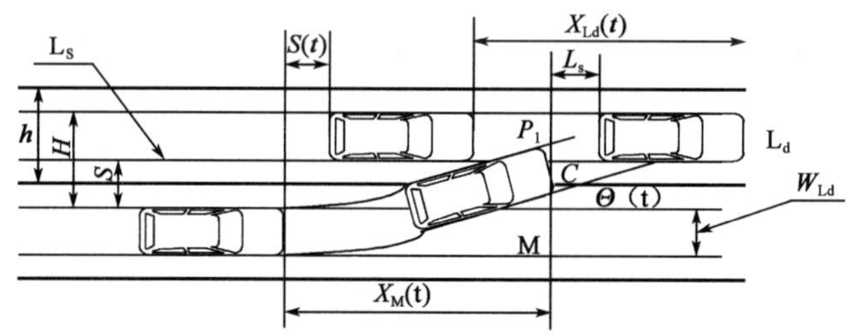

图 4.7　M 车和 L_d 车的安全距离示意图

设在 $t = t_C + t_{adj}$ 时刻，M 车的左前角（P_2 点）行驶到横向位移为 $H/2$ 处，$t_C + t_{adj}$ 为 M 车行驶到横向位移为 $H/2$ 处所用的时间。当 $t = t_C + t_{adj}$ 时，P 点的横向位移为

$$Y_M(t_C + t_{adj}) = H/2 \tag{4.9}$$

根据图4.8可知，M车前部中点的轨迹从换道起始点到C点时，与原车道纵向方向的夹角为θ，C点与换道起始点连接起来的直线与原车道纵向方向的夹角为β。

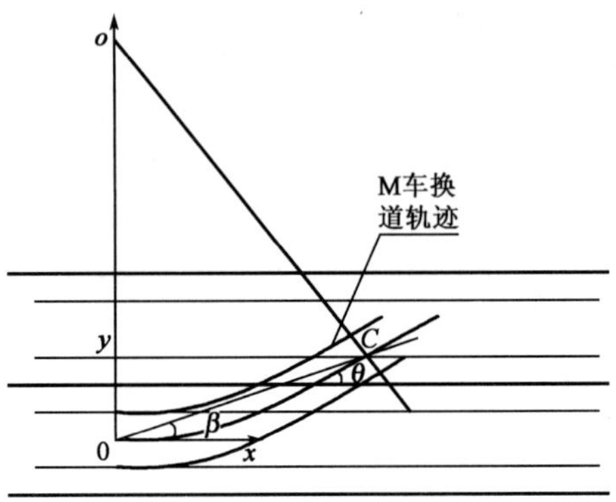

图4.8　M车的换道轨迹图

将M车行驶轨迹做圆曲线化处理，则存在几何关系$\beta(t)=\theta(t)/2$。由三角公式可得：

$$\tan(\beta(t)) = \frac{Y_M(t)}{X_M(t)} \tag{4.10}$$

根据$\tan(\theta(t)) = \frac{2\tan\left(\frac{\theta(t)}{2}\right)}{1-\tan\left(\frac{\theta(t)}{2}\right)^2}$，再结合式(4.10)可以得到：

$$\tan(\beta(t)) = \tan\left(\frac{\theta(t)}{2}\right) = \frac{-1+\sqrt{1+\left(\frac{V_{lat}}{V_M}\right)^2}}{\frac{V_{lat}}{V_M}} \tag{4.11}$$

将式(4.10)代入式(4.11)，有：

$$X_M(t) = \frac{H}{2\tan(\beta(t))} = \frac{H}{2\tan\left(\frac{\theta(t)}{2}\right)} \tag{4.12}$$

然而 L_d 车在 t 时间段内行驶的距离 $X_{Ld}(t)$ 为：

$$X_{Ld}(t) = V_{Ld}(t_C + t_{adj}) \tag{4.13}$$

根据上述分析可得：

$$S(t) = \frac{H}{2\tan\left(\frac{\theta(t)}{2}\right)} - V_{Ld}(t_C + t_{adj}) + L_s \tag{4.14}$$

从(4.14)可以看出安全距离 $S(t)$ 主要取决于 L_d 车的车速，M 车的车速，两车道横向间距 H 和时间($t_C + t_{adj}$)。($t_C + t_{adj}$)取决于横向距离 S、横向侧移时间 t_{lat} 和调整时间 t_{adj}。

4.2.3.2 M 车与 F_d 车之间的安全距离

M 车和 F_d 车的行驶轨迹如图 4.9 所示，设 M 车的纵向位移为 $X_M(t)$，F_d 车的纵向行驶位移为 $X_{Fd}(t)$，M 车和 F_d 车的初始距离为 $S(t)$，M 车的左前角运动到 $H/2$ 处时，与 F_d 车的安全间距为 L_s，则可得：

$$S(t) = X_{Fd}(t) + L_s + L_{cos}(\theta(t)) - X_M(t) - w \tag{4.15}$$

式中：w——车身长度。

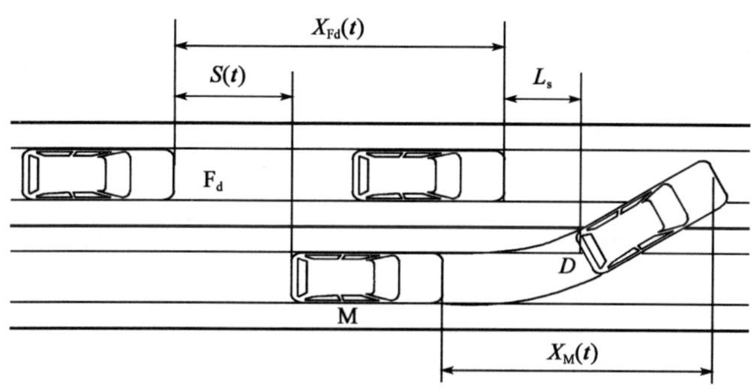

图 4.9 M 车和 F_d 车的安全距离示意图

F_d 车从 M 车换道开始到行驶到 D 点所行驶的过程中，假设车速不变，则位移 $X_{Fd}(t)$ 为：

$$X_{Fd}(t) = V_{Fd}(t)(t_C + t_{adj}) \tag{4.16}$$

结合式(4.12)和式(4.16)，则式(4.15)可进一步表示为：

$$S(t) = V_{Fd}(t)(t_C + t_{adj}) + L_s + L\cos(\theta(t)) - \frac{H}{2\tan\left(\frac{\theta(t)}{2}\right)} - L \tag{4.17}$$

换道安全距离 $S(t)$ 主要取决于 F_d 车的车速、M 车的车速、两车道横向间距 H、车身长度 w 和时间$(t_C + t_{adj})$。$(t_C + t_{adj})$取决于横向距离 S、横向侧移时间 t_{lat} 和调整时间 t_{adj}。

M 车与 L_d 车之间的安全距离如式(4.14)所示,共有三项,第一项和第三项能确定,然而中间项 L_s 没有确定;M 车和 F_d 车之间的安全距离如式(4.17)所示,有五项,同样中间项 L_s 也没有确定。

综上所述,影响车辆间相对距离 L_s 的因素包括驾驶行为、车辆性能和交通状态,其主要特征如下。

- M 车驾驶人类型:如果 M 车驾驶人属于冒险型,那么该距离就会偏小,相反,驾驶人属于保守型,该距离就会偏大;
- L_d 车的车型:如果 L_d 车是重型车,那么该距离也会稍微偏大;
- 换道类型:如果是 M 车换道间隙很难获得时,该距离会大大偏小。

4.2.4 换道时间的确定(Definition of Lane-changing Duration)

不同的换道时间 t_{lat}决定了不同的车道变换过程。t_{lat}越小,车道变换过程完成所需的纵向距离就越短,但是其平稳性就越差;相反,t_{lat}越大,完成车道变换过程所需的纵向距离就越长,平稳性也就越好,但是容易造成不安全。因而合理地选取 t_{lat}具有重要的意义。

M 车和 L_d 车在初始距离 $S(0)$下,t_{lat}应该满足:

$$\int_{t_{adj}}^{t_{adj}+t_{lat}}\int_0^{\lambda} M(t)\,d\tau dt + V_M(0) \times t_{lat} < \frac{1}{2}L_d t_{lat}^2 + V_{Ld} \times t_{lat} + S(0) \quad (4.18)$$

式中:$S(0) = X_{Ld}(0) - l_{Ld} - X_M(0)$。

同理,M 车和 F_d 车的 t_{lat}应该满足:

$$\int_{t_{adj}}^{t_{adj}+t_{lat}}\int_0^{\lambda} M(t)\,d\tau dt + V_M(0) \times t_{lat} > \frac{1}{2}F_d t_{lat}^2 + V_{Fd} \times t_{lat} + S(0) \quad (4.19)$$

式中:$S(0) = X_M(0) - l_M - X_{Fd}(0)$。

平稳的换道过程对车辆、驾驶人及乘客的安全以及舒适度至关重要。车辆在换道过程中行驶轨迹的曲率半径直接决定了换道的平稳性。图 4.10 为换道轨迹曲率半径,L 表示完成车道变换过程所需要的纵向距离,则:

$$L = \sqrt{4HR - H^2} \quad (4.20)$$

图4.10中的曲率半径 R，主要规定了车辆在安全行驶时必须服从的转弯半径。当行车车速为120km/h、100km/h、80km/h、60km/h时，极限最小半径分别为650m、400m、250m、125m。设 R_{min} 为极限最小半径，则：

$$L > \sqrt{4HR_{min} - H^2} \tag{4.21}$$

于是有：

$$\int_{t_{adj}}^{t_{lat}+t_{adj}}\int_0^{\lambda} a_M(t)\,\mathrm{d}\tau\mathrm{d}t + V_M(0) \times t_{lat} > \sqrt{4HR_{min} - H^2} \tag{4.22}$$

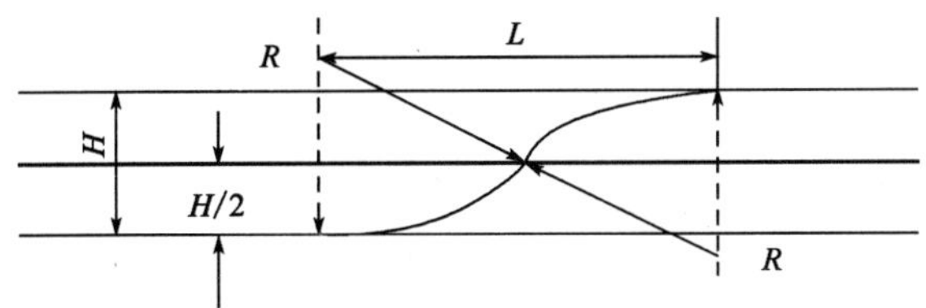

图4.10　换道轨迹曲率半径

一旦 t_{lat} 参数确定了，安全距离模型就转变为变量为时间 t 和速度 $V(t)$ 相关的函数关系。可通过统计在不同速度情况下，驾驶人换道成功所用时间，这样就可以确定安全的换道距离。

4.2.5　仿真计算(Simulation and Calculation)

M车与相邻各车的最小安全距离可看作是它们之间纵向相对速度的函数。匀速行驶条件下，M车与 L_d 车不发生碰撞的条件可简化为：

$$S(t) = (S(0) + (V_{Ld} - V_M)t) > 0, t_C + t_{adj} < t < T \tag{4.23}$$

则

$$MSS(L_d, M) = \max((V_M - V_{Ld})t), t_C + t_{adj} < t < T \tag{4.24}$$

由于M车与 L_d 车之间的相对速度为常数，所以式(4.24)又可写为：

$$MSS(L_d, M) = \begin{cases}(V_M - V_{Ld}) \times T & V_M - V_{Ld} \geqslant 0 \\ (V_M - V_{Ld}) \times (t_C + t_{adj}) & \text{其他}\end{cases} \tag{4.25}$$

同理，M车与 F_d 车不发生碰撞的条件可简化为：

$$S(t) = (S(0) + (V_M - V_{Fd})t) > 0, t_C + t_{adj} < t < T \tag{4.26}$$

则

$$MSS(M, F_d) = \max((V_{Fd} - V_M)t), t_C + t_{adj} < t < T \tag{4.27}$$

所以式(4.27)又可为:

$$MSS(M, F_d) = \begin{cases} (V_{Fd} - V_M) \times T & V_{Fd} - V_M \geqslant 0 \\ (V_{Fd} - V_M) \times (t_C + t_{adj}) & \text{其他} \end{cases} \tag{4.28}$$

根据M车与其他车之间的相对速度和距离,可以判断换道过程是否安全。这里设定仿真参数取值如下:$\beta(t) = 5°$,这样可以假设车辆换道时纵向速度变化不大;M车横向位移,即车道宽度 $H = 3.75\text{m}$;M车车身长度假设取平均车身长度 $w = 5\text{m}$;设相邻车辆均保持稳定速度行驶,分别取120km/h、100km/h、80km/h、60km/h;假设换道前M车匀速行驶,则M车施加横向加速度前的调整时间 $t_{adj} = 0$;平稳安全换道时间约为3~5s,且换道时间越长,风险越大,因此假设 $t_{lat} = 3\text{s}$;L_s 受驾驶行为、车辆特性和交通状况等因素影响。根据这些参数进行仿真计算,图4.11和图4.12分别描述了式(4.25)和式(4.28)所代表的安全距离区域。表4.2、表4.3分别为不同速度下距离 $S(t) - L_s(\text{m})$ 的取值。由此可知:车辆纵向运动的行驶区域分为安全与危险区域,尤其是为了避免碰撞,车辆往往在安全区域内开始换道。

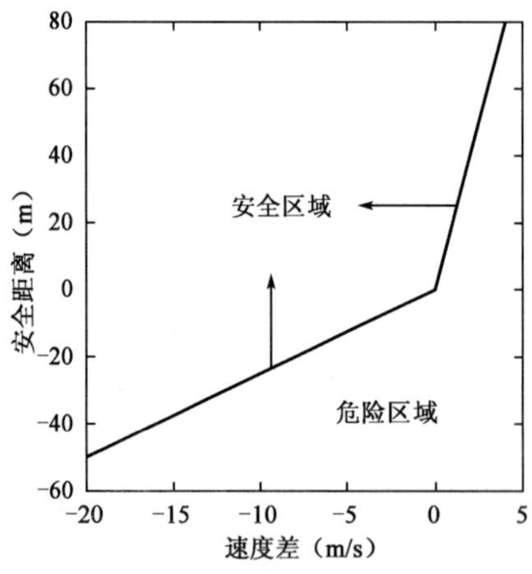

图4.11 M车与 L_d 车之间的安全距离区域

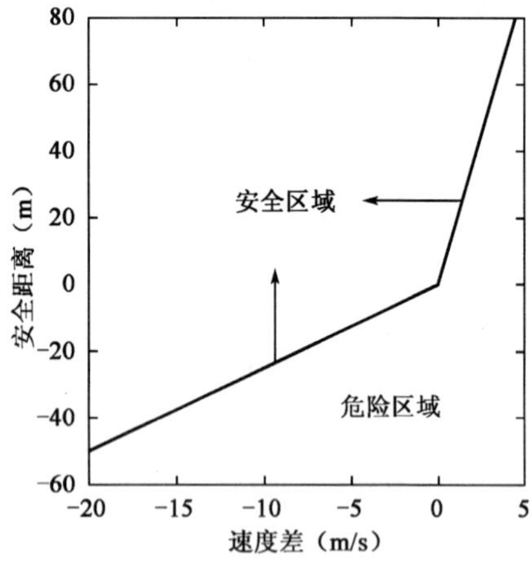

图4.12 M车与 F_d 车之间的安全距离区域

M 车与 L_d 车之间的距离　　表 4.2

V_{Ld}(km/h)	60	80	100	120
$S(t) - L_s$(m)	5.647	16.064	26.481	36.898

M 车与 F_d 车之间的距离　　表 4.3

V_{Fd}(km/h)	60	80	100	120
$S(t) - L_s$(m)	20.159	34.048	47.937	61.826

4.3　车辆换道轨迹预测与分析
(Prediction of Driver's Lane-changing Trajectory)

车辆换道过程中有很多不确定因素，并且驾驶人的感知行为特性对其具有显著影响，这就需要将这两种因素综合考虑，以期构建换道行为的优化模型。因此，从人工智能的角度，运用神经网络模型并引入随机项来描述驾驶人的换道行为是可行的。

4.3.1　基于神经网络的换道轨迹预测分析(Neural Network Model for Lane changing Trajectory Prediction)

为了保证安全驾驶，驾驶人会在全面感知当前车辆行驶状况的基础上，充分理解各种交通信息，并以此判断交通状况随后的变化。如何客观描述换道过程中驾驶人认知行为的不确定性，BP 神经网络就是一个理想的选择。不同于经典数学模型，BP 神经网络能够近似实现输入量和输出量的关系，而无需构造确定的模型。这里讨论如何建立一个基于 BP 神经网络换道轨迹预测模型，并对换道过程中车辆间的相互作用进行仿真。仿真场景中的简化换道过程如图4.13所示。

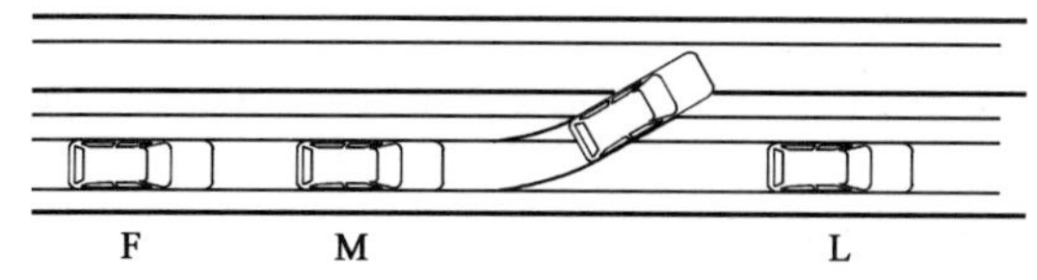

图 4.13　仿真场景中的换道场景

在构建的多输入单输出时间延迟 BP 神经网络中，包括 2 个隐层用于训练、学习和预测换道轨迹。其中 10 个训练样本包含 4 个变量，前导车位置和速度、换道车辆加速度和车头时距。每个输入变量包括持续 1s 的连续时间历史集合

(或者10帧)。期望输出变量则是对下1s换道过程状态的预测。该神经网络由Levenberg-Marquardt算法进行训练并对均方误差进行检验。网络权重值则根据输出误差进行迭代计算,直至输出误差最小时确定权重取值。在仿真过程中,一旦获取到合适的训练数据,神经网络即进入学习以保证网络在运行过程中具有与训练过程类似的运行效能,并且训练数据时采用多路径数据,以期该模型具有较好的移植性和适用性。

4.3.2 仿真结果与讨论(Simulation and Discussion)

(1)基于驾驶模拟的实验设计和数据采集

使用驾驶模拟器进行实验并采集相应的驾驶行为数据,包括车辆运动特性数据和换道操作过程数据。在驾驶模拟器运行过程中,车辆运动场景由独立的计算机生成并投射在模拟器前方以形成逼真的驾驶场景,针对换道行为还专门设置具备换道动机条件的驾驶场景以使驾驶人进行换道驾驶。

整个实验共有32位男性驾驶人和8位女性驾驶人参与,其年龄分布在24岁至50岁之间,驾龄分布在1年到23年之间。驾驶模拟实验采集的数据均作为BP神经网络训练样本数据,以获得接近实际交通环境的驾驶行为数据输入。

(2)仿真结果及讨论

构建的BP神经网络模型用于对驾驶人换道轨迹进行预测分析,该模型包含两个隐层,其结构如图4.14所示。一个非线性Sigmoid函数对每个第一隐层中的神经元进行定义,第二隐层中的神经元则均为线性形式。偏置项受驾驶人个人特性、不确定因素以及非重要变量的影响。这里仅以换道过程中车辆的横向轨迹作为例,如图4.15所示。其中包括车辆的实际运行轨迹和模型预测结果,其中在初始阶段预测的换道轨迹和实际情况具有较大差异,随后预测结果则能够较好的与实际情况相吻合。初始阶段的差异是因为此时的训练样本量较低,模型尚处于调整过程中,预测精度受到影响,而后随着模型的训练和学习,预测精度也不断提高。

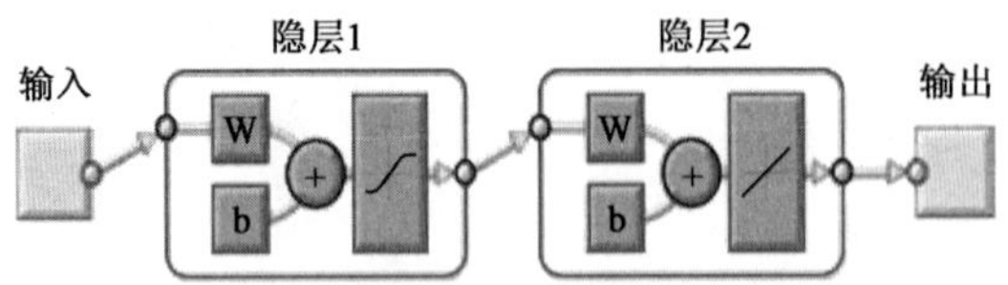

图4.14 用于驾驶轨迹预测的双隐层BP神经网络模型

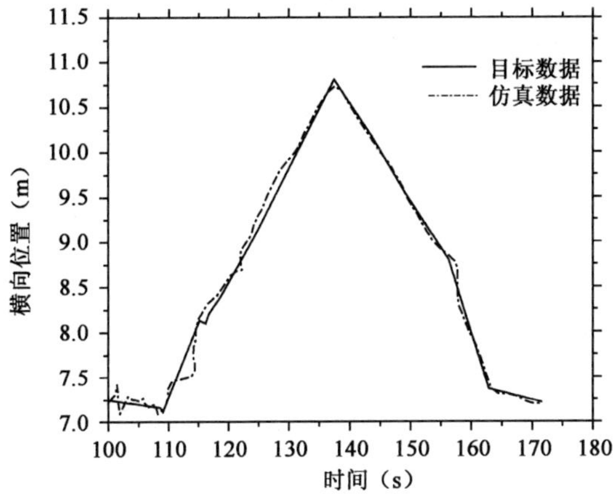

图4.15 换道车辆横向轨迹预测结果与实际情况对比

运用BP神经网络进行换道轨迹预测的效果如图4.16所示。从图中可以看出,随着迭代运算的进行,误差率不断降低,运行效果不断改善;但后期随着迭代运算次数的增加,误差率无明显下降,运行效果改善情况不再明显。另外,通过仿真结果还发现换道过程中车辆横向轨迹受车头时距和前车横向轨迹影响比较显著。该现象也是符合实际情况的,因为只有受到慢车影响时驾驶人才会产生换道动机以寻求更好的行驶条件。

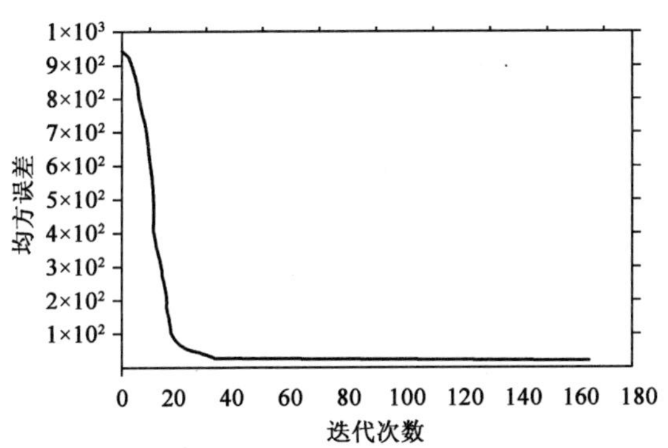

图4.16 BP神经网络运行效果曲线

(3)基于NGSIM数据的模型验证

在完成基于驾驶模拟数据的模型运行效果分析之后,利用NGSIM(Next Generation Simulation)数据对模型进行验证。NGSIM数据包含了详细的车辆运行轨迹实测数据，是进行微观驾驶行为研究的最佳数据源之一[3,4]。考虑到该数据存在一定的测量误差影响，在进行模型验证之前首先要进行数据的平滑处理，以提高数据的有效性。

以车辆横向位置和行驶速度为例，其数据平滑结果如图 4.17 所示。利用初步处理的数据，采用 0.5s 和 1s 为预测时间对车辆行驶轨迹进行预测，结果如图 4.18 所示。从图中可以得知，模型预测结果能够较好地反映车辆换道轨迹，横向轨迹的预测结果和实测结果基本一致，以 0.5s 为预测时间的结果（MSE = 0.058 6）精度优于以 1s 为预测时间（MSE = 0.233）的结果。

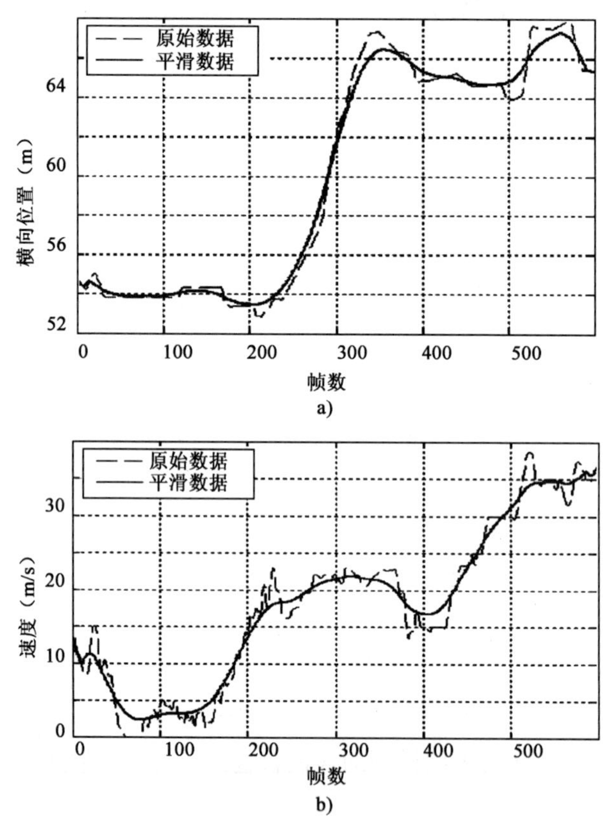

图 4.17　数据平滑结果

a）横向位置数据平滑结果；b）行驶速度数据平滑结果

模型验证结果表明构建的 BP 神经网络预测模型具有显著的有效性，特别是预测时间为 0.5s 时，其能够较好地预测车辆换道轨迹。采用其他 NGSIM 数

据样本同样获得了较为理想的验证结果。因此可以认为，基于 BP 神经网络的换道轨迹预测模型能够较好地反映出车辆在实际交通环境中的换道过程。

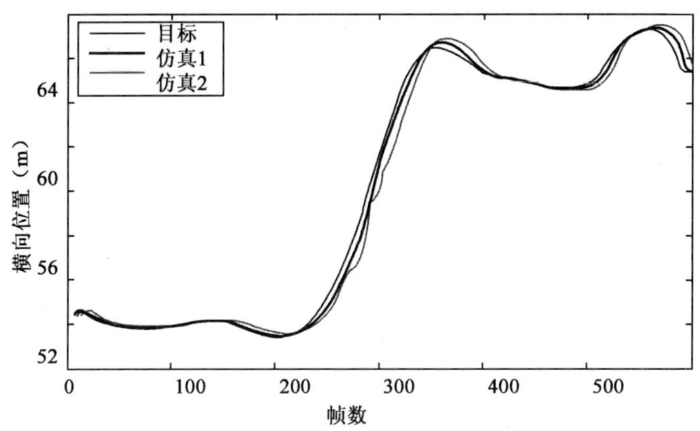

图 4.18 以 0.5s 和 1s 为预测时间的横向轨迹预测结果

（4）BP 网络与 Elman 网络对比研究

为进一步讨论神经网络模型在换道行为研究中的效果，分别运用 BP 神经网络和 Elman 神经网络进行换道轨迹的预测，通过对运行效果的对比分析，Elman 神经网络模型与 BP 模型在第一隐层处具有一定差异，如图 4.19 所示。除第一隐层的差异外，两个模型具有相同的转换函数、训练算法、训练样本和神经元。

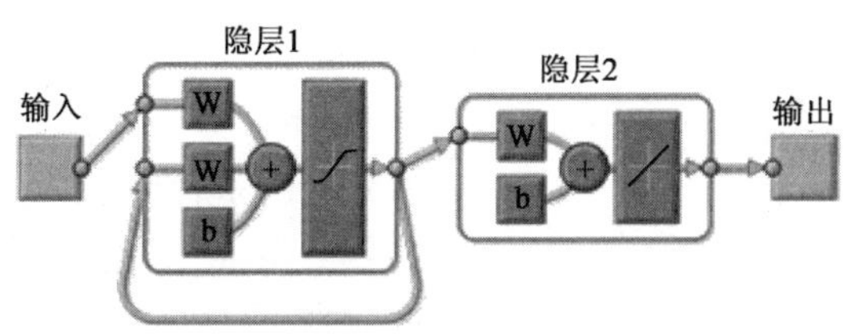

图 4.19 Elman 神经网络模型结构

图 4.20 和 4.21 分别为 BP 神经网络和 Elman 神经网络进行换道轨迹预测时的运行效果，图 4.22 为不同模型的换道轨迹预测与实测数据对比情况。依据仿真结果表明：BP 模型的运行效果要优于 Elman 模型（BP 模型为 23 个延迟步，Elman 模型为 117 个延迟步），二者的预测精度则比较接近（BP 模型的均方误差为 0.219，Elman 模型的均方误差为 0.232）。因此，BP 神经网络模型在进行换道轨迹预测时在训练时间和预测精度方面具有明显的优势，同时其还具有简单的网络结构，便于模型的实现。

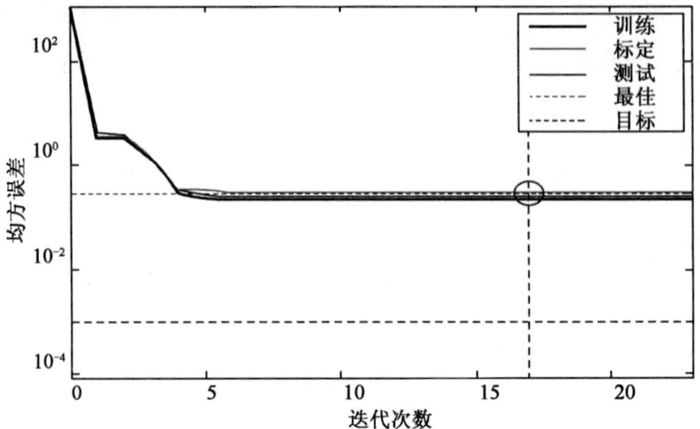

图 4.20　BP 神经网络运行效果示意

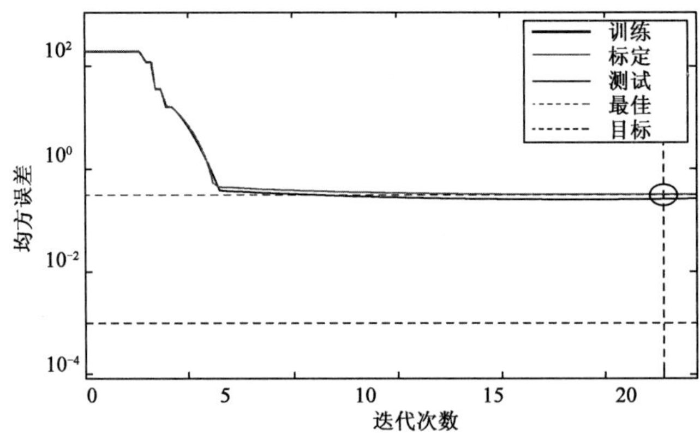

图 4.21　Elman 神经网络运行效果示意

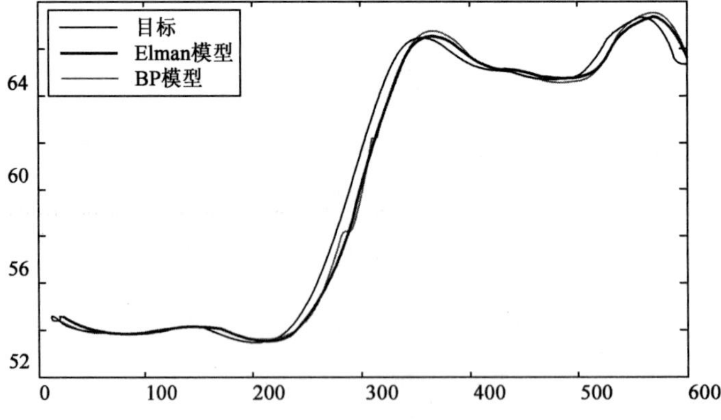

图 4.22　BP 神经网络和 Elman 神经网络横向轨迹预测结果(预测时间为 1s)

本章参考文献(References)

[1] Ahmed K. I.. Modeling Drivers' Acceleration and Lane Changing Behavior, PhD Thesis, Massachusetts Institute of Technology, February 1999.

[2] Jula H. ,Kosmatopo ulos E. B. ,Ioannou P. A.. Collision avoidance analysis for lane changing and merging, California Partners for Advanced Transit and Highways (PATH), Institute of Transportation Studies (UCB), UC Berkeley, 1999.

[3] NGSIM, 2002, Next Generation Simulation Program, Federal Highway Administration (FHWA). <www. ngsim. fhwa. dot. gov>.

[4] NGSIM COMMUNITY, 2005. NGSIM I-80 Data Analysis, Summary Reports, Federal Highway Administration. http://ngsim-community. org/ .

[5] Wang W. H., Zhang W., Guo H. W. ,Bubb H. ,Ikeuchi K.. A safety-based behavioual approaching model with various driving characteristics, Transportation Research Part C-Emerging Technologies, 2011 19(6),1202-1214.

[6] Wang W. H., Ding C. X., Feng G. D. ,Jiang X. B.. Simulation modelling of longitudinal safety spacing in inter-vehicles dynamics interactions, Journal of Beijing Institute of Technology, 2010, 19(S2), 55-60.

[7] Kohonen T.. An Introduction to neural computing, Neural Networks, 1988, 1, 3-16.

[8] Tsionas E. G., Michaelides P. G. ,Vouldis A. T.. Global approximations to cost and production functions using Artificial Neural Networks, International Journal of Computational Intelligence Systems, 2009, 2(2), 132-139.

[9] Zio E.. Neural Networks simulation of the transport of contaminants in groundwater, International Journal of Computational Intelligence Systems, 2009, 2(3), 267-276.

[10] Gowrishankar P. ,Satyanarayana S.. Neural Network based traffic prediction for wireless data networks, International Journal of Computational Intelligence Systems, 2008, 1(4), 379-389.

[11] Yegnanarayana B.. Artificial neural networks, New Delhi:PHI, 2005.

[12] Ding C. X., Wang W. H.. Identification of dangerous area within vehicles operation for driver assistance. Journal of Beijing Institute of Technology (Eng-

lish Edition),2010 19(S2), 41-44.

[13] Kaya T., Aktas E., Topcu I., Ulengin B.. Modeling toothpaste brand choice: an empirical comparison of Artificial Neural Networks and Multinomial Probit Model, International Journal of Computational Intelligence Systems, 2010, 3(5), 674-687.

[14] Baumann M., Rosler D., Krems J. F.. Situation awareness and secondary task performance while driving, Lecture Notes in Computer Science, 2007, 4562, 256-263.

[15] Wang W. H., Wets G.. Computational Intelligence for Traffic and Mobility, Paris: Atlantis Press, 2012.

[16] Ding C. X., Wang W. H., Wang X., Baumann M.. A Neural Network Model for Driver's Lane Changing Trajectory Prediction in Urban Traffic Flow, Mathematical Problems in Engineering, 2013, Article ID 967358, 1-9.

[17] Wang W. H., Cao Q., Ikeuchi K., Bubb H.. Reliability and safety analysis methodology for identification of drivers' erroneous actions. International Journal of Automotive Technology, 2010, 11(6), 873-881.

第5章 数字驾驶行为分析
(Analysis of Digital Driving Behavior)

随着信息技术的飞速发展,人们对交通运行效能的要求不断提高,而车辆智能化程度也与日俱增。集各种先进技术于一体的车辆,其性能、舒适性、安全性已经取得很大的进步,但也存在着一些缺陷。从技术方面来讲,尽管现在存在着线路诱导系统、纵向避撞系统、辅助换道系统等驾驶辅助系统,但各种系统之间还存在着重叠、控制关系模糊等不足,没有形成一个一体化的综合控制系统,具有一定的安全漏洞。在车辆控制模型中,还存在着模型的适应性不强,可行性不高,整体结构过于简单等问题。这些问题的存在,需要从新的角度建立一个一体化的模型框架,即人、车、路一体化的具有智能化特征的数字驾驶行为。

在数字驾驶行为形成中,驾驶人—车辆—道路环境系统运行将是一体化的,车辆在智能交通信息网络环境下由驾驶人、车载支持系统进行综合协调控制,实现行驶安全。数字驾驶系统研究的最终目的就是要开发出具有一定智能水平并以人为中心的人机合作智能(认知)车辆,适应各种复杂的交通运行环境,进行自由驾驶、跟驰驾驶、并行驾驶、超车、换道,等等。

5.1 数字驾驶行为及其体系结构
(Digital Driving Behavior and Its Architecture)

智能(认知)车辆是信息技术与交通工程和车辆工程融合的产物,也是智能交通系统的重要组成部分。世界各国已经进行了许多智能车辆方面的研究,如意大利 MOB2LAB 项目研究、菲亚特的 LA KE 型自动车和 SAVE 自动车、奔驰汽车公司开发的第二代 VITA、法兰克福的 ROMA 系统、美国加利福尼亚大学进行的 PATH 项目、意大利帕尔马大学的 BRAiVE 车辆项目,等等。尽管这些研究为增强行车安全做出了贡献,但缺乏对人的因素进行准确的评价,对人的参与性考虑不足，如 MOB2LAB 项目并不通过对车辆进行直接调整仅是对驾驶人进行信息提示，LAKE 型自动车目的仅仅是要发展和测试线路诱导功能和自动转向能力，等等。

5.1.1 数字驾驶行为形成的原理(Principles Behind Digital Driving Behavior)

在智能交通系统中，技术的发展最终将落实在车载支持系统(In-Vehicle Support Systems, ISSs)上，除驾驶人之外，车载支持系统是信息传送、接收、处理并控制车辆的核心。

数字驾驶的本质就是通过人工智能、通信、计算机技术、人机工程等方法，实现在智能交通信息网络环境下对车辆的数字化安全控制，这种数字化控制的实现就是以人为中心的人、车、路一体化的安全驾驶，即实现人车综合感知、共同决策、协调控制，这种数字驾驶系统的出现将对车辆驾驶起到质的变化。

数字原型车辆效果应达到类似于以前交通中马车与马车夫的合作关系，即对应于“马”——智能化的车载支持系统、马车——车辆、马车夫——驾驶人，简而言之就是要将车辆变成“马车”，恢复车辆失去的“智能”，使车辆具有马的认知能力。由于马在危险工况下，会自主采取紧急避让措施，因此，对车辆的控制将从以驾驶人为主的驾驶方式前进到“以人为中心”的人、车、路一体化的人车合作的数字驾驶方式上来，数字驾驶行为形成及其体系结构如图 5.1 所示。

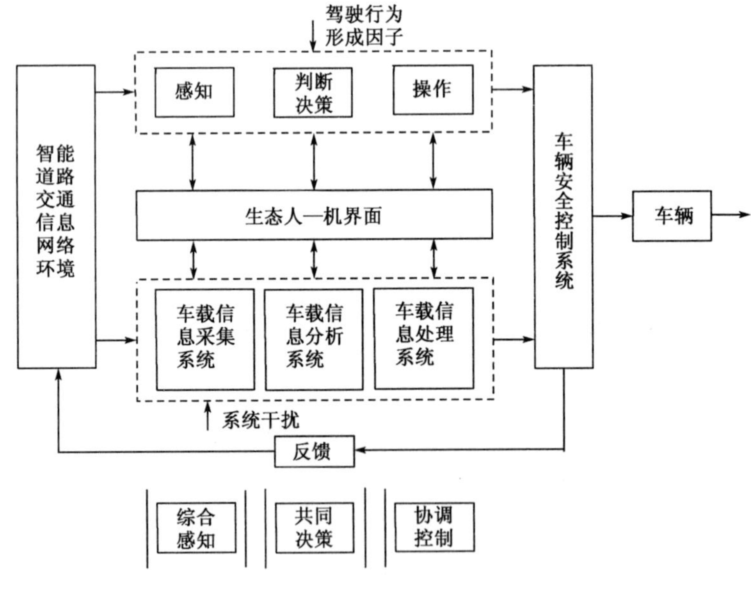

图 5.1　数字驾驶行为形成及其体系结构

数字驾驶系统借助车载信息装置及路侧的电子设备来监测周围行驶环境的变化,通过与驾驶人合作来实现对车辆的控制以保证行车安全,并达到提高道路通行能力的目的。这样,驾驶行为与数字驾驶行为的区别可归纳为:在交通系统中,驾驶人对车辆实施操控就是驾驶行为;而在智能交通信息网络环境下,驾驶人与车载支持系统对智能(认知)车辆进行协调控制就是数字驾驶。

5.1.2　数字驾驶行为模型及其子系统(Digital Driving Model and Its Subsystems)

具有智能化特征的数字驾驶行为模型如图 5.2 所示,该模型采用一种人机合作的形式对车辆实行控制,涉及传感器、数据库、图像处理、模糊控制、神经网络、车辆的预瞄理论、计算机、通信、知识库等。其关键子系统分为车载信息采集系统、车载信息分析系统、车载信息处理系统,主要包括预警系统、碰撞安全保护系统、前视视觉系统、智能巡航系统、侧向防碰系统、交叉口避碰系统、车辆自动系统、导航系统,等等。整个数字驾驶系统以生态人车界面为信息交换核心,将人、车、路有机地整合为一个协作体系,实现智能化数字驾驶,最大限度地提高交通效率和安全。

车载信息采集系统通过各种传感器,例如:激光测距仪、雷达传感器、红外线传感器、磁性传感器、CCD 图像摄像机、GPS 卫星导航装置等来获取车内外信息(数据);然后系统将各种数据经过控制微机的迅速处理或通过通信系统传输至信息中心,从而为车辆控制微机提供信息,及时做出反应,同时也为信息中心提供当前车辆交通信息,从而使车辆能在高速、高密度的交通流上实现安全驾驶。此外,在模型中,也要考虑到人的因素,如不同的年龄、不同的驾龄、性别、人员的健康状况,同时也要考虑到其他条件,如道路条件、气候状况等。

5.1.3　数字驾驶系统的关键技术(Key Technology for Digital Driving System)

为了保证数字驾驶系统具有高度自规划性、自组织性、自适应性和智能特征,需要重点解决如下关键技术。

(1)基于多传感器数据融合的车辆人机一体化控制

智能(认知)车辆传感器按检测范围可以分为三种,即对车辆物理外部环境进行检测、对车辆本身运行进行检测、对驾驶人进行检测。车辆上安装传感器包括摄像机、超声传感器、雷达、声呐、激光红外线等。这样经过多种数据的采集,形成原始的信息数据群,通过人工智能的方法,确定不同的控制策略。车辆人机

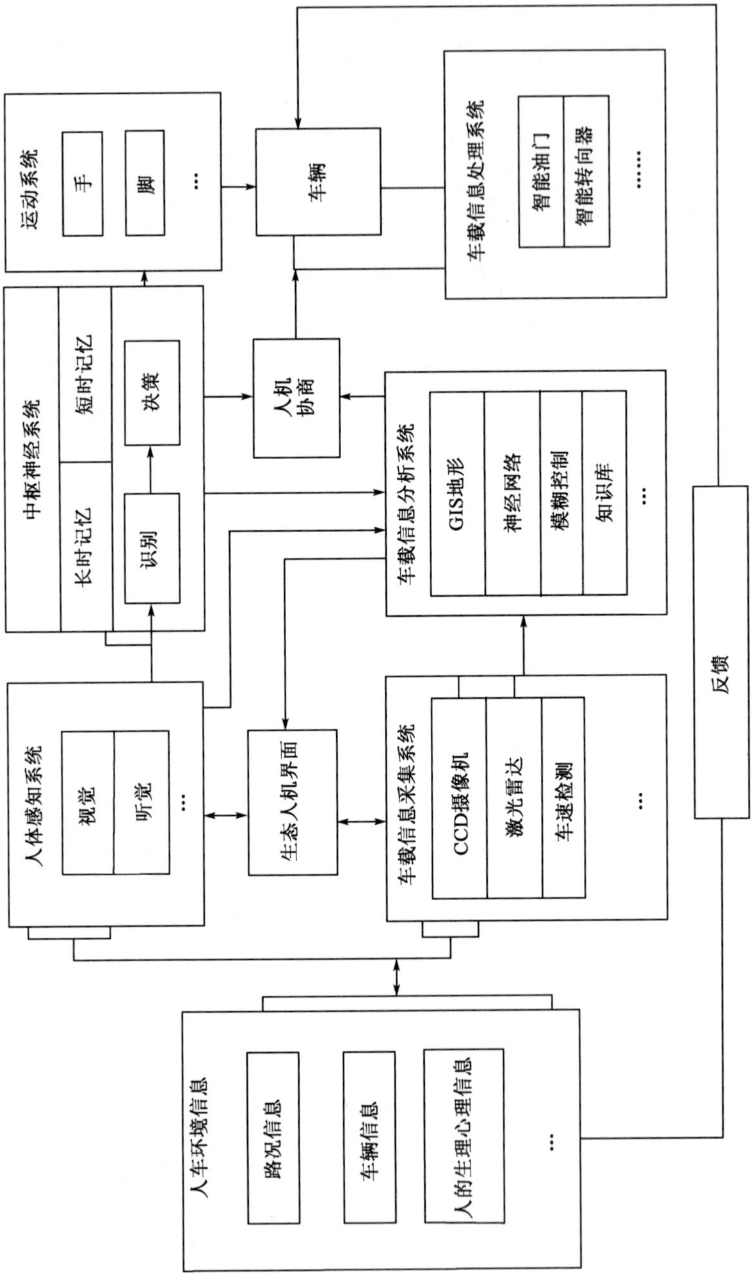

图5.2　具有智能化特征的数字驾驶行为模型

一体化控制由一系列的驾驶人与车的信息沟通、车与车之间的通信、车与路之间的协同、车辆自身先进的信息处理来实现。

(2)车辆的三维协同控制

车辆在行驶过程中的数字控制主要分为横向、纵向和竖向数字控制:横向控制主要完成车辆转向的功能,包括行车换道、紧急避让、紧急自动转弯等功能;纵向控制包括加速、减速、制动等;竖向控制可以归结为悬架的控制技术,准确地控制可以保证车辆具有良好的操纵稳定性及行驶平顺性。横向、纵向、竖向三维协同控制就是车辆行驶安全的综合控制技术。

(3)多车流道路上车辆之间的综合控制

在多车流、高密度的车道上必须处理好车辆—车辆之间的同向并行驾驶和数辆车的跟驰驾驶,其本质就是处理好车辆的横向和纵向的数字化操纵问题,即通过对信息的处理,控制前后左右的车辆并行、超车及跟驰。并行、超车及跟驰问题的解决,可以实现数辆车辆的无人驾驶;车辆与路侧的通信可以解决预警问题,并了解前方的道路情况;车辆与交通信息中心的通信,可以使车辆得到及时的信息,同时交通信息中心也可以远程监控车辆。

(4)数字车辆视觉系统

通过CCD摄像头对路面进行监控,提取车道边缘,然后依据数字化图像处理,确定路面行驶安全区域、拟合道路曲线,结合数字道路数据库,从而确定诸如车辆的位置、航偏角、速度、路径、车道标志、车流情况、危险程度等,为车辆控制提供信息技术支持,实现以人为中心的安全数字驾驶。

(5)车辆对紧急情况的处理

车辆紧急避撞系统要求必须反应敏捷,应能区分车辆和行人,区分运动物体和静止物体。能够及时捕捉关键信息并进行处理,采取及时的控制手段,最大限度地减少损失,增强安全系数。

5.2 数字驾驶行为分析的理论基础
(Fundamentals of Analyzing Digital Driving Behavior)

车载支持系统对提高车辆安全行驶起着十分重要的作用,为驾驶人提供了大量的可用信息。但是,究竟需要多少车载支持系统进行集成并且让驾驶人与智能(认知)车辆之间实现协调合作,这是十分困难的。因此,构建数字驾驶行为分析方法和建立数字驾驶可信性模型的概念框架,对研发智能(认知)车辆和构筑智能交通信息网络环境是必不可少的。

5.2.1 智能交通信息网络环境中的数字驾驶行为(Characteristics of Digital Driving Behavior in Intelligent Traffic Information Network Environment)

车辆行驶过程中,驾驶人不仅从外部道路环境和车载支持系统获取大量信息,还从驾驶人自身的生理、心理状态获得相应的信息。因此,实现车载支持系统的集成能很好地协调和精简交通信息的显示并优化车辆控制。

智能(认知)车辆本身需要进行一些信息过滤,通过数据融合,生态驾驶界面将保证人车交互安全。生态驾驶界面是驾驶人和智能(认知)车辆之间通过驾驶人与车载支持系统来进行相互沟通,共同处理交通事件,包括驾驶人熟悉的交通事件、不熟悉但能预测的交通事件和不熟悉且不能预测的交通事件。在生态驾驶界面,驾驶人的信息处理不是简单的输入和输出,而是根据出行目标合理地选择最优路径。

智能交通信息的数据融合是一项很复杂的工作,包括过滤非关键信息,必须考虑在给定的时间内驾驶人能接受多少信息,并且信息在车辆行驶过程中不能让驾驶人产生混乱。在驾驶人或具有智能化特征的车载支持系统的控制下,通过使用声音识别、车前显示屏和视野增强技术,智能(认知)车辆的行驶将变得越来越安全可靠。

图5.3是数字驾驶行为的分层结构,由综合感知阶段、共同决策阶段和协调控制阶段组成。智能(认知)车辆主要通过生态驾驶界面,以驾驶人为主由驾驶人与车载支持系统共同来采集、分析、处理交通信息,实现对智能(认知)车辆的安全控制。

5.2.2 数字驾驶行为分析(Analysis of Digital Driving Behavior)

在智能交通信息网络环境下,车载支持系统能够对各类信息进行整合和优化,为驾驶人提供高效率的信息服务,实现对智能(认知)车辆的安全控制。要满足这个要求,车辆本身要搭载相应的智能数据融合系统以实现信息的过滤和优化,使驾驶人能够知道现在要干什么,为什么这么做或者下一步需要做什么,以此获得明确的驾驶任务信息和辅助信息。

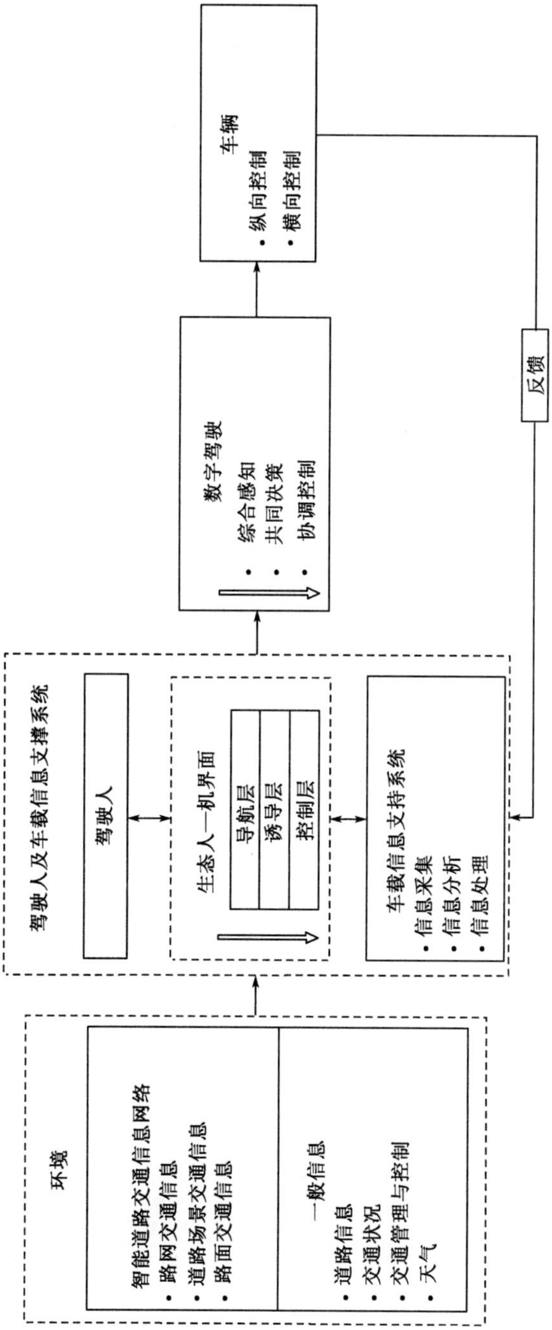

环境

智能道路交通信息网络
- 路网交通信息
- 道路场景交通信息
- 路面交通信息

一般信息
- 道路信息
- 交通状况
- 交通管理与控制
- 天气

驾驶人及车载信息支撑系统

驾驶人

生态人—机界面

导航层
诱导层
控制层

车载信息支持系统
- 信息采集
- 信息分析
- 信息处理

数字驾驶
- 综合感知
- 共同决策
- 协调控制

车辆
- 纵向控制
- 横向控制

反馈

图5.3　数字驾驶行为结构分析

定义 5.1　车辆生态人机界面:驾驶人和智能(认知)车辆之间,通过驾驶人与车载支持系统来相互沟通、共同处理复杂交通事件,并且能够实现驾驶人与车载支持系统之间进行信息交流,实现人—车之间的协同配合,具有智能化的特征。车辆生态人机界面也可以称为**生态驾驶界面**。

定义 5.2　数字驾驶行为:通过生态人机界面,驾驶人与车载支持系统形成以驾驶人为中心的共同体,通过交互通信共同完成在驾驶过程中进行的收集、分析、处理交通信息并实施对车辆的控制。数字驾驶行为分为综合感知、共同决策、协调控制三个阶段。

定义 5.3　数字驾驶行为形成主因子:涉及智能交通信息网络环境、智能车辆行驶和驾驶人特性等方面,能够对驾驶人和车载支持系统之间的协同控制效果产生显著影响的因素。

定义 5.4　数字驾驶可信性:在特定的智能交通信息网络环境下,驾驶人和车载支持系统在规定时段内完成数字驾驶任务的能力。

在数字驾驶环境中,车辆生态人机界面充分体现了智能化的特征,能够为驾驶人提供有效信息,处理驾驶过程中出现的可预测和不可预测的交通事件。在道路交通运行中,驾驶行为是一个复杂的信息处理过程,而在智能交通信息网络环境下,由外部环境信息向智能交通信息的融合过程将更为复杂。这样数字驾驶行为形成就是一般驾驶行为与智能交通数据相融合的一个耦合过程。

5.2.3　数字驾驶差错的分类(Classification of Digital Driving Errors)

数字驾驶行为受到多种智能交通因素的影响和各种车载支持系统的干扰,并且这些因素和系统干扰对数字驾驶行为有着不同的影响程度。因此,数字驾驶任务的精确实现受到许多来自驾驶人、车载支持系统、智能(认知)车辆和智能交通信息网络环境因素的制约。根据数字驾驶行为形成及其体系结构,数字驾驶差错主要可分为如下三类。

定义 5.5　综合感知差错:在驾驶人感知阶段和车载信息采集系统中都有可能发生,并且几乎可以同时发生。

定义 5.6　共同决策差错:诸如此类的差错主要发生在共同决策阶段,在驾驶人判断决策阶段和车载信息分析系统中都有可能发生。

定义 5.7　协调控制差错:这类差错体现在协调控制的不足,在驾驶人操作阶段和车载信息处理系统中都有可能发生。

显然,在智能交通信息网络环境中,无论发生任何一种驾驶差错或者出现不

同车载支持系统失效时，都会导致数字驾驶差错。

5.2.4　基于机器视觉的智能(认知)车辆中数字驾驶行为的控制策略(Control Strategies for Digital Driving Behavior of Intelligent Vehicle Based on Machine Vision)

在数字驾驶体系中，机器视觉是感知信息的主要来源，占有举足轻重的地位。通过图像处理，辨识车道、障碍物的位置，得到物理环境的行车参数，通过车辆的动力学模型实现车辆横向、纵向控制，给出一种实现智能(认知)车辆中数字驾驶行为的控制策略。

5.2.4.1　车道与障碍物辨识算法

(1)图像处理

在车道与障碍物辨识过程中，通过边缘提取→提取车道边缘线(得到行车参数)→逆反透视变换→车道线方程化→抽取拟合曲线参数→车道中心线等重要数据参数，重构道路基本结构。

(2)车道辨识

利用边缘提取算子 sobel 对图像进行处理，即通过原图像→中值滤波→sobel 算子→阈值分割→得到车道行驶边缘线。

中值滤波在一幅数字图像中，像素$[i,j]$处取 3×3 邻域，利用中值滤波则有：

$$h[i,j] = \frac{1}{9}\sum_{k=i-1}^{i+1}\sum_{l=j-1}^{j+1} f[k,l] \tag{5.1}$$

中值滤波器可以通过卷积模板的等权值卷积运算来实现。邻域 N 的大小控制着滤波程度，对应大卷积模板的大尺寸滤波程度。作为去除大噪声的代价，大尺寸的滤波器也会导致图像细节的损失。

在边沿检测中，常用的一种模板是 Sobel 算子。有两个，一个是检测水平边沿的$\begin{bmatrix}-1 & -2 & -1\\ 0 & 0 & 0\\ 1 & 2 & 1\end{bmatrix}$，一个是检测竖直边沿的$\begin{bmatrix}-1 & 0 & 1\\ -2 & 0 & 2\\ -1 & 0 & 1\end{bmatrix}$。采用 3×3 领域可以避免在像素之间内插点上计算梯度。Sobel 算子是一种梯度幅值，有：

$$M = \sqrt{S_x^2 + S_y^2} \tag{5.2}$$

其中偏导数用下式计算：

$$\begin{cases} S_x = (\alpha_2 + c\alpha_3 + \alpha_4) - (\alpha_0 + c\alpha_7 + \alpha_6) \\ S_y = (\alpha_0 + c\alpha_1 + \alpha_2) - (\alpha_6 + c\alpha_5 + \alpha_4) \end{cases} \tag{5.3}$$

这个算子将重点放在接近于模板中心的像素点。Sobel 算子是边缘检测器中最常用的算子。

$$\begin{bmatrix} \alpha_0 & \alpha_1 & \alpha_2 \\ \alpha_7 & [i,j] & \alpha_3 \\ \alpha_6 & \alpha_5 & \alpha_4 \end{bmatrix} \tag{5.4}$$

和其他的梯度算子一样,可用水平卷积模板来实现,利用水平 Sobel 检测 S_x 算子计算数字图像结果如下:

$$\begin{bmatrix} -1 & 0 & 1 \\ -2 & 0 & 2 \\ -1 & 0 & 1 \end{bmatrix} \tag{5.5}$$

阈值化分割算法是一种对灰度图像的阈值分割,先确定一个处在图像灰度取值范围之中的灰度阈值,然后将图像中各个像素的灰度值都与之比较,并根据比较的结果将对应的像素化分为两类:像素的灰度大于阈值的为一类,像素的灰度小于阈值的为一类。阈值化分割算法主要有以下两个步骤:

①确定需要的分割阈值;

②依据分割阈值与像素灰度值比较来划分像素。

由于选取合适的分割阈值是实现阈值化算法的关键问题,可根据阈值选取本身的特点对算法进行分类。阈值一般可写成如下形式:

$$T = T[x,y,f(x,y),p(x,y)] \tag{5.6}$$

式中:$f(x,y)$——像素点(x,y)处的灰度值;

$p(x,y)$——该点邻域的某种局部性质。

阈值 T 是(x,y),$f(x,y)$,$p(x,y)$的函数。阈值仅根据$f(x,y)$来选取,所得到的阈值仅与全图各像素值有关。

提取边缘后,由于存在着大量的噪声干扰。首先利用水平消失线来简化处理数量;车道线间的距离一般在 2.5 ~ 3m。根据空间几何可以找到在视平面上的敏感区域;形成一个梯形敏感区域,提取这里的平均权值,利用阈值分割技术,从而提取车道线。

在提取车道线时利用 10 条跨屏幕的横线,检测车道线与之的 20 个焦点,即 $l_1,l_2,\cdots\cdots,l_{10}$与 $r_1,r_2\cdots\cdots,r_{10}$。拟合多项式为:

$$P_m(x) = \alpha_0 + \alpha_1 x + \alpha_2 x^2 + \cdots + \alpha_m x^m \tag{5.7}$$

$$\begin{cases} n\alpha_0 + \alpha_1 \sum_{i=1}^{n} x_i + \alpha_2 \sum_{i=1}^{n} x_i^2 + \cdots + \alpha_m \sum_{i=1}^{n} x_i^m = \sum_{i=1}^{n} y_i \\ \alpha_0 \sum_{i=1}^{n} x_i + \alpha_1 \sum_{i=1}^{n} x_i^2 + \alpha_2 \sum_{i=1}^{n} x_i^2 + \cdots + \alpha_m \sum_{i=1}^{n} x_i^{m+1} = \sum_{i=1}^{n} y_i x_i \\ \cdots\cdots \\ \alpha_0 \sum_{i=1}^{n} x_i^m + \alpha_1 \sum_{i=1}^{n} x_i^{m+1} + \alpha_2 \sum_{i=1}^{n} x_i^{m+2} + \cdots + \alpha_m \sum_{i=1}^{n} x_i^{2m} = \sum_{i=1}^{n} y_i x_i^m \end{cases} \tag{5.8}$$

将拟合车道线重叠在原图像上，提取车道线（再利用 10 条横线），同时做出车道中心线，作为车辆的跟踪线路。利用最小二乘法拟合出两车道及车道中心线的一阶线性方程，求出多项式的 $m+1$ 个系数即可。在车道拟合过程中，如果处于平直路面，则 $m=1$；如果在弯道，由于弯道有圆弧和回旋线两种，这样 m 可以视情况而取得。

确定两摄像头的空间位置，调整摄像头的光轴平行于车辆中轴线且与地面平行，获得摄像头的焦距数据、摄像头相距的距离等关键参数。这样可以实现图像的空间移动，从而获得图像不同位置的场景，进而提取行车参数。图像处理中的关键方法是利用数学形态滤波，将特征区域中的数字图像进行处理，例如通过闭运算，可以将不连续的车道线拉直，从而便于车道线的拟合，拟合车道线后，通过待定系数法，计算出车道行驶的关键参数，例如 l,θ,α,L 分别代表偏心距、航偏角、摄像机俯仰角、车道宽度。

（3）障碍物辨识

由于在两摄像头中可采集不同角度的图像，利用左右两个逆反透视差分图像，可以检测到在同一差分图像中障碍物的存在，根据差分图像还能得到车辆距离障碍物的距离，从而为车辆采取车辆跟驰或超车模型提供数据依据。图 5.4 是障碍物检测原理图。

解决障碍物检测问题，需要进行反转透视几何变换。这种方法能够从原始图像中去除透视效果，重新绘制一个新的二维区域（重绘图像），在此区域内，所有图像像素的信息内容都是同一分布的（俯视效果图形）。因此，能够有效地在 SIMD（单指令控制、多等同部件进行数据处理）并行处理系统上完成后续的图像处理步骤。

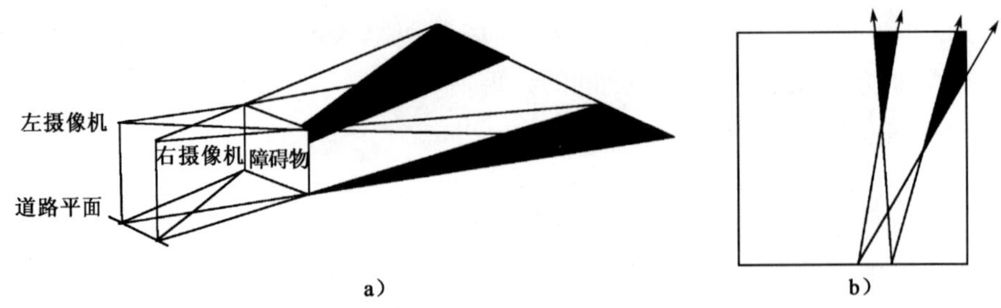

图 5.4 障碍物检测原理图

a)左右视图立体效果;b)左右图像差分图

采集图像的过程可认为是一种从三维欧拉空间 W 到二维欧拉空间 I 的变换,图5.5、图5.6 描述了两种空间 W 和 I 之间的变换关系。图5.5 中,$W = \{(x, y, z)\} \in E_3$ 表示三维空间(空间坐标系),即定义现实空间;$I = \{(u, v)\} \in E_2$ 表示二维图像空间(屏幕坐标系,即三维场景的投影)。I 空间表示获取图像,而重绘图像是 W 空间的 xy 平面,即 $S = \{(x, y, 0) \in W\}$ 的表面。

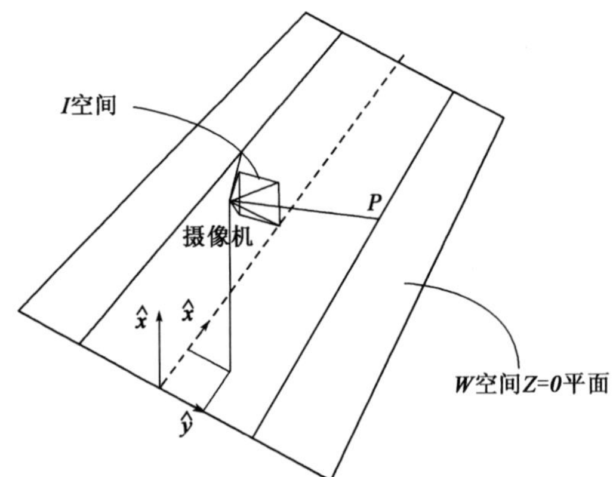

图 5.5 两个坐标系之间的关系

使用反转透视几何变换(图 5.6),需要知道以下参数:

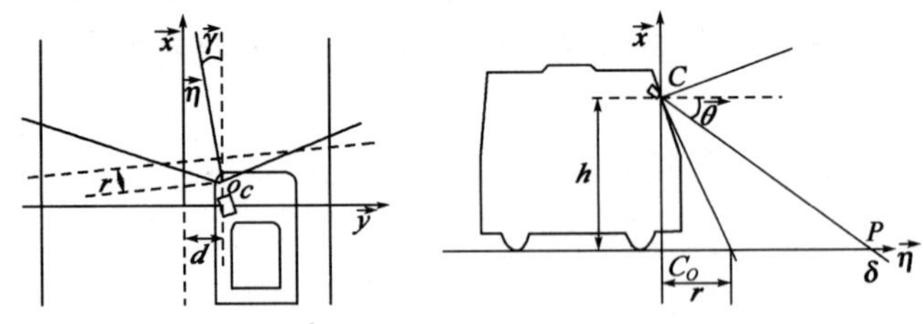

图 5.6 投影变换

- 视点:摄像机的位置 $C = (l, d, h) \in W$。

• 视图方向：光轴 O 由以下角度决定。γ 为光轴 O 在平面 $z=0$ 和 x 轴上的投影角。θ 为光轴 O 和矢量 η 之间的夹角。

• 张角：摄像机的孔径张角为 2σ。

• 清晰度：摄像机的清晰度是 $n\times n$。

利用相似的代数和三角运算，变换 $g:S\rightarrow I$ 对应关系。给定一点 $P=(x,y,0)$，角度可以利用光轴 O 和线段 CP 计算出来。计算 θ 和 γ 的公式如下。

$$\begin{cases}\gamma(x,y,0) = \arctan(\dfrac{y-d}{x-\varepsilon}) \\ \theta(x,y,0) = \arctan\dfrac{h\sin\gamma(x,y,0)}{y-d}\end{cases} \tag{5.9}$$

如果 $\gamma(x,y,0)\in[\gamma-\alpha,\gamma+\alpha]$ 且 $\theta(x,y,0)\in[\theta-\alpha,\theta+\alpha]$，那么点 P 属于视觉区域，且它在 I 空间内的坐标 (u,v) 可利用下面的对应关系 $g:S\rightarrow I$ 给出。

$$\begin{cases}\mu(x,y,0) = \dfrac{\theta(x,y,0)-(\bar{\theta}-\alpha)}{\dfrac{2\alpha}{(n-1)}} \\ v(x,y,0) = \dfrac{\gamma(x,y,0)-(\bar{\gamma}-\alpha)}{\dfrac{2\alpha}{(n-1)}}\end{cases} \tag{5.10}$$

由式(5.10)定义的投影变换可以去除透视效果，重现 S 表面（W 空间中 $z=0$ 平面）的结构，扫描重绘图像中像素 $(x,y,0)\in W$ 的序列，根据像素的坐标 $(u(x,y,0),v(x,y,0))\in I$ 对每个像素赋值，进而通过反转透视几何变换双目视觉差分图像检测障碍物的存在。

5.2.4.2　数字车辆控制

(1)预瞄距离的设定

预瞄理论是依据驾驶人在行车时对车辆的控制方法而得出的。考虑到车辆驾驶过程中人的因素、机械滞后的因素等，需要预测车辆预瞄距离 s，s 是车速的线性函数，依据 $s=k_0\times t_0$，t_0 可以取 3~4s，$k_0=1.1$，这样就有了控制车辆的预瞄距离模型。

(2)预瞄转向原理

预瞄变换点可以用向量表示：$(t_{r1},t_{r2},\cdots,t_{m-1},t_m,\cdots)$，$t_{r1},t_{r2},\cdots,t_{m-1},t_m$，代表道路上预期的一系列的预瞄转换点。由于车辆道路跟踪系统在每一个预瞄距离过程中，并不需不断变换预瞄点，因此在驾驶过程中，向量 $(t_{r1},t_{r2},\cdots,t_{m-1},t_m,\cdots)$ 中变换点之间的时差为 $0.175t_0s$，这样就保证了车辆运行的稳定性，而不至于车辆处于不断地调整转向的状态。而车辆运行处于紧急状态时,可以利用车辆紧急避障子系统,这里只考虑车辆道路跟踪驾驶。

依据预瞄理论,驾驶人驾驶车辆过程中,通常转向是一个平稳的过程,因此在前后两个转向点之间,车辆已经从瞬态转向状态过渡到稳态转向状态,并且车辆已经转向回正,因此上一个转向状态对下一个转向状态的影响可以不予考虑。

涉及的车辆动力学,首先要解决车辆的转角控制问题,转角的精确控制对实现数字车辆的自动驾驶至关重要。根据车辆理论,瞬时前转角阶跃输入的瞬态响应为:

$$\omega_r(t) = \frac{\omega_r}{\delta}\delta_0\left\{1 + e^{-\xi\omega_0 t\sin(\omega t+\varphi)}\sqrt{\frac{1}{(1-\xi^2)}\left[\left(-\frac{mua}{Lk_2}\right)^2 W_0^2 + \frac{2mua\xi\omega_0}{Lk_2} + 1\right]}\right\} \tag{5.11}$$

$$\varphi = \int\omega_r(t)\,\mathrm{d}t \tag{5.12}$$

式中:φ——预瞄转向角,$\varphi=\theta+\Delta\theta$,$\theta$ 是车辆中心线与车道中心线的夹角,同时有 $\Delta\theta=l/s$,其中 $\Delta\theta$ 是预瞄转向角;

l——偏心距;

s——前视预瞄距离。

对式(5.11)进行积分,可以得到车辆在转向过程中的转角变化。在车辆转向调整过程中,要充分考虑到车辆瞬态时域的转角。从图 5.7 中可以看出当转角达到预瞄模型的转角 t_0 时刻,转向盘立即回正,由于回正的速度很快,经过考虑在 t_0 到 t_1 过程中发生的转角可以忽略掉,这样就找到了转动转向盘的回正时刻 t_0,为进行换道、超车、预瞄模型行为的实现找到了时间控制依据。

在预瞄驾驶过程中,假定车辆行驶预瞄距离 75% 才开始下一个预瞄操作,这样可以保持车辆运行的稳定性。这就如同一个没有经验的驾驶人,预瞄距离很短,因此不断地调整转向角,车辆稳定性极差;而一位熟练的驾驶人由于能够选择合适的预瞄距离,因此驾车较平稳,如图 5.8 所示。

依据图 5.9 数字车辆控制流程,使得车辆在车道上保持正确的行进方向,并根据车辆的速度,实时地调整车辆驾驶预瞄距离,保证正确的车辆驾驶行为。考虑到车辆驾驶环境的复杂性,应用车辆跟驰模型、超车模型作为数字驾驶系统的组成部分,提高整车运行的鲁棒性。图 5.10 是预瞄转向的模拟仿真结果(每单位代表 10m),可以看出车辆跟踪线路逐渐逼近车道中心线。

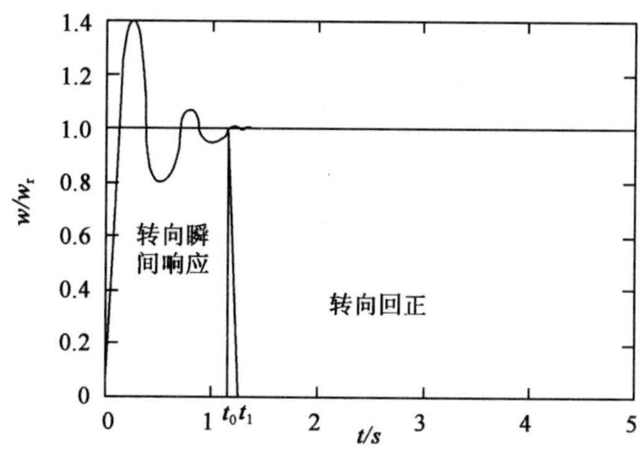

图 5.7　确定瞬态转向响应时刻

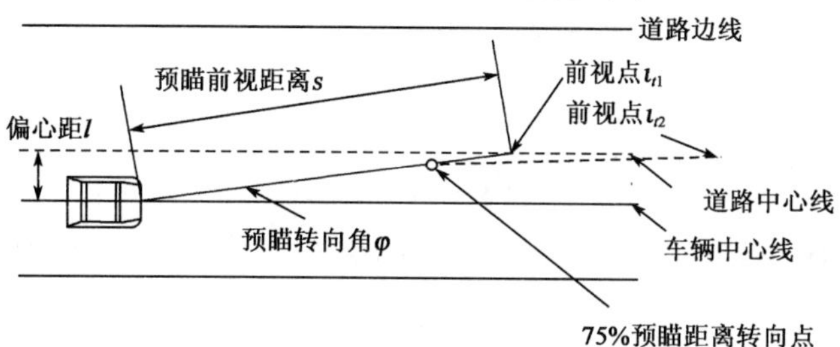

图 5.8　数字驾驶道路控制

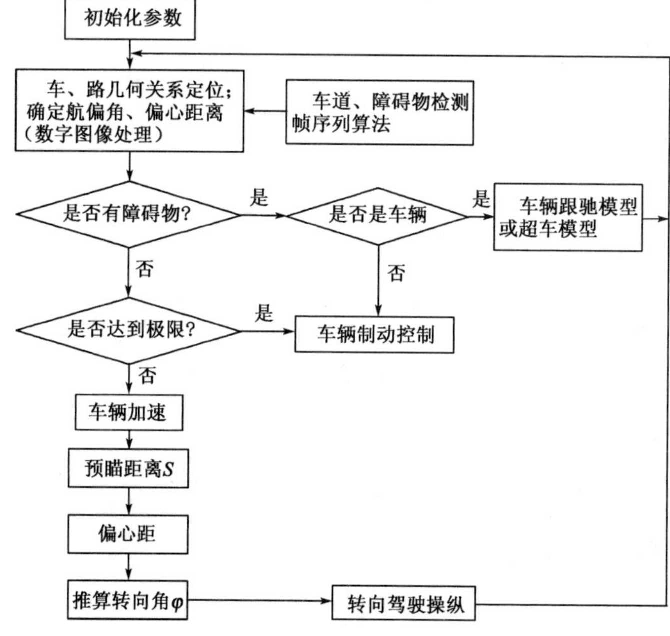

图 5.9　车辆控制流程简图

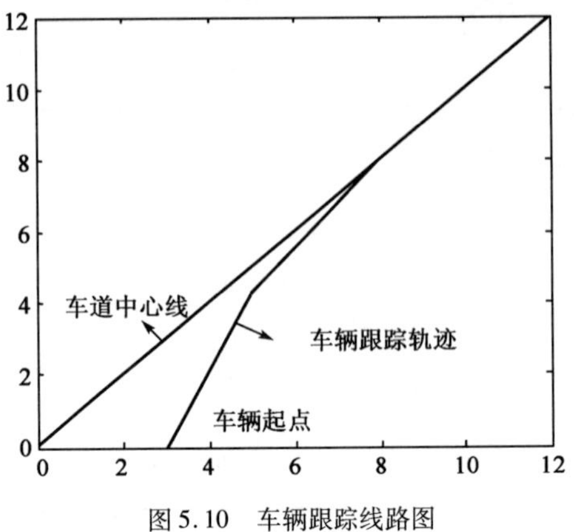

图 5.10　车辆跟踪线路图

5.3　数字驾驶可靠性与安全性分析
(Reliability and Safety Analysis of Digital Driving)

5.3.1　数字驾驶可信性分析(Digital Driving Dependability Analysis)

5.3.1.1　驾驶可信度

对于驾驶人来说,根据驾驶本质安全化理论与方法,实际交通运行中驾驶可信度可表示为:

$$\begin{aligned} R_{\text{driver}}(t) &= 1 - k(1-r)(1 - R'_p(t)R'_d(t)R'_e(t)) \\ &= 1 - k(1-r)\{1 - [1 - F'_p(t)] \times [1 - F'_d(t)] \times [1 - F'_e(t)]\} \end{aligned} \tag{5.13}$$

式中:$R'_p(t)$、$R'_d(t)$、$R'_e(t)$——感知、判断决策和操作阶段的基本可靠度;

$F'_p(t)$、$F'_d(t)$和 $F'_e(t)$——驾驶人感知、判断决策和操作阶段的基本失误率;

k——驾驶行为形成主因子;

r——驾驶差错恢复能力,$0 < r < 1$。

5.3.1.2　车载支持系统可靠度

对于车载支持系统而言,如果忽略系统干扰,车载支持系统可靠度 $R_{\text{IVISS}}(t)$ 可以表示为:

$$R_{\mathrm{IVISS}}(t) = R_{ac}(t)R_{an}(t)R_{pr}(t) \tag{5.14}$$

式中：$R_{ac}(t)$、$R_{an}(t)$和$R_{pr}(t)$分别是车载信息采集系统、车载信息分析系统、车载信息处理系统的可靠度。

5.3.1.3　车辆生态人机界面可靠度

在智能交通信息网络环境中，数字驾驶行为体现在：以驾驶人为本，由驾驶人和车载支持系统通过车辆生态人机界面来共同采集、分析和处理交通信息并对智能（认知）车辆实施控制。因此，车辆生态人机界面出现任何故障均有可能导致出现不良交通事件（事变）甚至是交通事故。这里将车辆生态人机界面的可靠度$R_{\mathrm{edv}}(t)$定义为：

$$R_{\mathrm{edv}}(t) = N_{\mathrm{mal}}/N_{\mathrm{acc}} \tag{5.15}$$

式中：N_{mal}——车辆生态人机界面发生故障的次数；

N_{acc}——完成功能的总次数。

5.3.1.4　数字驾驶可信度

数字驾驶行为的典型特征是多变性和复杂性，客观评价数字驾驶失误、智能（认知）车辆故障和智能交通信息网络环境恶化原因是比较困难的。因此，考虑驾驶人个性特征、驾驶差错恢复能力、车辆生态人机界面以及车载支持系统，数字驾驶可信度表示为：

$$\begin{aligned} D_{dd}(t) &= R_{\mathrm{edv}}(t)\{1 - [1 - R_{\mathrm{driver}}(t)][1 - R_{\mathrm{IVISS}}(t)]\} \\ &= R_{\mathrm{edv}}(t)\{1 - k(1 - r)[1 - R'_{p}(t)R'_{d}(t)R'_{e}(t)][1 - R_{\mathrm{IVISS}}(t)]\} \end{aligned} \tag{5.16}$$

为了进行数字驾驶可信度的计算，需要引入可靠性工程中的重要概念——差错率（故障率）λ。差错率（故障率）表示驾驶人或车辆在时间间隔$(t, t+\Delta t]$内发生失误或者出现故障的概率，其计算方法为：

$$\lambda(t) = \frac{\lim\limits_{\Delta t \to 0} P(t < T \leqslant t + \Delta t \mid T > t)}{\Delta t} = \frac{-\mathrm{d}\ln R(t)}{\mathrm{d}t} \tag{5.17}$$

由式（5.17）可得，可靠性函数$R(t)$的数学表达方法为：

$$R(t) = \exp(-\int_0^t \lambda(u)\mathrm{d}u \tag{5.18}$$

考虑到驾驶时间对数字驾驶行为的影响，设$\lambda_p(t)$，$\lambda_d(t)$和$\lambda_e(t)$分别表示驾驶人在感知、判断决策和操作阶段的基本差错率；设$\lambda_{\mathrm{IVISS}}(t)$表示车载支持系统的故障率，其值由车载信息采集系统、车载信息分析系统、车载信息处理系统运行的故障数据决定，于是 t 时间数字驾驶可信度表示为：

$$\begin{aligned} D_{\mathrm{dd}}(t) &= R_{\mathrm{edv}}(t)\{1-[1-R_{\mathrm{driver}}(t)][1-R_{\mathrm{IVISS}}(t)]\} \\ &= R_{\mathrm{edv}}(t)\{1-k(1-r)[1-\exp(-\int_0^t(\lambda_p(u)+\lambda_d(u)+ \\ &\qquad \lambda_e(u))\mathrm{d}u][1-\exp(-\int_0^t\lambda_{\mathrm{IVISS}}(u)\mathrm{d}u)]\} \end{aligned} \tag{5.19}$$

从式(5.19)可知，随着驾驶时间的增加，驾驶差错率的变化对数字驾驶可信性产生影响。如果驾驶差错率和车辆故障率不随驾驶时间发生变化，仅与车辆自身和外部道路环境有关，那么可以定义恒定差错率（故障率）$\lambda(t)=\gamma$，其中 γ 为常量。由于差错率或者故障率无时间相关性，因此可以采用指数分布形式进行描述。另一方面，如果驾驶差错率和车辆故障率随驾驶时间发生变化，就应该采用与时间相关的差错率和故障率分布函数，表示随着驾驶时间的推移，出现失误和发生故障的可能性也在发生变化。通常采用双参数分布函数描述这种具有时间相关性的差错率或故障率，如 Weibull 分布，其差错率或故障率可进一步表示为：

$$\lambda(t) = \varphi\alpha(\varphi u)^{\alpha-1}, \alpha>0 \text{ 和 } \varphi>0 \tag{5.20}$$

式中，差错率或故障率随时间的变化情况同参数 α 的取值有关。若 $\alpha>1$，差错率或故障率表现为正时间相关性，随差错率或故障率逐渐增大，反之亦然。若 $\alpha=1$ 则无时间相关性，该分布形式等同于指数分布。图 5.11 为不同参数取值时符合 Weibull 分布的差错率分布情况。总的说来，长时间的行车，驾驶人会变得疲劳，其结果是驾驶差错率增大而交通事故发生率提高。而短时间的行车，显然驾驶失误较车辆故障对交通系统运行的影响更为重要。

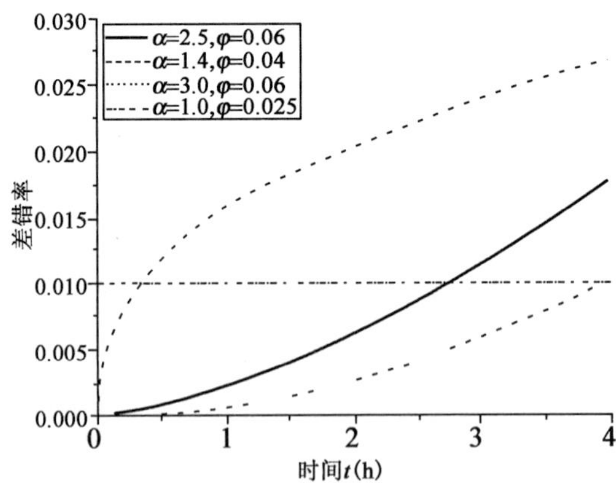

图 5.11　符合 Weibull 分布的差错率分布情况

5.3.2　数字驾驶可信性仿真(Simulation of Digital Driving Dependability)

结合车辆行驶试验和驾驶行为测试,可以预先估计不同的车载支持系统的故障率。根据驾驶人各自的生理特征,驾驶技术大致可以分成三种水平:技术较好、技术一般和技术较差。针对每种水平,分别计算驾驶可信度和数字驾驶可信度。在数字驾驶可信性仿真中,分以下两种情况:

①驾驶差错率是常量且是均匀的,既恒定驾驶差错率;

②驾驶差错率是变量,且随行驶时间线性增长。

5.3.2.1　恒定驾驶差错率

如果基本驾驶差错率都是常数,那么就可以确定驾驶人各行为阶段的差错率、驾驶差错恢复能力和驾驶行为形成主因子的取值,这样就能得到了驾驶可信度和数字驾驶可信度的仿真结果。

k 表示驾驶行为主因子,随着驾驶差错率的增大而增大。根据驾驶本质安全化理论,其取值通常在 1 到 2.5 之间,这里取值为 2。

由于驾驶行为的复杂性、自相关和多变性,各阶段驾驶差错率可以通过以往的驾驶经验和相关的驾驶行为测试来确定,这里有:

技术较好:$\lambda_p(t)=0.0010$,$\lambda_d(t)=0.0005$,$\lambda_e(t)=0.0002$

技术一般:$\lambda_p(t)=0.0015$,$\lambda_d(t)=0.0008$,$\lambda_e(t)=0.0004$

技术较差:$\lambda_p(t)=0.0020$,$\lambda_d(t)=0.0012$,$\lambda_e(t)=0.0008$

此外,$R_{\text{edv}}(t)$ 和 $R_{\text{IVISS}}(t)$ 的取值也可以通过实车行驶试验获得,这里设定取值为:$\lambda_{\text{edv}}(t)=0.0001$ 和 $\lambda_{\text{IVISS}}(t)=0.005$。

利用上述设定的参数,分别对驾驶可信度和数字驾驶可信度进行计算,结果如图 5.12 和图 5.13 所示。其中 4h 实际交通运行中驾驶可信度分别为 0.986, 0.979 和 0.970,而数字驾驶可信度分别为 0.999 3, 0.999 1 和 0.999 0。由此可知,数字驾驶改善了驾驶本质安全化,有利于改善交通安全和行驶效率。

5.3.2.2　可变驾驶差错率

若驾驶行为动态分析中考虑人车交互的影响,会发现驾驶差错率会随着驾驶人疲劳程度的增加逐渐增加,即驾驶差错率具有时间相关性,与驾驶时间成线性增长关系。

根据驾驶本质安全化理论,k 的平均取值在 1 到 2.5 之间,这里仍取 2。可

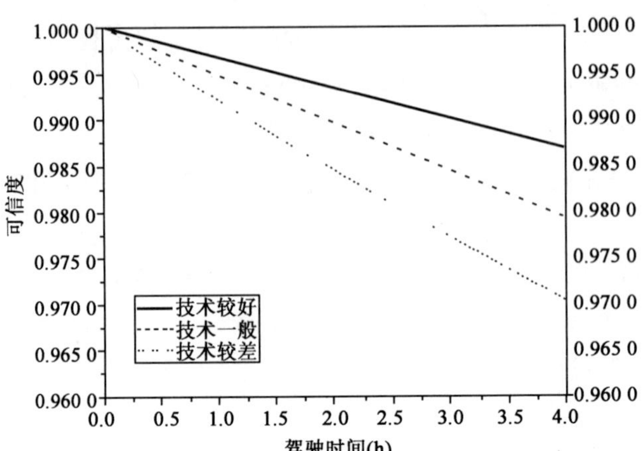

图 5.12 驾驶差错率为常数时的传统驾驶可信度

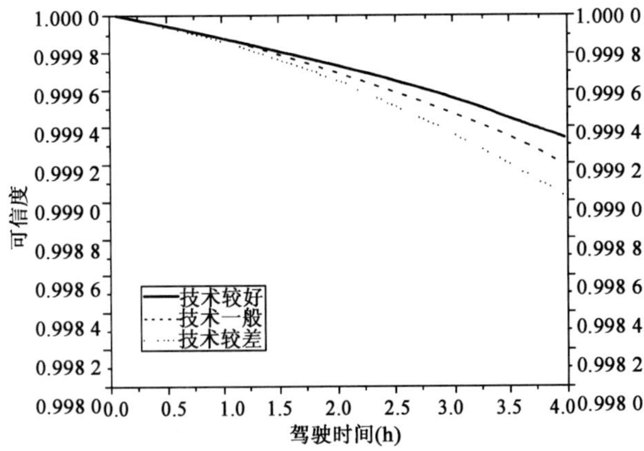

图 5.13 驾驶差错率为常数时的数字驾驶可信度

变驾驶差错率可以根据以往驾驶经验与驾驶行为测试获得，其取值如下。

技术较好：$\lambda_p(t) = 0.28(0.1t)^{1.8}$，$\lambda_d(t) = 0.004(0.001t)^3$，$\lambda_e(t) = 0.128(0.04t)^{2.2}$；

技术一般：$\lambda_p(t) = 0.3625(0.125t)^{1.9}$，$\lambda_d(t) = 0.008(0.002t)^3$，$\lambda_e(t) = 0.1485(0.045t)^{2.3}$

技术较差：$\lambda_p(t) = 0.45(0.15t)^2$，$\lambda_d(t) = 0.012(0.003t)^3$，$\lambda_e(t) = 0.187(0.055t)^{2.4}$

此外，$R_{edv}(t)$ 和 $R_{IVISS}(t)$ 的取值主要通过实车可靠性试验获得，设定为：

$\lambda_{edv}(t) = 0.025(0.01t)^{1.5}$ 和 $\lambda_{IVISS}(t) = 0.06(0.03t)^{1.1}$。

驾驶可信度、数字驾驶可信度与可变驾驶差错率的仿真结果如图 5.14 和 5.15 所示。从中可以看出,数字驾驶可信性要高于传统驾驶可信性,也就是说智能交通信息网络环境下,车辆行驶的安全性会有提升。例如,对于技术较差的驾驶人而言,在数字驾驶环境下其驾驶可信度可达 0.999,比传统驾驶方式高 2.95%。这一结果与恒定驾驶差错率的仿真研究结果一致,均反映出车载支持系统能提高驾驶本质安全。

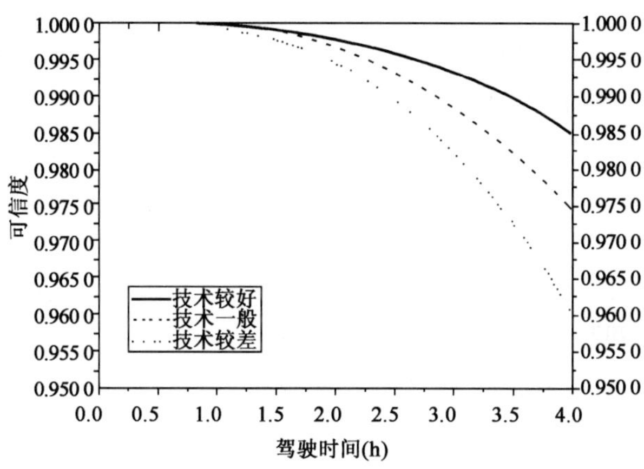

图 5.14 驾驶差错率为变量时的传统驾驶可信度

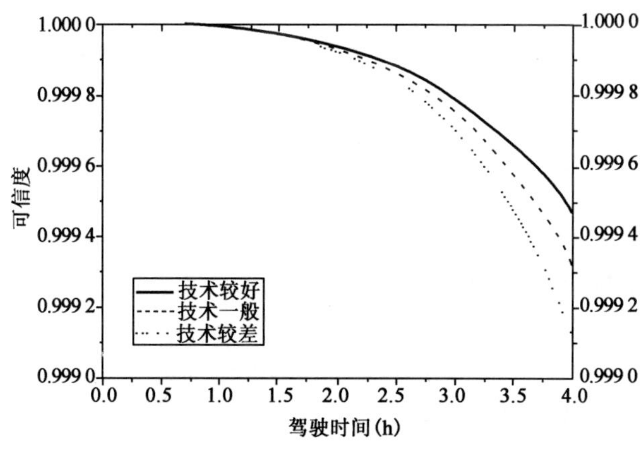

图 5.15 驾驶差错率为变量时的数字驾驶可信度

综合比较两次仿真研究结果,数字驾驶能够显著提高驾驶可信性,并且在驾驶失误不可避免的情况下,利用车载支持系统在智能交通信息网络环境下可以减少驾驶失误的发生,或者提高驾驶差错恢复能力。根据数字驾驶行为理论分析和数字驾驶可信性仿真模拟结果,数字驾驶系统和车辆生态人机界面的应用,将有助于改善交通安全和交通运行效率,并为智能(认知)车辆和智慧道路的研究提供理论依据。

本章参考文献(References)

[1] Wang W. H.. A digital driving system for smart vehicle. IEEE Intelligent Systems 2002 17(5), 81-83.

[2] Wang W. H., Bengler K.. Computational intelligence for transportation: driving safety and assistance. International Journal of Computational Intelligence Systems, 2011 4(3), 3-3

[3] Laprie J. C.. Dependability: Basic Concepts and Terminology. New York: Springer, 1992.

[4] Endsley M. R.. Measurement of situation awareness in dynamic systems. Human Factors, 1995, 37(1), 65-84.

[5] Kim J. V., Rasmussen J.. Ecological interface design: theoretical foundations, IEEE Transactions on System, Man, and Cybernetics, 1992, 22 (5), 589-606.

[6] Rasmussen J.. Skills, rules, and knowledge; signals, signs, and symbols, and other distinctions in human performance models, IEEE Transactions on System, Man, and Cybernetics, 1983, 13(3), 257-266.

[7] Sukthankar R., Hancock J., Thorpe C.. Tactical-level simulation for intelligent transportation systems, Mathematical and Computer Modelling, 1998 27 (9-11), 229-242.

[8] Hoc J.. From human-machine interface to human machine cooperation. Ergonomics, 2000 43(7), 833-843.

[9] Inagaki T.. Adaptive automation for comfort and safety. International Journal of ITS Research, 2003, 1(1), 3-12.

[10] Little C.. The Intelligent Vehicle Initiative: Advancing "Human-Centered" Smart Vehicles. Public Roads, 1997, 61 (2), 18-25.

[11] Ian N. Y.. Ergonomics and safety of intelligent driver interfaces. New Jersey: Lawrence Erlbaum Associates Inc., 1997.

[12] Flyte M. G.. The safety design of in-vehicle information and support system: the human factors issues. International journal of vehicle design, 1995,16, 158-169.

[13] Barfield W., Dingus T. A.. Human factors in intelligent transportation systems. New Jersey: Lawrence Erlbaum Associates, Inc., 1997.

[14] Horrey W. J., Wickens C. D., Consalus K. P.. Modeling Drivers´Visual Attention Allocation While Interacting With In-Vehicle Technologies. Journal of Experimental Psychology: Applied, 2006.12,67-78.

[15] Amditis A., Pagle K., Joshi S., Bekiaris E.. Driver - Vehicle - Environment monitoring for on-board driver support systems: Lessons learned from design and implementation. Applied Ergonomics, 2010, 41,225-235.

[16] 陈鹰,杨灿军,人机智能系统理论与方法,杭州:浙江大学出版社,2006.

[17] Liu Y. J., Wang W. H., Chen X. D.. Metropolis Parking Problems and Management Planning Solutions for Traffic Operation Effectiveness, Mathematical Problems in Engineering,2012, Article ID 678952,1-6.

[18] 沈中杰,王武宏,侯福国.智能交通信息网络中数字驾驶系统的体系结构与关键技术.交通运输工程学报,2002 2(1), 92-100.

[19] Wang W. H., Guo H. W., Ikeuchi K., Bubb H.. Numerical simulation and analysis procedure for digital driving dependability in intelligent transport system, KSCE Journal of Civil Engineering, 2011, 15(5), 891-898.

[20] Wang W. H., Cao Q., Ikeuchi K., Bubb H.. Reliability and safety analysis methodology for identification of drivers´erroneous actions. International Journal of Automotive Technology, 2010 11(6).873-881.

[21] 王武宏,等.道路交通系统中驾驶行为理论与方法.北京:科学出版社,2001.

[22] A.布洛基,等.智能车辆—智能交通系统的关键技术.王武宏,等编译,北京:人民交通出版社,2002.

[23] 沈中杰,王武宏.智能交通系统中基于机器视觉的数字车辆控制.汽车工程,2003,25(5), 428-433.

[24] Wang W. H., Yan M., Jin J., Wang X., Guo H. W., Ren X. M., Ikeu-

chi K.. Driver's various information process and multi-ruled decision-making mechanism: a fundamental of intelligent driving shaping model. International Journal of Computational Intelligence Systems,2011 4(3),297-305.

[25] Wang W. H., Hou F. G., Tan H. C., Bubb H.. A framework for function allocation in intelligent driver interface design for comfort and safety. International Journal of Computational Intelligence Systems, 2010 3(5),531-541.

[26] Wang W. H., Bengler K., Wets. G.. Discrete Dynamics in Transportation System, Discrete Dynamics in Nature and Society, 2012, Article ID 234970, 1-2.

[27] Wang W. H., Zhang W., Guo H. W., Bubb H., Ikeuchi K.. A safety-based behavioual approaching model with various driving characteristics, Transportation Research Part C-Emerging Technologies, 2011 19 (6), 1202-1214.

[28] Wang W. H., Wets G.. Computational Intelligence for Traffic and Mobility, Paris: Atlantis Press,2012.

[29] Azim E.. Handbook of Zntelligent Vehicles, Springer London,2012.

第6章　交叉口中驾驶认知行为与安全需求分析 (Driving cognitive behavior and safety control strategy for urban intersection)

城市交叉口是道路交通系统的重要组成部分,也是交通事故的多发区域。从交通流的特征来看,平面交叉口是不同方向的交通流汇合、分流的交织地,交通态势极其复杂。机动车、非机动车以及行人的交织和冲突给整个交通系统造成压力的同时,也给在交叉口中行驶车辆的驾驶人带来了生理及心理上的负荷。

由于驾驶人需要在短时间内完成一系列复杂的操作,包括读取仪表指示、遵循交通控制、实施转向、避让行人等,任何一个驾驶失误都有可能导致交通事故的发生。因此,研究驾驶人在平面交叉口的认知行为形成机理,从交通本质上确定驾驶安全需求,进而改善交通设施条件或者开发驾驶辅助系统,以期提高平面交叉口中交通运行的高效性,对交通安全的深入系统研究具有重要的意义。

6.1　平面交叉口交通流特性 (Traffic flow at intersections)

道路交叉口是城市交通系统中微观层面上最关键的节点,其效用在于将道路网络中不同方向上的道路串联起来形成一个整体,使道路网络中的机动车可以自由地完成左右转、掉头、直行等交通行为。由于多个方向的交通流在道路交叉口汇聚,导致此处交通流量与道路路段相比有大幅度的增加,需要通过交叉口的自行车与行人较多,驾驶人在通过交叉口时往往存在视线盲区,并且通过交叉口的机动车与机动车之间,机动车与自行车、行人之间有大量冲突点。因此,道路交叉口所发生的交通事故要远多于其他路段。

不同类型的交叉口影响交通安全的因素是不同的,在分析交叉口各个影响因素与交叉口交通安全之间的关系时,应该着重分析交叉口具有的共性,交叉口

的分类 如图 6.1 所示。

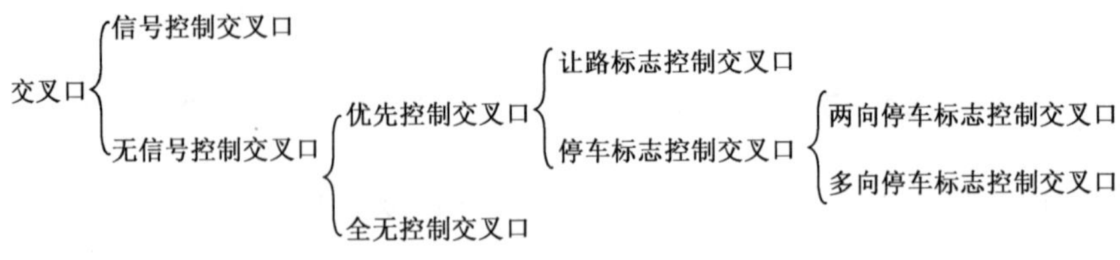

图 6.1 平面交叉口分类

由于城市道路交叉口大多为有信号控制的交叉口,尤其是十字交叉口中交通态势复杂多变,因此分析十字交叉口中交通参与者的交通冲突特性和驾驶人认知需求十分必要。

6.1.1 交叉口冲突特性(Traffic conflicts at intersection)

交叉口的控制方式经历了一个从无信号灯相位到增加相位到减少相位的螺旋上升的过程,即无信号控制交叉口→信号控制交叉口(两相位)→增加专用左转车道→四相位信号控制交叉口→增加左转或直行车道→继续增加左转或直行车道→限制左转→主线分离立交(部分无信号控制)→全互通立交(全无信号控制交叉口)。

主干道的交叉口,由于车流量较大,所以在这种路段一般都有非常详尽的信号控制,直行、左转、右转和掉头都有明确的信号指示,只要车辆按信号指示行驶就不会发生冲突而阻碍交通;但在非主干道交叉口,由于车流量较小,一般只有直行的信号控制,而没有左转和右转的信号控制,这种情况下由于车流量较小,车辆冲突不会很严重。在没有设置左转相位的时候,信号控制交叉口中的左转车辆与直行车辆将会发生冲突,一般来说,直行车辆在此时具有优先通行权,而左转车辆需要避让,必要的时候还需要停车等候通过。

进入交叉口不同方向直行、左转车流以较大的角度(钝角)相互穿行时会形成交叉,交叉时车辆可能发生碰撞,碰撞点则为冲突点,冲突点越多,对交通安全及交叉口通行能力的影响就越大。从产生冲突点的交通状态分析可知,冲突点对交叉口的行车安全和交通影响远比分流点和合流点要大。

考虑到相交道路均为全转向双车道,经过分析,对于十字交叉,不限制左转,如图 6.2a)所示,冲突点为 16 个;限制某两个方向左转,如图 6.2b)所示,冲突点由 16 个降至 8 个;限制左转,如图 6.2c)所示,冲突点降至 4 个。由此可见,交叉口冲突点随相交道路条数增加而成几何级数增加。冲突点一般由直行和左转

车辆造成,其中尤以左转交通产生冲突点最多。在交叉口规划与设计、驾驶辅助系统开发中正确处理和组织好左转交通,减少冲突点,能大大提高交叉口的通行能力和减少交通事故。

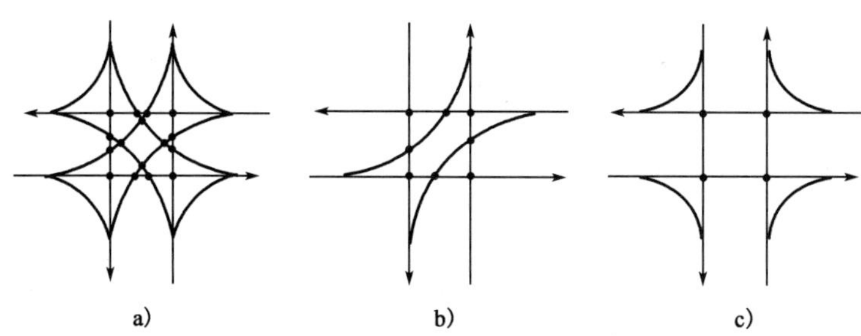

图6.2　左转车流冲突点分析

a)不限制左转;b)限制某两个方向左转;c)限制左转

6.1.2　左转车流的冲突分析(Traffic conflicts for left-turn vehicles)

虽然交通信号灯大大减少了交叉口中交通冲突发生的可能,但是其中的左转车流仍然面临来自对向直行车辆以及同向车辆的潜在威胁。在众多与左转车辆发生的冲突中,左转车辆与对向直行车辆的冲突是最为普遍且危险性最大的。

(1)左转车流的空间冲突

目前城市道路的平面十字交叉口普遍采用的是两相位信号灯控制。其工作方式为轮流开放不同的信号显示,依次对相交的两个不同方向的车辆和行人给予通行权。由于从时间上隔离了两个不同方向的车流,交通流之间的冲突点得到了一定减少,但是左转车流仍存在与对向直行车流形成交叉,容易产生交通冲突,根据各流向车道数的不同,左转车流的交叉方式也不同,冲突的程度也不相同,具体有以下几种交叉方式,如图6.3所示。

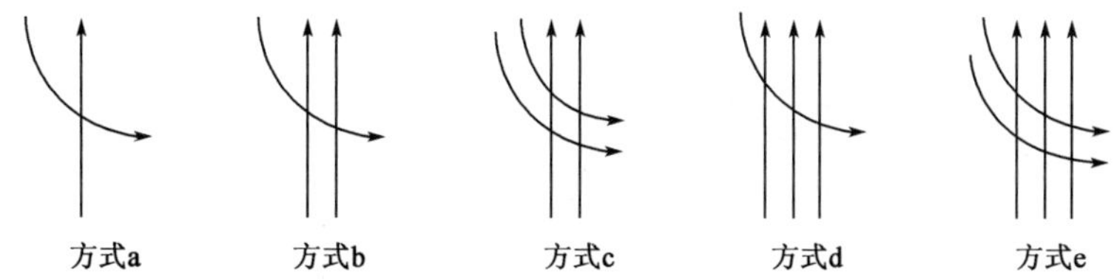

图6.3　两相位交通信号灯控制下的左转车流交叉方式

(2)左转车流的时间冲突

当左转车流通过平面交叉口时,由于交通信号、停车标志、让路标志以及平交道口等原因造成的时间延误，即为左转车流的时间冲突。例如，当一辆车到达停车线时，如果在交叉口内有别的车辆正在行驶，致使到达停车线的该车辆减速等待，不能正常通过交叉口，这便是一个冲突。当两冲突车流的车辆到达停车线的时间差很小时，就有可能发生冲突。反之，当可能发生冲突时，虽有两车都减速和相互观望情况，但总是有一车先通过交叉口。此时，等待通过的车辆就产生了一个冲突，受到一定的延误。

(3)左转车流的交通影响分析

在交叉口的交通组织中，对于左转交通的组织是一个比较关键的问题。因为左转交通对交叉路口的影响主要有以下 3 个方面。

第一，在两相位信号灯控制的交叉口，不同相位状态下的各个方面的交通流通行情况如图 6.4 所示。从图 6.4 可以看出，平面交叉口在信号控制下避免了直行车流的正面冲突，但两相位的交叉口中的左转车辆增加了交通流之间的冲突点，而每个相位中分别存在两个交叉点。每一左转车流还形成了一个合流点和分流点。通过这些相交点上的车流分布股数越多，产生的交通冲突数就越多，对交叉口的影响就越大，这些冲突点，尤其交叉点是干扰各向车流最严重的因素，直接影响了各个相位的直行车流的行驶平顺性，影响了各方向行车速度。特别在这些冲突上，容易发生交通事故，严重影响到整个交叉口的交通运行效能。

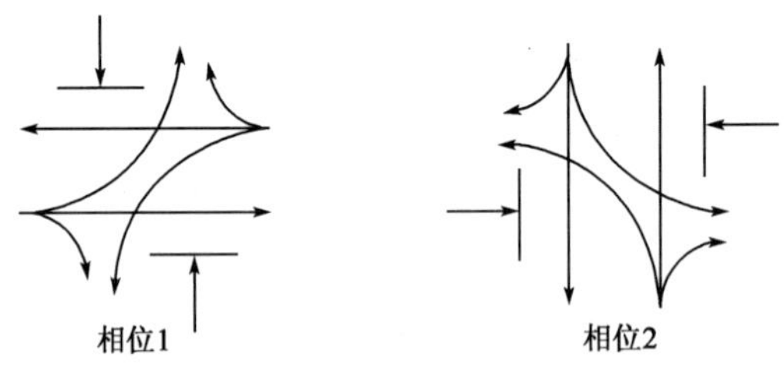

图 6.4　两相位交通信号灯控制下的交叉口车流

第二，一般情况下两相位的交叉口由于直行交通量远远高于左转交通量，使得左转交通很难获得可穿越空当，同时由于左转交通量也很大，从而导致在信号周期内可能导致左转车不能够完全清场，阻挡了下一个相位的通行车辆，进一步影响下一个周期的交通组织。

第三，左转车辆对于行人和非机动车形成冲突，不仅影响其通行能力，而且容易造成交通事故，这是因为两相位控制下允许通行的左转车辆恰好与该相位方向的行人和非机动车在人行道处形成冲突。

6.1.3　交叉口行人的冲突分析(Traffic conflicts for pedestrians)

行人也是信号交叉口交通的非常重要组成部分,当车辆和行人处于同一相位时,信号交叉口的行人和车辆的行为及冲突既复杂又危险,因此需要更为关注这一交通状况下的交通行为特征。

在没有行人专用信号的情况下,行人过街只能穿越机动车车流中的空当,如在两条等级相当的交叉口采取典型四相位信号控制后,有效减少了大量冲突点,但是仍然存在右转机动车与行人冲突的情况,如图6.5所示。

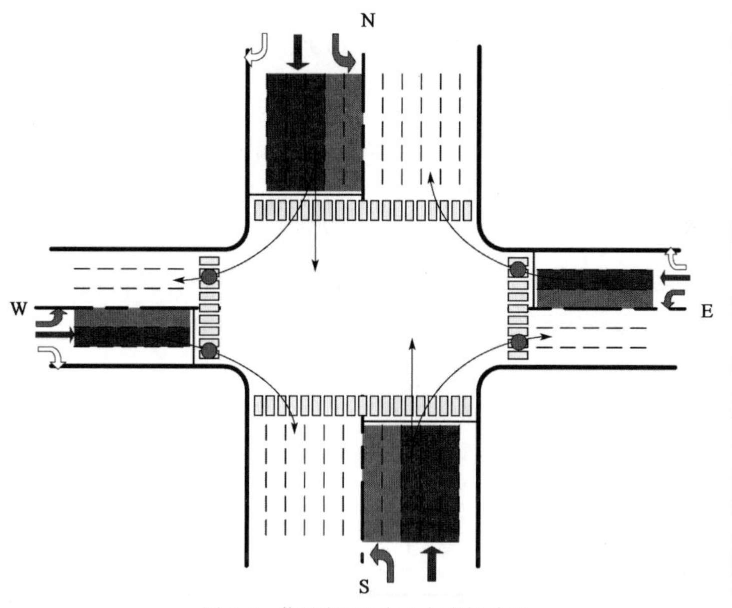

图6.5　信号交叉口行人与车辆冲突

当交叉口无右转信号灯控制时,右转车辆会在某一时间段与行人处于同一相位。一般在这种情况下,车辆应该礼让行人,但由于周围的交通环境、车辆和行人的速度、车辆和行人的流量、右转车辆和过街行人的行为、交叉口的几何设计和行人延误等因素的影响,右转车辆的驾驶人可能会接受较小的间隙甚至是强行通过人行横道。

由于所研究的视线受阻是在信号交叉口无右转信号控制,右转车辆与行人处于同一相位时发生的,因此当右转车道旁边车道上停着大、中型车辆,会阻碍右转车辆和垂直人行横道远端过街行人的视线。在这种视线受阻的交通状况下,右转车辆可能会接受较小间隙而拒绝较大的间隙。这不仅有可能在右转车辆和行人之间导致较为严重的冲突,还可能增加该路口右转车道的交通延误和降低该路口右转车道的通行能力。

6.2 交叉口左转车辆驾驶人可接受间隙评测 (Assessment for critical gap acceptance situation at signalized intersections)

6.2.1 平面交叉口左转车辆的驾驶行为分析(Driving behavior of left-turn vehicles at signalized intersections)

左转驾驶人必须估计其与潜在冲突车辆的距离,并做出是否左转穿越的决策。对于左转许可型信号交叉口来说,左转驾驶人必须选择对向直行车辆间合适的间隙,进而完成左转操作。间隙是指同向的两辆连续车辆经过同一点的时间间隔,而临界间隙是指驾驶人选择接受进行穿越或者合并行为的最小间隙值。这里,单车间隙是指单个对向直行车辆到达冲突区域的时间,而车辆间隙是指连续两辆对向直行车辆间的车头时距(图6.6)。

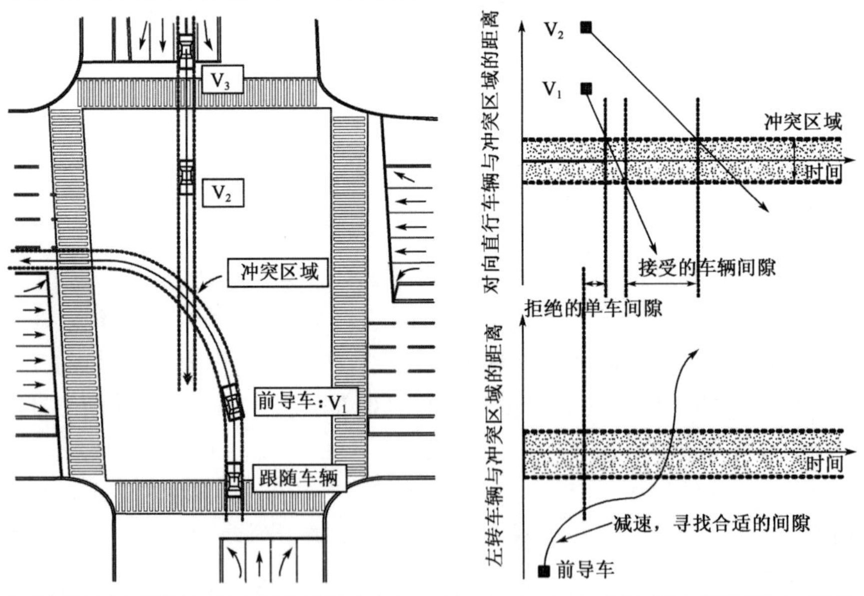

图6.6 左转许可型相位信号交叉口下的单车间隙及车辆间隙

在左转许可型相位信号交叉口中,左转驾驶人在接近交叉口时首先要减速并停车等候绿灯,然后进入交叉口中心区域并选择合适的对向直行车辆间的间隙,最后完成转向操作。是否接受对向直行车辆间的间隙决定着驾驶人后续的相关操作。如果间隙是安全的,驾驶人会在接近冲突区域的时候调整速度及车辆转向角;如果间隙是不安全的,驾驶人则会减速并停车,等待合适的间隙。

一般来说,驾驶人对间隙的选择都有一定的决策标准且因人而异。年龄、性别、车型、车速及昼夜等因素都将影响驾驶人对间隙的选择。毫无疑问的是,驾驶人对间隙的选择结果是符合其自身的决策标准的,但却不一定符合客观的安全标准。

根据驾驶人的决策以及间隙的客观安全性,选择结果呈现出 4 种不同的状态(图 6.7):白色的矩形表示驾驶人正确地接受了安全的间隙或正确地拒绝不安全的间隙,这都是安全且准确的决策;阴影的矩形表示错误地拒绝安全的间隙,这是安全但不准确的决策;灰色的矩形表示错误地接受了不安全的间隙,这是危险且不准确的决策。阴影矩形表示的情形只会影响行驶的效率,但灰色的矩形表示的情形如果没有采取适当的紧急措施,则有可能导致严重的交通冲突甚至是交通事故的发生。

驾驶人错误地拒绝安全的间隙以及错误地接受不安全的间隙,反映了较弱的驾驶状态意识。根据状态意识的分析结果,驾驶人会进行判断决策及操作。在左转车辆与对向直行车辆的冲突中,状态意识将影响驾驶人能否做出安全且准确的间隙选择决策(图 6.8)。结合图 6.7 中的分析结果,较高的状态意识是正确地接受安全间隙或拒绝不安全间隙的原因。然而,拥有较高的状态意识的驾驶人可能操作能力较弱,而拥有较低的状态意识的驾驶人可能操作能力较强。由于驾驶人的状态意识将表现在车辆行驶特性上,因此可以通过研究左转车辆面对间隙决策问题时的行驶特性,进而分析驾驶人的状态意识。

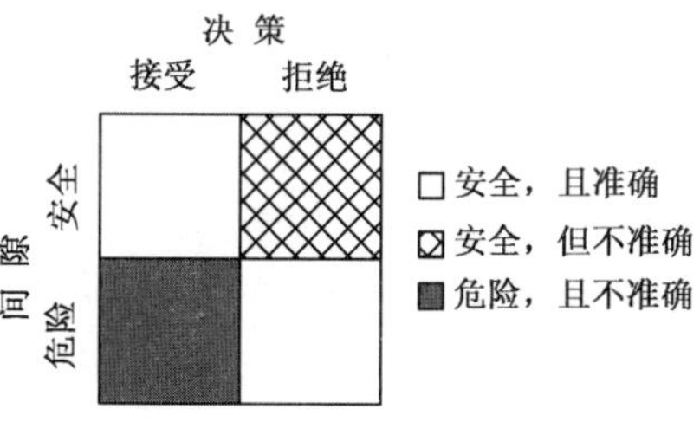

图 6.7　基于驾驶人决策(接受或拒绝)及间隙的客观安全性(安全或危险)的选择结果

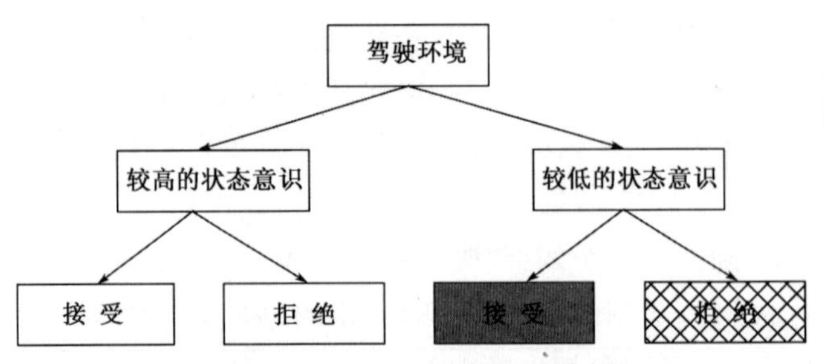

图 6.8 驾驶人的状态意识及间隙决策

运用 Logit 回归模型估算临界间隙,作为客观判定间隙是否安全的标准。Logit 回归模型适用于驾驶人在特定环境下有一连串进行二元选择的情形。Logit 回归模型中的回归曲线中位值被定为临界间隙,即驾驶人接受间隙的概率为 0.5 时[6]。在分析了驾驶人在接近冲突区域时的反应后,依据驾驶人接受不安全间隙的情况,有公式(6.1)所示的 Logit 回归方程。

$$P(x) = \frac{e^{\alpha+\beta x}}{1+e^{\alpha+\beta x}} \tag{6.1}$$

式中:$P(x)$——驾驶人接受间隙 x 的概率;

α 和 β——相关回归系数。

由于冲突区域为左转车辆与对向直行车辆在交叉口区域行驶轨迹的重合处,为了准确地分析驾驶人在冲突区域对不同间隙的反应,左转车辆在交叉口的行驶特性被划分为 4 种情形,如图 6.9 所示。

情形 A:V_1 接受了间隙,并且穿越冲突区域的过程中,V_2 没有停车或者紧急减速。

情形 B:V_1 接受了间隙,穿越冲突区域的过程中,V_2 为了避免事故的发生,紧急减速并停车。

情形 C:V_1 拒绝了间隙,并让行于 V_2,V_1 等候另一个合适的间隙。

情形 D:V_1 决定接受间隙,但未能完成左转操作,V_1 以较大减速度停车,V_2 先于 V_1 穿越冲突区域。

为了评估左转驾驶人的反应,应对其导致交通事故发生的可能性进行估算。然而,由于交通事故是不可预测且极少发生的,很难运用交叉口事故数据进行分析,因此运用交通冲突技术对左转驾驶人的反应进行安全评估。交通冲突分析是利用观察数据对驾驶行为进行的事后分析。在四种不同的情形当中,情形 B 表示左转驾驶人接受了间隙,但在穿越冲突区域过程中发生了危险。情形 D 表示左转驾驶人选择接受间隙,但未能成功完成左转操作。这里研究的反应操作情形只分析研究了左转车流中的前导车与对向直行车辆,左转车流中的跟随车辆不在研究范围内。例如,如果对向直行车辆没有在前导左转车辆通过冲突区域的过程中紧急减速或停车,而是为了避免与跟随左转车辆的碰撞而减速停车,处理过程中此类情形将归为情形 A。

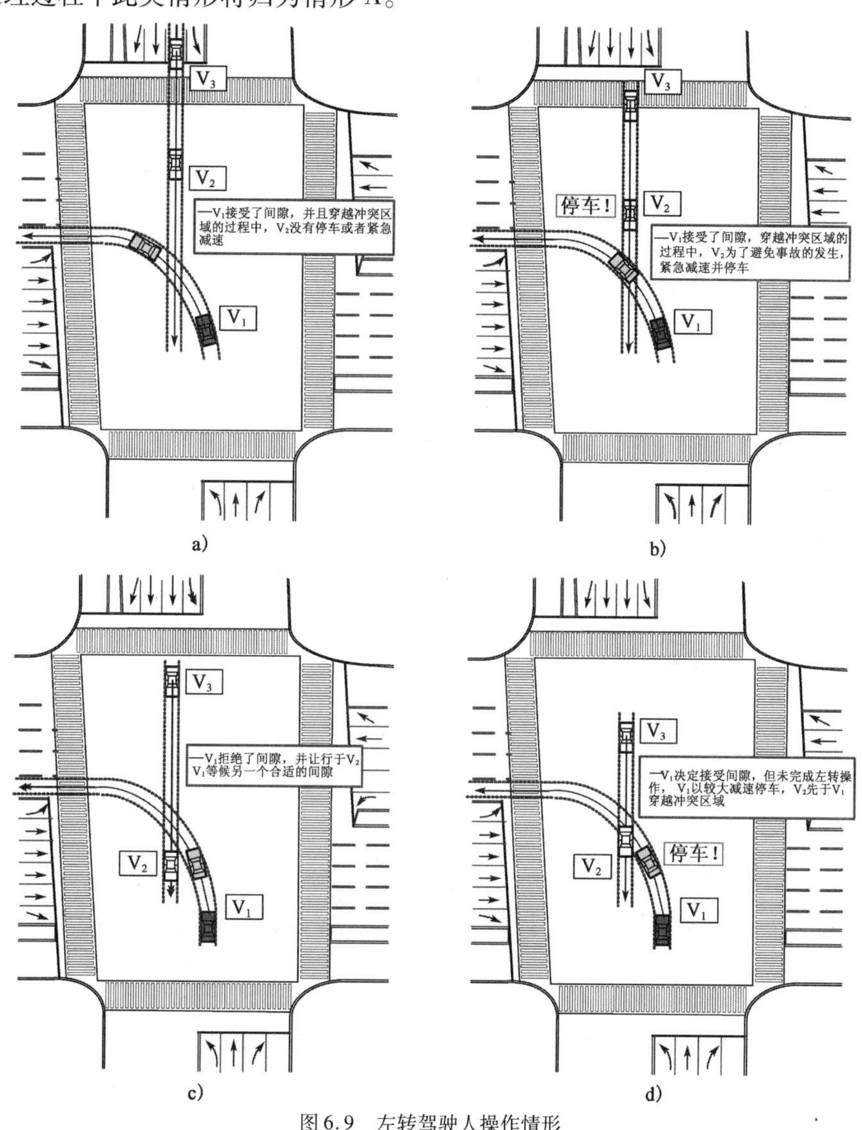

图 6.9　左转驾驶人操作情形

a)情形 A;b)情形 B;c)情形 C;d)情形 D

左转车辆接受间隙的概率为：

$$P_{Ai} = \frac{\text{接受间隙}\ i\ \text{的左转车辆数}}{\text{接受和拒绝间隙}\ i\ \text{的左转车辆总数}} \tag{6.2}$$

由于观测的原因，间隙的大小将控制在1s。左转驾驶人的驾驶行为出现概率为：

$$P_{Rj} = \frac{\text{操作执行为情形}\ j\ \text{的左转车辆数}}{\text{左转车辆总数}} \tag{6.3}$$

因此，驾驶人错误地接受不安全间隙的概率即为对驾驶环境较低状态意识的危险情形。而当考虑到驾驶人在紧急情形下的操作能力时，情形B出现的概率与情形D出现的概率即为对驾驶人在较低状态意识下的定量安全评估。

6.2.2 驾驶人接受间隙的结果分析(Results of driver's critical gap acceptance)

数据采集地点为北京市海淀区中关村南大街上的一个信号交叉口，该交叉口东西方向包含左转许可相位，如图6.6所示，由一条11车道的道路和一条7车道的道路组成。在处理数据过程中，有两种间隙需要进行特殊处理。一种情况是当左转车辆通过交叉口的时候，没有对向直行车辆或者对向直行车辆在远处(不在视频范围内)。这种类型在处理时以左转车辆到达停车线至对向直行车辆到达冲突区域的时间与左转车辆完全通过交叉口的时间中较小者为间隙值，即为情形A。另外一种情况是在左转车辆拒绝了前一个间隙并等候下一个合适的间隙时，由于在相位末对向直行车流中没有了跟随车辆，这种类型在处理时以最后一辆对向直行车辆经过冲突区域到左转车辆完成左转操作的时间为间隙值。

(1)左转驾驶人的临界间隙值

视频数据采集共观测了62个接受的单车间隙及92个接受的车辆间隙，接受间隙的平均值为7.7s(表6.1)。表6.2为左转车辆接近冲突区域时的操作类型。

观 测 样 本　　表6.1

类　型	接　受	拒　绝
单车间隙	62	48
车辆间隙	92	374

左转车辆接近冲突区域时的操作类型　　表 6.2

间　隙	接　受		拒　绝		总　数
	情形 A	情形 B	情形 A	情形 B	
1s	0	0	152	0	252
2s	0	2	183	0	185
3s	0	5	62	0	67
4s	6	2	20	0	28
5s	13	3	6	0	22
6s	21	0	2	0	23
7s	23	0	2	1	26
8s	15	0	1	1	17
9s	17	0	0	0	17
10s	18	0	0	0	18
11s	10	1	0	0	11
12s	6	0	0	0	6
13s	3	0	0	0	3
20s	1	0	0	0	1

通过 Logit 回归方法的分析，研究得到了左转驾驶人的临界间隙值，表 6.3 为回归模型的结果，图 6.10 则为 Logit 模型预测得出的左转驾驶人对不同间隙接受的概率。正如模型显示，间隙越大，左转驾驶人接受间隙的概率越大，结果表明临界间隙值为 4.7s，即间隙接受概率为 50%。

左转驾驶人可接受间隙 Logit 回归结果　　表 6.3

参　数	值	标　准　差	Wald　卡　方	自　由　度	显著性水平
	-6.681	0.571	136.901	1	<0.001
	1.393	0.131	113.004	1	<0.001

(2)低状态意识情况下的安全评估

根据临界间隙计算值 4.7s，则错误地接受小于 4.7s 间隙的行为可推论为低状态意识的结果。情形 A 和情形 B 是左转驾驶人接受了间隙并完成了左转操作，而事实上，情形 D 的驾驶人也作出了接受间隙的决策，只是没有成功地完成左转操作。情形 A、B、D 发生的概率的总和是实际错误地接受了不安全间隙的情况。然而，当考虑到驾驶人在紧急状况下的补偿操作行为，情形 A 可作为驾驶人在紧急情况下的合适调整,极好的操作能力使驾驶人完全避免了错误的接受不安全间隙带来的影响。因此用情形 B 的发生概率和情形 D 的发生概率的和来评估低状态意识下的安全性。

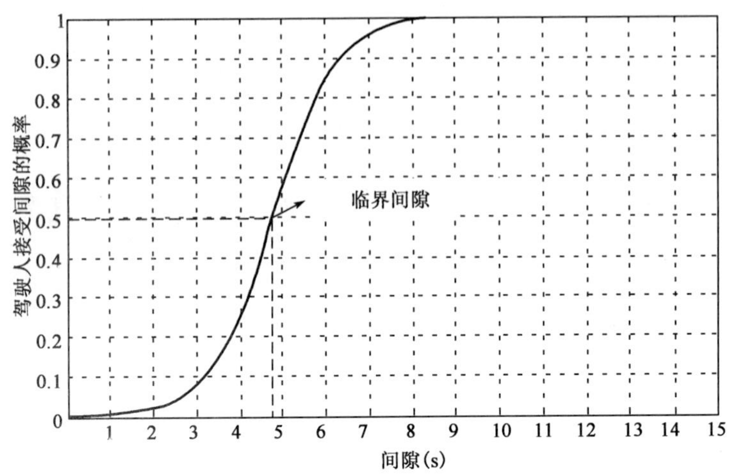

图 6.10　左转驾驶人可接受间隙的 Logit 回归模型

当左转驾驶人面对 3s 或 4s 的间隙时,极易陷入图 6.7 中的灰色危险状况。为了提高驾驶安全性,必须提高驾驶人在面对接近临界间隙值的间隙时的状况认知。接受小于且接近临界间隙值的间隙,将可能导致左转车辆与对向直行车辆冲突甚至碰撞的发生。

(3)可接受间隙行为

如表 6.2 所示,保守型驾驶人更倾向于拒绝较大的间隙,并让行于对向直行的车辆。驾驶技能较差的驾驶人在间隙较大时仍有可能与对向直行车辆发生冲突,例如样本中间隙值为 7s 或 8s 时。同时,在数据样本中有两种非常规行为。在间隙值为 11s 时(远大于临界间隙值),有一辆车仍然与对向直行车辆发生了冲突。通过仔细观察视频数据,该车辆为货车,较低的机动性使其转向时需要更多的时间,因而与对向直行车辆发生了冲突。由于数据采集点为流量较大的交叉口,唯一的一个 20s 的样本来自一辆在绿灯时依然没有加速通过停车线的左转车,这种非常规的行为影响了间隙决策过程,然而这样的驾驶行为在驾驶环境中较少发生。

对于左转许可型相位信号交叉口可接受间隙的测定与评估,主要针对左转许可型信号交叉口中左转驾驶人的间隙决策选择问题进行了研究。在均匀的人

口分布的假定条件下，所有的驾驶人将拥有相同的临界间隙，即面对相同的间隙做出同样的决策选择。交叉口决策支持系统是指通过基于交通基础设施、车辆及两者交互技术的方法，帮助驾驶人选择正确且安全的间隙的决策系统，然而主动安全系统的介入同样将导致驾驶乐趣的降低。因此，必须研究驾驶人的认知行为，进而寻找哪种情况下驾驶人需要辅助技术的支持，从而使驾驶辅助系统更容易被驾驶人接受。

根据驾驶人对间隙的决策选择，产生了四种不同的决策结果，即正确地接受安全的间隙，正确地拒绝不安全的间隙，错误地拒绝安全的间隙以及错误地接受不安全的间隙。前两种决策结果是安全且准确的，而第三种决策结果虽然安全但不准确。与这三者相比，第四种决策结果对左转驾驶人来说是最为危险的。不过，对这种决策结果的安全评估必须考虑实际情况下驾驶人的紧急补偿行为。

通过采集实际交通环境的视频数据，左转驾驶人的操作情形被划分为 4 种。在这 4 种操作下，情形 B 和情形 D 是最为危险且最容易导致交通冲突乃至交通事故发生的。情形 B 和情形 D 是驾驶人在接受不安全的间隙且没有适当的紧急补偿行为的结果。运用 Logit 回归模型估算左转车辆的临界间隙值，小于临界间隙值的间隙被视为危险的间隙。结果表明，当驾驶人面对接近临界间隙值的间隙时，容易接受不安全的间隙。基于间隙接受概率及操作结果的安全评估，同样表明这些间隙对左转驾驶人是最具威胁的。保守型驾驶人更加倾向于拒绝较大的间隙并让行于对向直行车辆，操作能力较差的驾驶人在面对较大间隙时仍有可能与对向直行车辆产生冲突。

6.3　交叉口中右转车辆与行人冲突的危险评价
(Effect of restricted sight on right-turn driving behavior with pedestrians at signalized intersection)

6.3.1　平面交叉口右转车辆的驾驶行为分析(Driving behavior for right-turn vehicles at signalized intersections)

在选择合适的信号控制交叉口观测时，需要考虑到以下几点：

(1)交叉口的行人和右转车辆应处于同一相位；

(2)交叉口的其他车道上驶过的大、中型车辆的流量要适中；

(3)有单独的右转车道;

(4)右转车的流量和从人行横道远处走过来的行人流量都要适中,这样才能较好地观察在有视线障碍和无视线障碍时的右转车辆可接受间隙的行为。

图6.11所示为右转车辆和行人处于同一相位时的具体情况。

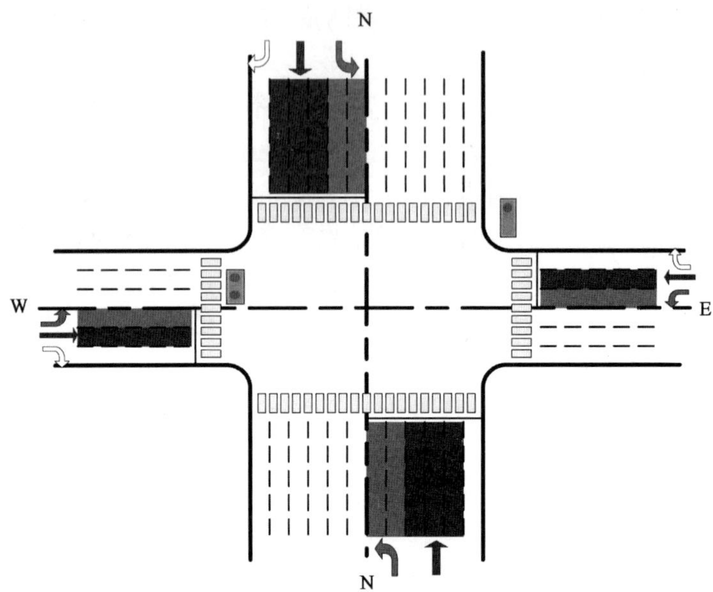

图6.11　右转车辆与人行横道远端行人处于同一相位时的情况

为了更好地解释驾驶人在视线受阻时驾驶行为的变化,有如下假设:

(1)当右转车辆到达交叉口之前有各自的速度。也就是说,在车辆到达交叉口之前,其速度不受任何其他道路使用者的影响。

(2)是否让行于行人,由右转车辆驾驶人决定。一般来说,当车辆与行人处于同一相位时,车辆应该礼让于行人;但实际上,冒进型驾驶人不会采取任何避让行为。此外,当视线受阻时,驾驶人由于看不到行人而选择强行通过人行横道。

(3)行人在过街时不受其他行人和右转车辆的影响。在实际交通情况下,行人经常会对其他行人或车辆做出相应的反应,但这是十分复杂的行为。这里所观测的行人是遵守交通规则的。根据录像信息可以得到,当视线不受到阻碍时,行人在绿灯相位过街时基本上不会改变他们的速度;而当视线受阻时,行人在接近冲突区时会有减速的行为。

冲突区域是指车辆在通过人行横道时车身所占的人行横道的区域(图

6.12),而所有观察的冲突数据都是发生在这个冲突区域内的。当过街行人与右转车辆处于同一相位时,右转车辆就会选择行人间的可接受间隙通过人行横道。人行横道远端行人对右转车辆的间隙可分为两类,一类是在只有一个或一排行人时,行人之间的间隙就是行人从接近冲突区域到离开冲突区域的时间;另一类是在有几排行人时,行人之间的间隙是从前排行人离开冲突区域到后排行人到达冲突区域的时间。这里所提到的右转车辆可接受间隙就是指这两种间隙,它们都用来分析在视线受阻情况下的行人对右转车辆行为的影响。图6.13直观地描述了这两种类型的行人之间的间隙。

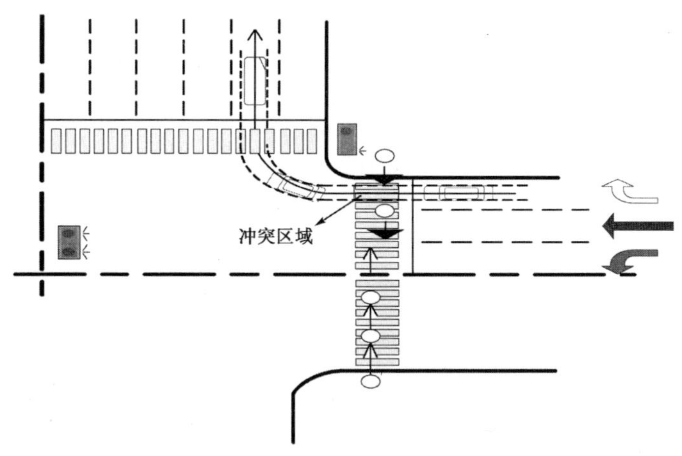

图6.12 车辆与行人之间的冲突区域

数据采集地点是在北京市海淀区中关村南大街的一个路口,主干道是双向12车道,其中有2个车道为左转车道,3个车道为直行车道,1个车道为右转车道;次干道是双向6车道,其中有1个车道为左转车道,1个车道为直行车道,1个车道为右转车道。主要是采集次干道的数据。由于采集地点的路口位于学校和地铁站的附近,并且在两个公交车站之间,行人和车流量较大,因此数据采集量适中。为了排除天气等的干扰因素,数据采集的时间是在天气良好的工作日的上午9:00到下午4:00之间,观察得到的右转车辆流量如表6.4所示。

右转车辆的流量(辆) 表6.4

车辆类型	视线	
	无视线阻碍	有视线阻碍
小汽车	537	149
大、中型车	28	6

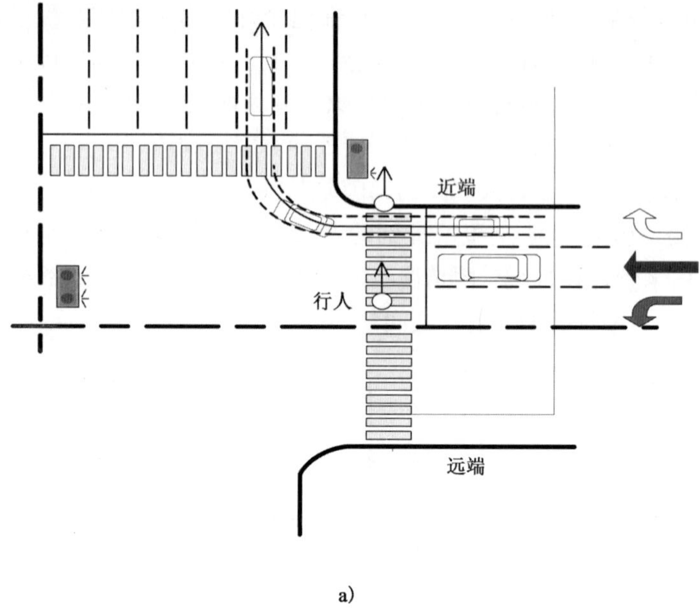

a)

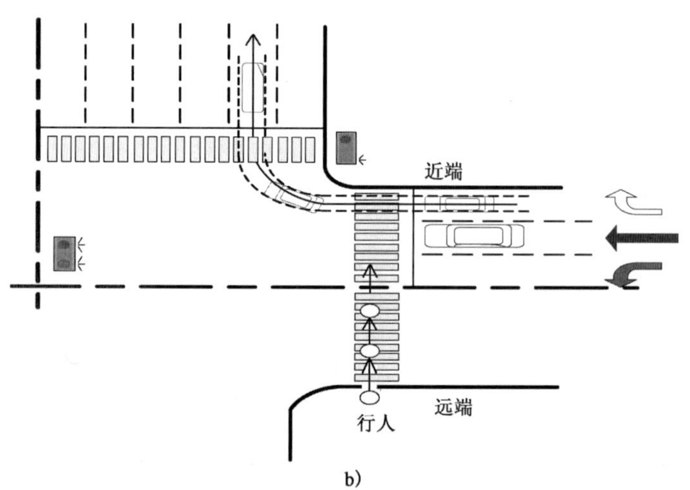

b)

图 6.13　右转车辆相对于人行横道远端过街行人之间的间隙

依据对平面交叉口右转车辆的驾驶行为分析，威布尔分布适用于分析可接受概率，其表达式如下：

$$P(x) = 1 - e^{-\left(\frac{x}{\eta}\right)^m} \tag{6.4}$$

式中：x——右转车辆对行人的间隙；

$P(x)$——可接受概率；

η 和 m——威布尔分布的两个参数。

6.3.2　冲突危险的评价结果（Traffic conflict risk analysis）

6.3.2.1　间隙接受行为

由于观察样本数量的限制，为了更好地分析右转车辆可接受间隙行为，将间隙时间以1s为单位分为几个区间。在观察采集的数据中，无视线受阻情况下的间隙接受次数为449次，在视线受阻情况下的间隙接受次数为115次。表6.5中是在不同条件下，观察样本中的间隙接受和拒绝的次数。威布尔分布中的两参数是利用最小二乘法求得，其参数估计值见表6.6。

对观察样本的间隙分析　　表6.5

车辆类型	无视线阻碍		有视线阻碍	
	间隙接受次数	间隙拒绝次数	间隙接受次数	间隙拒绝次数
小汽车	449	88	115	34
大、中型车	18	10	4	2

可接受间隙的威布尔分布参数的估计　　表6.6

视线	η	m	R^2	t	p
无视线阻碍	3.7095	3.7999	0.9335	2.880	0.014
有视线阻碍	3.1844	1.1379	0.9074	3.270	0.007

依据观测得到的接受和拒绝间隙，结合式（6.4），确定出可接受间隙的概率如图6.14所示。从图6.14中可以看出，右转车辆对人行横道远端行人的可接受间隙，在无视线阻碍时明显要大一些。这是因为在出现视线障碍时，右转车辆的驾驶人会较迟发现甚至发现不了靠近的行人，因此驾驶人在做决策时更倾向于以常速或加速驶过人行横道，而不采取减速或停止的行为。此外，在驾驶人视线受阻时，对于可接受间隙的估计会很困难，也很容易出现估计误差，这也是导致驾驶人做出危险过街决策的另一个原因。

从图6.14中还可以看到，当行人对右转车辆的间隙小于3.9s时，视线受阻的右转车辆更趋向于较小的可接受间隙；而当行人对右转车辆的间隙大于3.9s时，相比视线不受阻的右转车辆来说，视线受阻的右转车辆很可能接受较小的可接受间隙。一般来说，当右转车辆的驾驶人视线受阻而无法看到行人时，冒进的驾驶人就会认为有足够的时间间隙通过人行横道而导致了较小的接受间隙；相反，保守的驾驶人就会认为没有足够的时间间隙通过人行横道而导致了较大的接受间隙。这也反映了冒进型的驾驶人容易接受较小的时间间隙而保守型的驾驶人容易接受较大的时间间隙。当然，在交叉口这样复杂的交通状况下，以较小的时间间隙通过人行横道还是很容易发生冲突甚至导致车辆碰撞事故的发生。

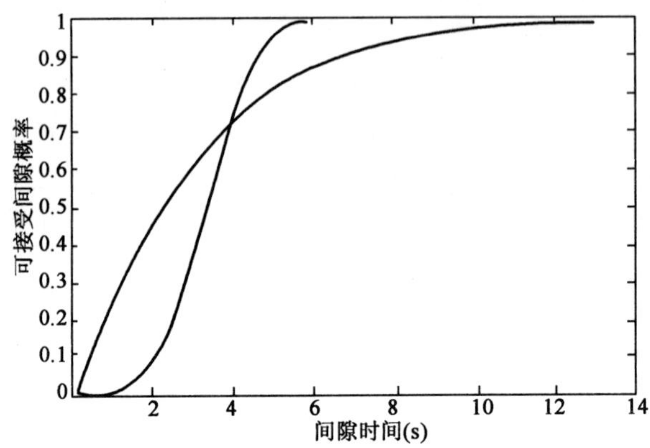

图 6.14　有、无视线受阻情况下的可接受间隙概率

6.3.2.2　连续右转车辆的车头时距

尽管研究中选取的十字路口的右转车辆是在任何时间都可以通行的，但是在与行人处于同一相位时还是会有连续右转车辆通过路口。对于连续右转车辆的跟随行为用车头时距来表示，并分析在有、无视线遮挡情况下的驾驶行为的个体差异。这里所提到的车头时距是指连续右转车辆的平均跟随时间。表 6.7 是对连续右转车辆车头时距的分析结果，两辆以上的连续右转车辆共有 275 辆，其中在无视线受阻情况下的有 229 辆，视线受阻情况下只有 46 辆。由表 6.7 的分析结果可以看到，无视线受阻情况下的车头时距为 3.0s，视线受阻情况下的车头时距为 3.2s。这表明，当驾驶人视线受阻时，车辆的平均车头时距也会有所增加。图 6.15 是对驾驶人在有无视线受阻情况下的车辆平均车头时距的直观且详细的描述。

连续右转车辆车头时距的估计　　表 6.7

视　　线	均值(s)	数　　量	标　准　差
无视线阻碍	3.0	229	2.2
有视线阻碍	3.2	46	2.1

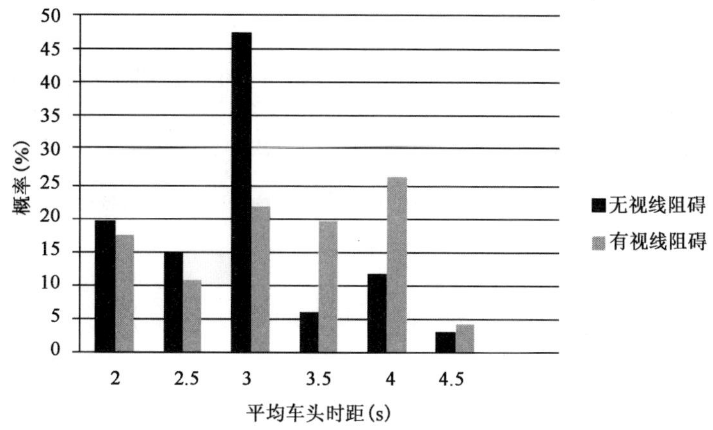

图6.15　在有、无视线受阻情况下的连续右转车辆的车头时距的差异

如图6.15所示，有47.6%的无视线受阻的右转车辆的车头时距为3.0s，其平均车头时距也为3.0s。而视线受阻的车头时距的分布比较分散，是一个随机的分布。有25%的车头时距超过了4.0s，其平均车头时距为3.2s。而较大的车头时距也会造成右转车道的通行能力的降低。在驾驶人视线受阻情况下，如果与前车的跟随距离较大，当出现前车紧急制动等紧急情况时，驾驶人因有足够的距离而可以避免发生碰撞。

交叉口中右转车辆与行人冲突的危险评价，主要揭示出视线受阻对车辆和行人安全性的影响程度。利用两参数的随机威布尔分布分析了可接受间隙模型和可接受间隙的概率分布，并以此来描述视线受阻右转车辆的行为。从分析的结果可以看到，当大、中型车辆在直行或左转车道停止而阻碍了右转车辆驾驶人的视线时，右转车辆对行人间隙的选择会偏小，这大大增加了交叉口潜在冲突的危险。此外，通过对采集到的数据的分析，还可以发现在视线受阻的情况下，右转车辆驾驶人可能会有些反常的行为，像是接受较小的间隙而拒绝较大的间隙。因此在视线受阻的情况下，右转车辆和行人之间会存在更为复杂的冲突。从分析结果还可以看到，当驾驶人的视线受到阻碍时，连续右转车辆的车头时距也会稍稍增加。车头时距的增加也会导致交叉口右转车道交通延误的增加和道路通行能力的下降。

6.4 交叉口中违章穿越行人对驾驶行为的影响分析
(Situational factors of influencing drivers to give precedence to jaywalking pedestrians at signalized crosswalk)

6.4.1 方法与数据采集(Methodology and data collection)

6.4.1.1 观测地点

选取两处无路侧停车的人行道作为观测地点:第一处观测地点为长春市市中心某十字交叉口的次干道上的人行横道,包含进入交叉口的直行车辆与违章穿越行人之间的冲突,直行车辆平均流率为 297 辆/(h · 车道),且小汽车比例为 91.4%,行人平均流率为 123 人/h,且违章穿越行人比例为 13.8%;第二处观测地点为位于北京市市中心某交叉口次干道上的人行横道,车辆平均流率为 324 辆/(h · 车道),且小汽车比例为 94.2,行人平均流率为 107 人/h,且违章穿越行人比例为 26.2%。上述两处观测地点交通标志标线都十分清晰。

研究中关于车辆—行人遭遇的情况定义如下。

情形 1:单个车辆遭遇单个违章穿越行人;

情形 2:车队遭遇单个违章穿越行人。

由于观测点的人行横道垂直于车道且车辆的正常行驶与避让行为都在车道内,因此研究中的车辆—行人遭遇都近似成直角。观测实验采集了单个车辆以及车队在情形 1 和情形 2 下的相关数据。在红灯相位内,行人穿越人行横道或人行横道附近 2m 内区域的行为将视为违章穿越行人。特别说明的是,在红灯相位内,意图违规穿越人行道但由于车辆没有避让而强制等候的行人也将作为违规穿越的样本进行研究。

理论上来说,驾驶人必须在距人行横道 38m 处减速至 11m/s 以下,以便能够有效地观察两侧的行人。鉴于两处观测点车辆的平均行驶速度都小于 11m/s,选取距离人行横道 35m 以内的区域作为研究对象。由于工作日的 14:00 ~ 22:00 为交通事故高发时段,故选取该时段内连续的 3h 为观测时段[15]。

在众多采集实地交通数据的方法中，视频观测法毫无疑问是较为高效且能获得最真实数据的方法，因此采用视频采集和图像处理的方法获取相关数据，分析违章穿越行人对驾驶行为的影响。图6.16为摄像机在第二观测地点的设置示意图，可以看到摄像机能采集到整个人行横道以及人行横道前35m范围内的所有情况。

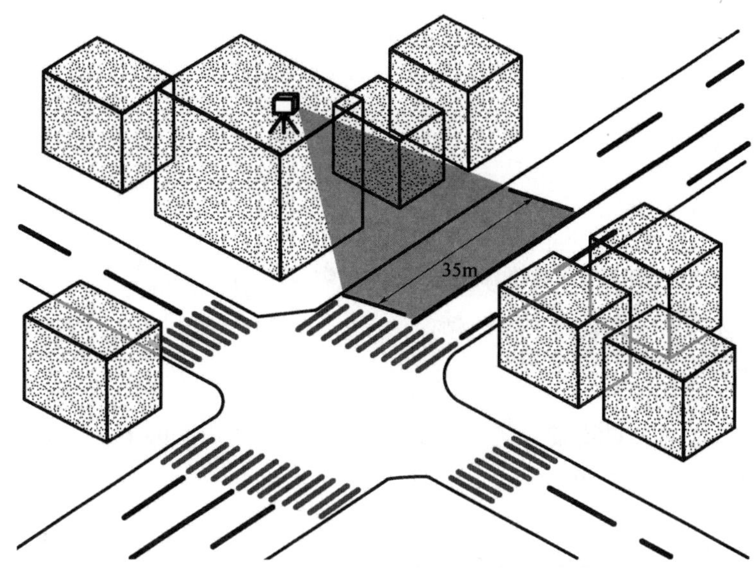

图6.16　第二观测地点示意图

6.4.1.2　驾驶人与行人行为分析

车辆在接近人行横道时的运动情况，反映了驾驶人在面对违章穿越行人时的接近行为，而这种接近行为将同时表现在车辆与违章穿越行人在空间和时间上的接近。图6.17为车辆B与违章穿越行人A的运动轨迹示意图，其中横轴为时间轴，纵轴为车辆与人行横道的距离，进而分析车辆在面对违章穿越行人时的运动方程及相关参数。

用于坐标转换的方程如下：

$$x = p(X,Y) = \sum_{i=1}^{n}\sum_{j=0}^{n}\alpha_{ij}X^{i}Y^{j} \tag{6.5}$$

$$y = q(X,Y) = \sum_{i=1}^{n}\sum_{j=0}^{n}b_{ij}X^{i}Y^{j} \tag{6.6}$$

式中：(x,y)——基于现实道路坐标系的坐标；

(X,Y)——基于视频坐标系中的坐标。

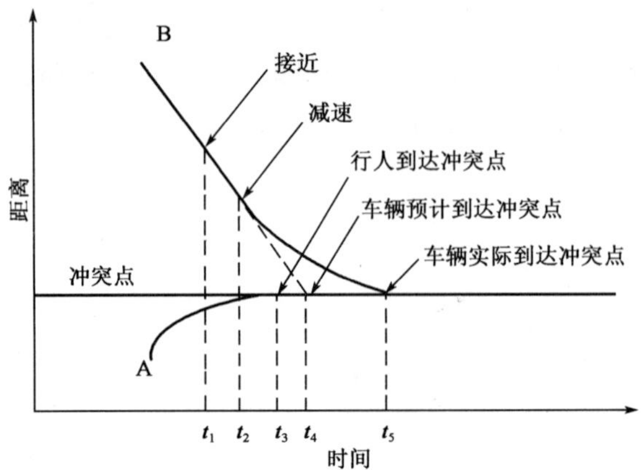

图 6.17　车辆与违章行人的运动轨迹示意图

n 值将影响坐标转化的准确性,一般来说,当 n 取 2 时,需要测量 9 个视频坐标系和现实道路坐标系中的数据,并将其代入式(6.5)和式(6.6)计算转换系数 a_{ij} 和 b_{ij}。

6.4.2　违章行人对驾驶行为影响分析(Analysis of driving behavior under jay walking pedestrians)

6.4.2.1　单个车辆遭遇单个违章穿越行人

在实际交通运行中,当单个车辆遭遇单个行人时,驾驶人通常会在接近冲突区域时减速,避让行人以免与其发生碰撞。在此情况下,由于驾驶习惯等多方面原因,驾驶人倾向于减速而不是立刻停车。驾驶人的整个驾驶过程可以描述为"正常行驶—遭遇—减速—低速前进"。在第一观测地点,共观测并提取了 52 个单个车辆遭遇单个违章穿越行人并给其让行的相关样本的轨迹数据。

车辆的接近速度是描述车辆在避让行人过程中的关键参数,也是评价冲突等级的关键指标。因此,交通环境因素对车辆接近速度的影响也可用于描述该交通环境对驾驶行为的影响。图 6.18 是单个车辆遭遇单个违章穿越行人时,车辆接近速度和车辆与冲突点间的纵向距离的关系,可以看出当车辆越接近冲突点时,车速呈递减的趋势。具体来说,在接近车辆与行人的冲突点时,车辆将从正常行驶状况下的 10m/s 减速为 4m/s,并让行于违章穿越行人。图 6.19 为单个车辆遭遇单个违章穿越行人时,车辆接近速度和行人与冲突点间的横向距离的关系,可以看出行人与冲突点间的横向距离对车辆的接近速度有着明显的影响。同样，行人的速度也会影响车辆让行过程中的减速度。在驾驶人认知过程中，行人的速度将直接影响车辆在接近过程中的减速度，一般来说，当行人速度为 1.5m/s 时，车辆减速度将明显有所不同。

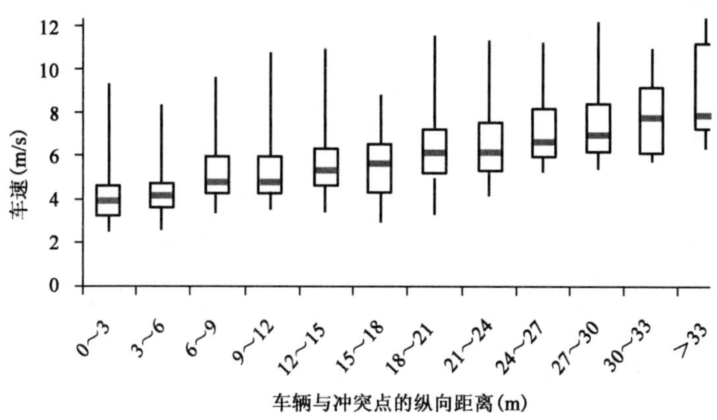

图 6.18　情形 1 中车辆接近速度和车辆与冲突点间的纵向距离的关系

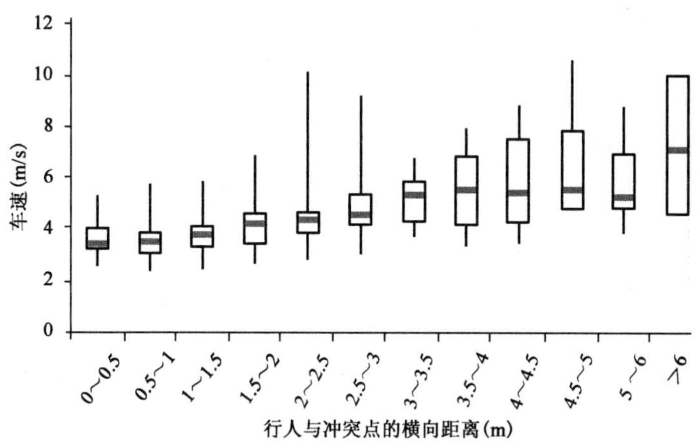

图 6.19　情形 1 中车辆接近速度和行人与冲突点间的横向距离的关系

6.4.2.2　车队遭遇单个违章穿越行人

当车队遭遇单个违章穿越的行人时，其相关关系较为复杂。行人的违章穿越过程可以分为以下几步：

- 到达道路边缘并试图违章穿越；
- 被迫在路侧等待；

- 进入人行横道区域；
- 被迫停止并在人行横道区域等待；
- 当有车辆愿意让行时，完成穿越过程。

对于车队中的车辆来说，该车辆的驾驶人将同时受到前车以及违章穿越行人带来的影响。在数据采集时间内，共观测到63个车队遭遇单个违章穿越行人的情况，包括50个车队中的车辆没有让行于行人，其他13个样本车辆让行于行人，让行车辆比例为20.6%。相比于情形1中车辆的接近速度，情形2中车辆接近速度和车辆与冲突点间纵向距离的关系、车辆接近速度和行人与冲突点间横向距离的关系均没有明显的规律，图6.20和图6.21分别表示了这两种关系。

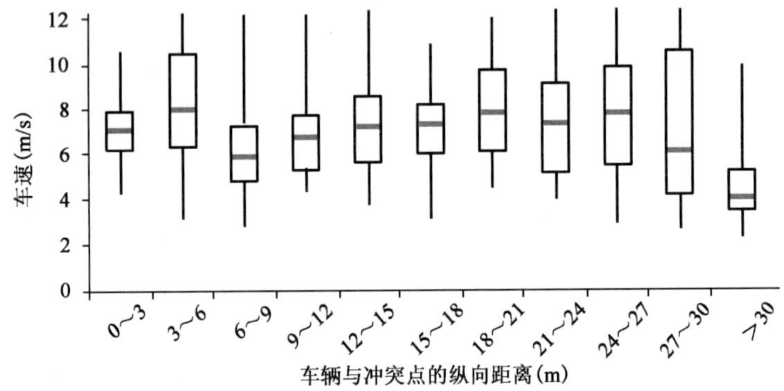

图6.20 情形2中车辆接近速度和车辆与冲突点间的纵向距离的关系

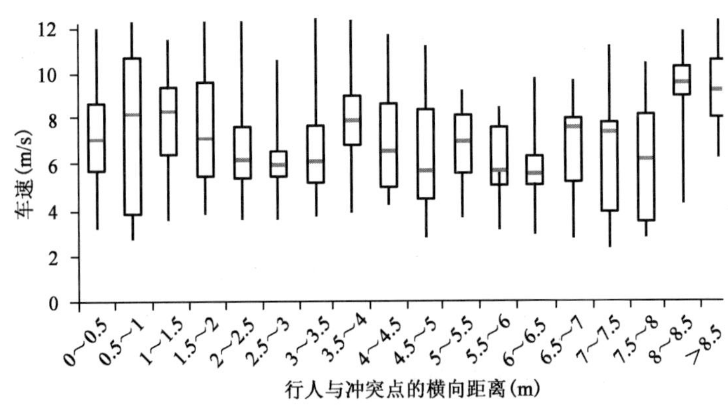

图6.21 情形2中车辆接近速度和行人与冲突点间的横向距离的关系

在车辆跟驰阶段，车队中的车辆主要受前车的影响，直到前车已经完全驶出人行横道上的冲突区域，而之后车辆主要受人行横道上行人冲突的影响，这里用车头间距、车头时距来进行描述。

车头间距：当前车完全驶离人行横道中的冲突点区域时，前车后保险杠与主车后车保险杠间的距离(m)。

车头时距：主车行驶过车头间距的距离所需的时间(s)。

表6.8为车队遭遇单个违章穿越行人时，车头时距、车头时距数据的统计结果。"接受"为驾驶人让行于行人的情况，"拒绝"为驾驶人没有让行于行人的情况。根据结果可推断，当车头时距大于3.5s时，驾驶人一般会选择让行于行人。根据轨迹数据，也可以计算得出行人速度等相关参数。

车头间距及车头时距统计结果　　表6.8

类　别		车头时距(s)		车头间距(m)	
		拒绝	接受	拒绝	接受
平均值		2.25	4.1	18.56	26.45
标准平均误差		0.11	0.26	1.06	2.63
中值		2.14	3.52	16.84	24.36
标准差		0.75	0.93	0.52	9.49
百分位数	5	1.21	3	8.15	14.61
	25	1.78	3.34	11.97	19.1
	75	2.6	5.16	24.03	33.93
	95	3.68	5.24	34.04	48.53

6.4.3　交通环境因素对驾驶行为的影响(Situational factors influencing driving behavior)

在驾驶过程中，驾驶人对交通状况的感知和判断决策对驾驶人的操作过程影响重大。图6.22为车队中的驾驶人让行于违章穿越行人情况下，交通环境因素对驾驶人判断决策影响的流程图。

当人行横道中出现违章穿越行人时，车队中的驾驶人首先会确定其在车队中的位置。如果该车为车队中的前车且直接面对违章穿越行人，交通环境因素将直接影响驾驶行为。这种情况下，驾驶人的判断决策结果只有两种：让行于行人或者不让行。这个二元Logit模型(1或0)的离散选择结果将作为模型的因变量，驾驶人是否让行于行人的概率受效用函数的影响，于是有：

$$U_i = \beta_0 + \beta_{i1}x_1 + \beta_{i2}x_2 + \cdots\beta_{in}x_n \tag{6.7}$$

式中：U_i——选择结果i的效用函数；

β_{in}——相关系数；

i——选择结果的标号；

n——自变量的个数。

这样模型可以表示为：

$$P(i=1)/(1-P(i=1))=e^{U_i} \tag{6.8}$$

即：

$$P(i=1)=\frac{1}{1+e^{-v_i}} \tag{6.9}$$

选取 5 个对二元 Logit 驾驶人让行选择行为有影响的环境因素，即：

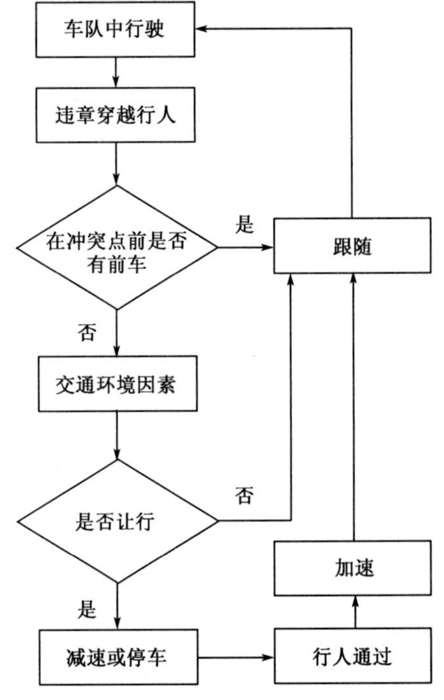

图 6.22　车辆行驶过程流程图

(1)车辆速度(VS)：主车的速度(m/s)；

(2)违章穿越行人与冲突点间的横向距离(LDP)(m)；

(3)违章穿越行人的速度(PS)(m/s)；

(4)车队中主车的位置(PSV)：当违章穿越行人在路侧准备穿越时，直接面对行人的第一辆车为第一位置；

(5)车头间距(GD)：与车头时距相比，车头间距对驾驶人的感知影响更为直接,且两者呈一定的线性关系,因此将车头间距作为模型中的一个自变量(m)。

离散选择集合(1,0)是模型的输出,1 表示驾驶人选择让行于违章穿越行人,0 表示驾驶人选择不让行。这样,效用函数模型可表示为:

$$U_1 = \beta_0 + \beta_1 \cdot \mathrm{VS} + \beta_2 \cdot \mathrm{LDP} + \beta_3 \cdot \mathrm{PS} + \beta_4 \cdot \mathrm{PSV} + \beta_5 \cdot \mathrm{GD} \quad (6.10)$$

经过 Logistic 回归分析和变量测试,车辆速度(VS)、违章穿越行人与冲突点间的横向距离(LDP)、违章穿越行人的速度(PS)、车头间距(GD)4 个自变量对模型的影响十分明显,而自变量车队中主车的位置(PSV)对模型结果影响不大。将 *PSV* 移除后,得到的驾驶人让行于违章穿越行人的概率模型为:

$$P(i=1) = \frac{1}{1+\mathrm{e}^{-(13.686-13.905\cdot \mathrm{VS}-26.334\cdot \mathrm{LDP}+53.06\cdot PS+5.393\cdot \mathrm{CD})}} \quad (6.11)$$

通过回归的方法,将数据采集过程中得到的 55 组数据用于估算模型中的相关系数,并将其余的 8 组数据作为预测比对。结果显示,8 组比对数据的预测值均与实际数据值一样,二元 Logit 选择模型能够准确地预测驾驶人的让行行为。模型同时也说明车辆速度、违章穿越行人与冲突点间的横向距离、违章穿越行人的速度、车头间距是影响驾驶人让行行为的关键因素,而车辆的位置对驾驶人的让行行为则影响不大。

由于交通环境的复杂性,单个车辆遭遇单个违章穿越行人以及车队遭遇单个违章穿越行人的情况需分别进行讨论分析。第一种情形中,车辆在接近过程中,其接近速度呈下降的趋势;而在第二种情形中,车辆的接近速度则没有明显的规律。

本章参考文献(References)

[1] 陆键,等. 公路平面交叉口交通安全设计理论与方法. 北京:科学出版社,2009.

[2] 美国交通运输研究委员会出入口管理分会编著. 道路出入口管理手册. 杨孝宽,译,北京:中国建筑工业出版社,2009.

[3] Alexander J., Barham P., Black I.. Factors influencing the probability of an incident at a junction: results from an interactive driving simulator, Accident Analysis and Prevention, 2002 34, 779-792.

[4] Herbert G., Wolfgang F.. Reliability of drivers in urban intersections, Accident Analysis and Prevention, 2010 42, 225-234.

[5] Endsley M. R. , Garland D. J. . Situation Awareness Analysis and measurement, Mahwah, NJ: Lawrence Erlbaum Associates, 2000.

[6] Yan X. D. , Radwan E. . Effect of restricted sight distances on driver behaviors during unprotected left-turn phase at signalized intersections, Transportation Research Part F, 2007 10, 330-344.

[7] Oh J. , Kim E. , Kim M. , Choo S. . Develelopment of conflict techniques for left-turn and cross-traffic at protected left-turn signalized intersections, Safety Science, 2010 48, 460-468.

[8] Nowakowski C. . Pedestrian Warning Human Factor Considerations, http://path. berkeley. edu/cychan/Research_and_Presentation/Pedestrian_Detection_TO5200/Crosswalk_HF. pdf. , 2005.

[9] Ministry of Public Security of People's Republic of China (MPSPRC). Annual Report of the China Road Traffic Accidents Statistics, Beijing, China, 2003, 2004, 2007.

[10] Guo W. W. , Wang W. H. , Mao Y. , Wang D. H. . Influence of Stretching-Segment Storage Length on Urban Traffic Flow in Signalized Intersection. International Journal of Computational Intelligence Systems, 2011 4 (6), 1113-1121.

[11] Jiang X. B. , Wang W. H. , Bengler K. , Guo W. . Driver behavior centred traffic conflict with pedestrian at signalized intersection crosswalk, Journal of Beijing Institute of Technology (English Edition), 2010 19(S2), 16-20.

[12] Mao Y. ,Wang W. H. , Guo W. W. . Modeling Conflicts between Left-turn and Opposing Traffic at Intersections, Journal of Beijing Institute of Technology (English Edition), 2012 21(4), 401-406.

[13] Wang W. H. , Guo H. W. , Gao Z. Y. , Bubb H. . Individual differences of pedestrian behaviour in midblock crosswalk and intersection. International Journal of Crashworthiness,2011 16(1),1-9.

[14] Jiang X. B. , Wang W. H. . Situational factors of influencing drivers to give precedence to jaywalking pedestrians at signalized crosswalk, International Journal of Computational Intelligence Systems,2011, 4(6),1987-1998.

[15] Wang W. H. ,Wets G. . Computational Intelligence for Traffic and Mobility, Paris: Atlantis Press,2012.

第7章　车辆生态人机界面功能分析 (Ecological Function Allocations for Driver-Vehicle Interface)

为了解决驾驶安全问题，从车辆人机界面功能分配与优化布置方面做了很多努力，但伴随着呈现给驾驶人交通信息量的增大，为改善驾驶环境所提供的显示器和控件数量也逐步增加。如果人的因素问题没有在整个车载支持系统(In-Vehicle Support Systems, ISSs)发展过程中得到很好的解决，将会产生交通信息过载的风险，使驾驶人的认知能力下降，从而实质上导致驾驶安全性的降低。

车辆人机交互安全对于ITS成功应用的重要性日益得到广泛认可。然而，目前对人与ITS相互作用方面的研究甚少。这是由于车辆人机界面的设计主要是基于SSSI(单传感器单指示器)的原则。因此，车辆人机界面功能分配策略需要从人的因素集成和综合设计上加以考虑。

7.1　车辆人机交互 (Vehicle's Human Machine Interaction)

7.1.1　车辆人机关系(Vehicle's Human Machine Relationship)

7.1.1.1　人机关系的发展对车辆人机界面设计的影响

随着科学技术的发展，使车辆人机关系从人适机到机宜人，再到人机交互，并最终朝着人机共生的关系发展。

考虑人适机的车辆人机系统，其设计以车辆为中心，只注重车辆行驶功能的实现，没有考虑人与车辆之间的协调配合，强调通过选拔和训练使驾驶人被动地去适应车辆。由于车辆效能的发挥不仅依赖于车辆的性能，还取决于人与机的配合，而人又受生理和心理因素的限制。因此，这种车辆人机关系主要存在于早期的车辆设计中，如图7.1所示。

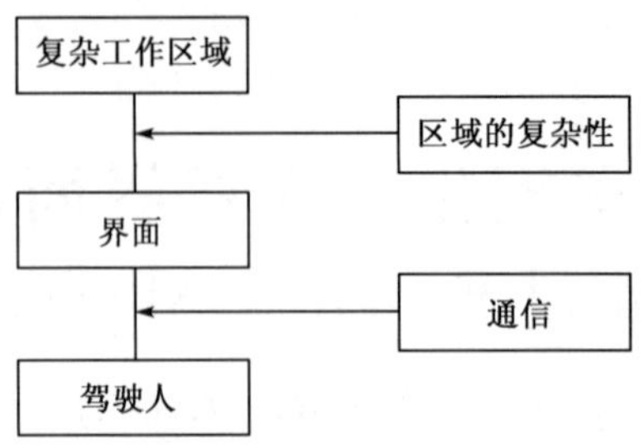

图7.1 简单的车辆人机界面设计流程

随后,车辆人机系统设计开始强调车辆的设计必须适宜于人的特点,符合人的生理、心理特性和能力限度,使人能在舒适、健康、安全的驾驶环境中工作,从而提高车辆的效能,减少驾驶失误。

现阶段,伴随着信息技术的迅速发展,车辆人机关系发展为人机交互,着重成为如何解决好驾驶人与车辆之间信息传递、转化与处理问题。车辆人机交互主要涉及人机交互的方式、内容和人机协作,其重点为车辆人机界面功能分配与优化布置。

7.1.1.2 人机共生关系对车辆人机界面设计的影响

人机共生关系主要研究"人与机器一起怎样才能最有效地工作",其中涉及的设计问题主要有以下4点:

(1)当人和机器共同执行任务时,人机界面应该能够有效地评估人、机各自的特征即评估人、机的特点和行为层次,并以此作为将系统功能分配给人和机的基准。

(2)人机交互过程和人机界面设计变得越来越重要,在人机系统中人与机器的关系是相互作用和相互制约的,即人与机器进行信息的相互交换。

(3)人与车辆间的相互作用出现了许多不可预料的问题。为了有效协调驾驶人与整个车辆的行为,就需要不断了解车辆人机系统状况、行为、意图和限制条件,其中主要包括:系统能够做什么,系统正在做什么,系统将要做什么,系统以什么方式工作,人能够对系统做什么和不能做什么,这不仅对驾驶人提出了更高的要求,同时也要求车辆人机界面要能够充分向驾驶人传达车辆内部的运行状态信息和交通态势变化信息,以便于驾驶人能够根据这些信息了解自身操作的有效性并依靠其辅助自身决策。

(4)车辆的智能化程度导致交通信息处理的复杂性和高风险性。因此,需

要多学科的合作来解决复杂的车辆人机交互问题,以便正确地处理各组成要素之间的相互关系,以及人与车之间、人与人(驾驶人、行人、乘员等)之间的相互关系是很有必要的。

7.1.2　车辆人机交互方式(Means and Ways of Vehicle's Human Machine Interaction)

在道路上行驶的车辆,其驾驶人、车辆和道路环境构成了典型的人机环境系统如图7.2所示。在该系统中,驾驶人是最活跃的因素,对行车安全起着主导控制作用,是保证道路交通系统安全的关键。

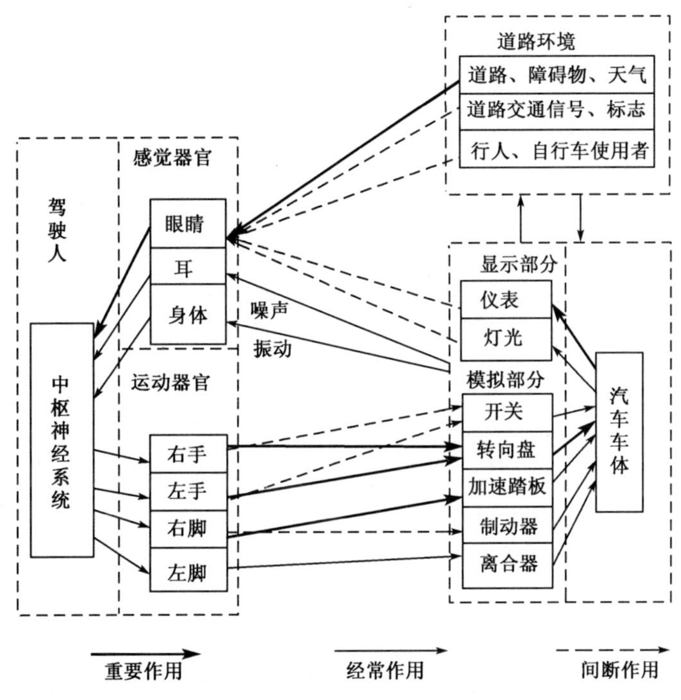

图7.2　驾驶人与车辆相互作用简图

在车辆行驶时,驾驶行为是信息感知、判断决策和操作所组成的一个不断往复进行的信息处理过程,即感知作用于判断决策后影响到操作。驾驶人与车辆的相互作用与交互方式主要表现为:首先是道路上来往车辆、行人、道路交通标志、路面状况以及车辆本身的运行工况等外界信息,通过驾驶人的视觉、听觉和触觉等感觉器官传入驾驶人的大脑,驾驶人依据其驾驶经验予以加工后,做出相应的判断和决策,然后再通过手、脚等运动器官发出调整方向和速率等指令,从而改变车辆运动状态。而车辆行驶轨迹、相对于道路的适应强度、振动、速度以及各种操纵后车辆的行驶变化再通过上述过程反馈给驾驶人,同时驾驶人仍在不断接受道路及环境信息,调节自身驾驶状态以适应新的道路环境信息,确保车辆的操纵稳定性、可靠性和安全性。

7.1.3 车辆人机界面及其功能分配(Vehicle's Human Machine Interface and Function Allocations)

如何在复杂系统设计中给出全面、安全、舒适的车辆人机界面,是涉及安全驾驶的关键性问题。未来车辆的人机界面并不是各种仪表、显示器等的简单堆砌,而要设计和构建具有智能化、信息化、数字化特征的"以人为中心"的车辆人机界面系统,即生态驾驶界面,以期充分利用驾驶人与车载支持系统来合理调配信息、使用信息。

车载支持系统一方面给驾驶人提供了大量的辅助驾驶信息,为安全驾驶打下了坚实的基础,另一方面也加大了驾驶人在行车过程中的负担,甚至造成信息过载,影响到驾驶人的正常驾驶。例如,不断的警示信息有时会使驾驶人茫然不知所措,同时驾驶人在行车过程中随时要处理各种突发的交通事件。因此,车载支持系统有可能造成驾驶人注意力更多的分散,从而诱发新的交通事故。

智能(认知)车辆生态人机界面生成、传递的信息要建立在数字化的设计理念上,生态人机界面的设计要考虑到驾驶人的状态意识,建立符合人机交互、人机共生的驾驶作业界面;驾驶人与车载支持系统之间的信息交换要通过双向视觉、双向语音、双向触摸以及直接操纵等方法来完成车辆的综合控制;车辆生态人机界面的建立离不开车载支持系统,通过车载信息采集系统、车载信息分析系统、车载信息处理系统与智能交通信息网络环境实现车路协同、人车合作,将驾驶信息显示在生态人机界面上,达到安全驾驶的目标。

在车辆人机界面设计过程中,功能分配决定哪个功能由驾驶人完成,哪个功能由车辆来实现,并且由此达到系统预期目标(图 7.3)。人机界面中各种功能分配方式通过应用人因工效学的理论与方法来进行[5,9,30,31],主要包括常规功能分配、自适应功能分配和生态功能分配 3 类。

第一类,常规功能分配,采用"谁做什么"的设计方法,这种功能分配是静态的,意味着一旦一个功能分配给某一方,这一方将会一直对这个功能负责。总的

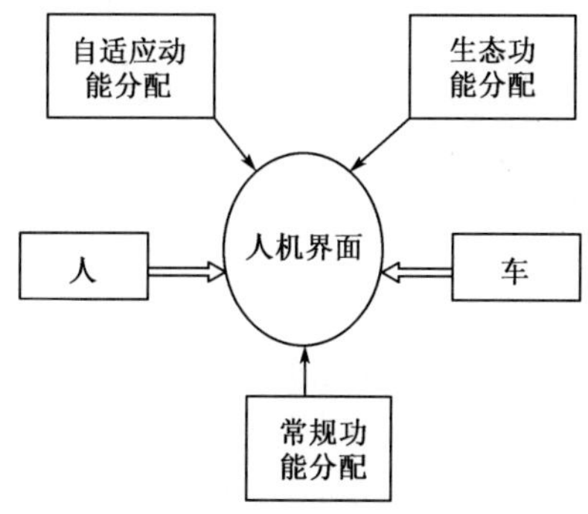

图 7.3　人机界面设计过程中的功能分配

来说，常规功能分配方法遵循比较分配原则、剩余分配原则和经济分配原则。

比较分配原则主要与“人哪方面更好，车哪方面更好”有关，这种类型的方法比较了对于每个功能而言，人和车相比哪个更合适，并且将功能分配给胜任方（人或车）；

剩余分配原则侧重于将能自动执行的功能分配给车辆，这样一来，驾驶人被分配得到的是剩余的无法用自动化技术实现的功能；

经济分配原则是为了达到经济效率而进行的一种分配方式，实际上，如果采用自动化技术实现的功能不具有经济性，那么将该功能分配给驾驶人。

第二类，自适应功能分配，考虑的是“谁在什么时候该做什么”的策略，是动态的功能分配。因为交通运行随时间变化，驾驶行为将会因为心理和生理原因逐渐变差，为保证车辆行驶安全，有必要对人机功能动态地进行再分配。

第三类，生态功能分配，考虑的是“谁在什么时候做什么，该怎样做”的策略，是动态的、智能化的、实时的功能分配。

生态功能分配更适用于复杂工作域中的人机界面设计，侧重考虑人的心理因素和认知能力，通过将工作域划分为彼此间形成目的—方法关系的抽象层次，清楚直观地向操作人员传达系统内部各变量的状态信息，通过加入趋势信息，使得操作者在面对未预知的突发情景时能够根据这些趋势信息，快速而准确地判断未预知事件已经发生。此外操作者可以根据界面上各个级别的目标约束，从系统目标到物理部件角度观察这些约束是否被打破，快速准确地做出决策，同时通过观察界面上实时反馈的趋势信息，只须使当前系统状态不断地向目标状态趋近，而不需要做出复杂的思考，从而为现场问题求解活动提供支持。

7.2 智能交通系统中驾驶行为分析
(Driver Behaviour Analysis in Intelligent Transport Systems)

自然社会系统的一个突出的成功例子就是智能交通系统(ITS),应用最先进的信息技术为现今的交通堵塞和安全问题提供更高效便捷的解决方法[19-21]。通过有效整合和部署,ITS技术能为公众提供更多方便。例如,能够辅助驾驶人更安全地驾驶车辆,提高现有交通设施的使用效率,特别是缓解交通对环境的影响,等等。另外,ITS和它的子系统能向其使用者提供各个层面的交通信息和出行建议,使出行者能及时和灵活多样地选择线路[22,23]。

7.2.1 车载支持系统与辅助驾驶(In-Vehicle Support Systems(ISSs) and Driver Assistance)

智能交通信息环境网络中的高层信息处理很大程度上以数字驾驶行为特征为依据,因为驾驶人生理和心理能力的局限性,驾驶人无法保持无误地察觉到各类交通信息,有时会出现差错,发生驾驶失误,而车载支持系统也有时会不可靠、不安全,这些都可能促成交通事故的产生。然而,先进的车载支持系统一定程度上会使车辆保持安全的状态。

驾驶人的功能是操控转向和控制速度,保障在给定的道路环境下的正常运行。同时,先进的车载支持系统会维持车辆行驶的安全状态。由于车载支持系统、驾驶人与智能交通信息网络环境的联系主要包括对车辆的定位,以及车载支持系统与驾驶人对车辆的联合控制等,智能交通信息网络环境和驾驶人之间的交互大部分是通过车载支持系统来实现的。

7.2.1.1 车载支持系统

智能(认知)车辆作为集先进的电子通信、计算机、控制等众多高新技术的载体,各种技术的综合应用就是要达到减少道路交通事故、提高道路通行能力、改善路网利用率、增进社会效率的目标,其中车载支持系统,例如车辆安全控制系统、车载信息系统、车载辅助系统、驾驶界面系统等将起着十分重要的作用,是保证车辆具有智能(认知)特征的关键所在。

根据替代驾驶人作用的“智能”程度,车载支持系统可以分为以下3类:

- 与驾驶任务密切相关的子系统(如碰撞/避障系统、车道保持系统、间隙

警告系统、智能巡航系统、视觉增强系统）。

• 提供与道路环境、车辆和驾驶人部分有关信息的子系统（如交通监控系统、车辆状况监控系统、路线引导系统）。

• 与基本驾驶任务无关的子系统（如移动电话、便携式计算机、传真机）。

（1）车辆安全控制系统

对车辆系统的准确控制是实现安全驾驶的关键，根据感知的车内外信息，确定车辆的实时控制方案，进而控制加速踏板、制动踏板、转向盘等部件，依据外界环境态势对车辆行驶做出及时、准确的调整。

（2）车载信息系统

车载信息系统是智能（认知）车辆实现人、车、路一体化驾驶的核心系统。依据车载信息系统，驾驶人与乘客可以及时查询出行信息，进行动态导航，选择最佳路线，查询出行与旅途中信息等，获得实时的新闻资讯，甚至实现语音识别及声控驾驶等功能。在车载信息系统的支持下，驾驶人可以更加轻松地驾驶车辆，充分享受驾驶的乐趣，摆脱紧张的驾驶状态。

未来的车载信息系统是人、车、道路环境的充分交互，集电子、通信、网络、嵌入式等技术为一体的高端车载综合信息显示平台。

（3）车载辅助系统

驾驶人监视器安置于转向盘下方，用于拍摄驾驶人的面部，并自动分析眼皮开度，如果发现是疲劳驾驶，会自动发出警报；同时，前后方测距雷达系统会自动测量前、后方车距，并将此信息发送至碰撞分析单元。如果有碰撞危险，会发出警报，同时自动制动或控制安全带的驱动电机，使乘员在碰撞发生前处在一个提前设计的最佳姿势，使事故的后果减小到最低。

（4）驾驶界面系统

驾驶界面系统主要功能包括：全图形化数字仪表、GPS 导航、车载多媒体影音娱乐、整车状态显示、远程故障诊断、无线通信、网络办公，等等。

7.2.1.2　驾驶辅助行为分析

随着大量传感器的应用，在各种驾驶辅助系统支持下，极大地丰富了智能（认知）车辆对外感知的信息量，信息质量也有了大幅度的提高。因此，这种多角度、多层次的信息流在“以人为中心”的数字驾驶体系中的传递，将使驾驶任务更加清晰化、明确化和安全化，从而增强车辆的行驶安全性。

(1)车载路径与导航系统功能

车载路径与导航系统功能在于给驾驶人提供关于如何从一个地方到另一个目的地的距离。当该系统与先进的交通管理系统结合起来时,能提供经常和较少发生交通堵塞路段的信息,并且能够计算、选择和显示基于实时交通数据的最优路径。

(2)车载车辆使用者服务信息系统的功能

车载车辆使用者服务信息系统功能在于给车辆使用者提供有关车辆旅馆、饮食设施和服务车站的标志,提供其他车内标志显示来诱导车辆使用者到娱乐场所、名胜古迹,等等。此外,也能为其他交通手段,诸如步行、公共汽车、地铁、飞机、火车、渡口提供路径信息。

(3)车载安全咨询与警告系统的功能

车载安全咨询与警告系统主要功能在于能给驾驶人提供前方路段中不安全状态的警告;允许驾驶人采取补偿措施时的预先性警告;提供与紧急状态相关的消息,等等。

(4)车载标志信息系统的功能

车载标志信息系统的功能在于为车辆提供描述外部路面标志的路径、警告、规则和咨询信息。车载标志信息系统的基本能力主要是警告驾驶人注意,例如对驾驶人特定车辆的曲线速度、特定路面等级的制动要求、特殊车辆货物的路径限制等的识别。

7.2.2 车辆生态人机界面特征(Characteristics of Ecological Driver-Vehicle Interface)

围绕着如何解决驾驶环境中人因集成与设计,从不同的角度进行了很多研究:首先智能驾驶界面信息传递规律的研究,着重于提高信息显示的可知觉性和优化仪表的布置规则;其次是信息识别与过滤研究,主要是依据信息复杂度的编码、布局和组合设计来确定驾驶人处理信息的优先次序;第三是信息负荷的实验测试,目的是揭示出车内外刺激的类型、数目对驾驶人反应特性的影响;第四是人机工程设计的研究,如人机界面优化匹配的实验评价,驾驶人操作域的计算机辅助判定,人体测量数据(如眼椭圆、百分位、H点位置等)在仪表板、手伸及界面设计中的应用,等等。尽管这些研究在揭示"人适机、机宜人"的新含义上有所发展,但是依然局限于单传感器单指示器(SSSI)设计原则并采用传统的直接

操纵界面 DMI,几乎没有注意到信息传递—控制的功能约束关系,未能解决驾驶人信息处理的衰减性和驾驶人识别高阶信息不足等问题。

正如驾驶人具有不同的驾驶技能,车载支持系统的引入赋予车辆不同类型和水平的“智能”来辅助驾驶人。通过运用先进的智能化驾驶人—车辆界面来构造驾驶人与车辆之间的“合作”关系,这样的界面就是生态驾驶界面。通过该界面,驾驶人和车载支持系统共同作用,驾驶人与智能交通信息网络环境相互协同,从而共同控制车辆安全行驶。

车辆人机界面应精细化设计,让驾驶人知道将要做什么,为什么要做,或者下一步将做什么。车载支持系统作为 ITS 发展的一个较大领域,将会提供驾驶人和 ITS 互动的一个基础平台。因此,车载支持系统中人机系统特性的确定对 ITS 的成功应用是至关重要的,同时车载支持系统提供了驾驶人、车辆和道路交通环境之间的新界面并且在提高交通安全方面存在巨大的潜力。

在多数车载支持系统的人机界面设计中存在着人的一些关键性因素问题。例如,当设计和制造自适应控制布局时,实时信息内容、信息显示类型、信息准确性等都需要在车辆人机交互中多加考虑,同时在车路协同中,信息传递的及时和处理正确也是十分关键的问题。

驾驶人需要时间来接收信息,决定信息是否有用,并做出行动。推荐保证第 95 百分位数到第 99 百分位数的驾驶人群应该有足够的时间对多数驾驶情形下车载信息做出反应。也就是说,应该遵循下面步骤:

(1)所有的控制器和监视器必须安装在驾驶人容易触到的位置;

(2)需要经常用到的功能器应该安置在距离驾驶人较近的地方;

(3)在各种控制器之间应该有足够的空间以便更好地区分和操控,避免驾驶行为受到影响;

(4)仪表盘的设计布局应该在任何情况下有益于驾驶安全。

7.2.3 驾驶辅助系统对车辆人机界面的匹配优化影响(Impacts of ISSs on Optimization Matching of Driver-Vehicle Interface)

不同类型驾驶辅助系统在车辆的使用,一方面保证了驾驶安全甚至提高了驾驶乐趣,但是另一方面却导致驾驶环境中显示和控制数量的增加,对驾驶人提出更高要求,车辆视听觉信息也变得更加复杂性,从而对车辆人机界面的匹配优化产生不良的影响。

(1)驾驶环境中显示和控制数量的增加

由于驾驶人和车辆之间信息“交流”越来越多,不仅导致车辆人机界面信息负荷量的增加,而且也使驾驶室操控区域变得越来越拥挤。例如,如果车内车载支持系统的数目和多样性持续增长,车辆将需要增加至少约 25 种新的显示和控制功能,并且也要求增加仪表盘空间大约 400cm^2。

车载支持系统的使用不仅导致驾驶室信息显示数量的增长,而且增大了驾驶人处理信息的难度。信息显示和控制方式的多样性导致过载交通信息的出现,容易引起驾驶人判断决策的混乱而降低驾驶能力,其原因是车内听觉和视觉信息本身的固有复杂性和驾驶人群的差异性所致。

(2)新技术发展对驾驶人提出更高要求

车载支持系统的应用需要驾驶人关注越来越多的车内外交通信息,这就很容易分散驾驶人的注意力。就一般驾驶人而言,当车辆在道路上运行时,驾驶人很难完全准确地识别、分析、处理所有交通信息。这是因为城市交通流具有混合特性,驾驶人需要随时处理道路上的突发交通事件,然而即使驾驶人能完成这些操作,驾驶人的注意力还是或多或少地受到影响,甚至出现分心。

在车辆行驶过程中,驾驶人不是简单地接受车内外信息,而是对所有出现的交通状态进行及时的处理。由于时间限制阻碍了在每个瞬间驾驶人对信息的正确处理,驾驶人必须明智地为当前驾驶任务选择关键信息来进行处理,以便保证驾驶安全。在严重拥堵的城市交通环境中,随着驾驶复杂性的增大,任何额外的驾驶任务都会对驾驶行为产生不良影响。例如,开车时,驾驶人使用移动电话就被认为具有潜在的危险。

(3)车辆视听觉信息变得更加复杂

在进行设计车辆人机界面时,正确地选择一个合适的感觉形式(听觉、视觉、触觉)进行车载信息传递是十分重要的。当驾驶人驾驶车辆通过交叉口时,车载导航显示的地图信息是不能忽视的信息源。因此,驾驶人感官形式的分配在很大程度上影响车辆人机界面的适用性。例如,驾驶信息中 80% 涉及视觉信息,但过量的视觉信息能导致驾驶人视觉器官负荷太重,而车辆听觉信息的大量使用有可能导致驾驶环境异常,使驾驶人沮丧、恼怒甚至造成危险。

7.3　车辆人机界面的生态功能分配
(Ecological Function Allocation of Driver-Vehicle Interface)

7.3.1　生态功能分配的概念框架(Conceptual Framework for Ecological Function Allocation)

驾驶人是交通系统中最复杂的核心部分,必须完成信息处理、决策、车辆的调节和控制任务,并且这些任务几乎同时发生。驾驶人首先从道路环境和车辆行驶条件获得交通信息,然后他们的大脑会综合相关规则,立即做出决定。由于潜在危险可能会突然出现在驾驶人视野内,会立刻吸引驾驶人所有的注意力,这就要求驾驶人在任何时刻都必须做好准备以应对各种突发状况。因此,一些先进的驾驶辅助系统应能辅助驾驶人保持安全阈值和遵守某些安全驾驶规则,例如在跟随工况中保持安全的车头时距。

驾驶任务分为主驾驶任务、次驾驶任务和副驾驶任务,主驾驶任务是一个具有3个等级的层次加工过程,即控制层、引导层和导航层,相互之间存在着动态信息交互[14,17,19]。受不同等级驾驶状态意识,即层次一状态意识(第一级DSA)、层次二状态意识(第二级DSA)、层次三状态意识(第三级DSA)的制约与影响。图7.4给出了驾驶任务和驾驶认知行为的关系。

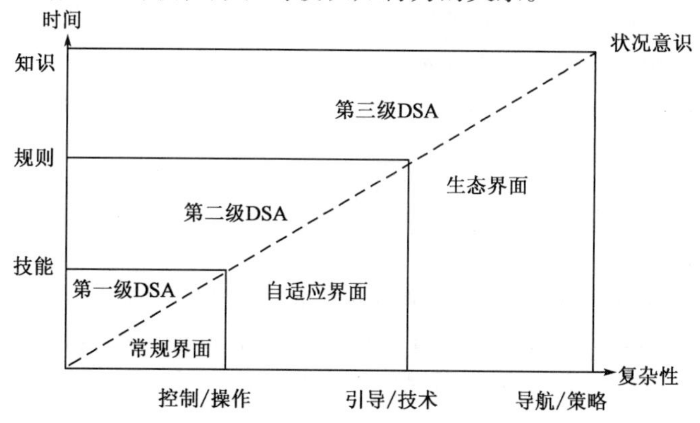

图7.4　驾驶任务和驾驶认知行为的关系

在控制层，驾驶人操作车辆的各种控制器以保证车辆的安全行驶。这类型的任务要求半自动过程中的层次一状态意识（第一级 DSA）来确保正确执行。如果要自动处理“生成错误信息”则需要层次二状态意识（第二级 DSA）。

在引导层，对层次一和层次二状态意识（第一和第二级 DSA）有较高要求，以便在交通流中保证车辆的局部机动性以及发现有利的环境线索，更好地理解驾驶状况。技能基驾驶任务也要求对驾驶环境短范围的推测，可能比策略基驾驶任务，即层次三状态意识（第三级 DSA）中要求的大范围推测要少。

在导航层，对于层次三状态意识（第三级 DSA）有更高的要求。在执行时，策略计划包含了层次二状态意识（第二级 DSA）的一部分。这同时也含有部分层次一状态意识（第一级 DAS），因为层次一状态意识（第一级 DAS）是其他两级 DSA 的基础[24,26]。

依据不同层次状态意识与驾驶任务及驾驶认知行为形成过程，就可以确定不同的车辆人机界面，即常规界面、自适应界面、生态界面，而且复杂性逐步提高。

7.3.2 生态驾驶界面的设计原理（Principles for Intelligent Driver Interface Design）

为了提高驾驶可信性和确保智能交通系统安全性[29]，合理确定驾驶人适合做什么、车载支持系统易于完成什么，这是非常重要的。在安装有驾驶辅助系统的先进车辆设计、制造和运用中，车辆人机界面的功能分配是一个十分重要的问题，其目的是通过车辆人机交互来保证驾驶安全。

为客观合理地进行生态驾驶界面功能的合理分配，驾驶人、车载支持系统和车辆之间最优布局主要应考虑到 6 个主要的因素：①实时交通状况；②驾驶认知行为；③驾驶任务；④驾驶状况意识；⑤车载支持系统的作用；⑥不同的交互方式。这些因素的内涵可进一步阐述如下：

（1）实时交通状况是指熟悉交通事件、陌生但可预测交通事件、陌生而不可预测交通事件；

（2）驾驶认知行为包括技能基驾驶行为、规则基驾驶行为和知识基驾驶行为；

（3）驾驶任务分导航/策略层、引导/战术层和控制/操作层 3 类；

（4）驾驶状况意识由层次一状态意识（第一级 DSA）、层次二状态意识（第二级 DSA）和层次三状态意识（第三级 DSA）组成；

(5)车载支持系统指车载信息获取系统、车载信息分析系统和车载信息处理系统;

(6)不同交互方式的主体是指驾驶人、车载支持系统、智能(认知)车辆和智能交通信息网络环境。

确定导航基驾驶任务的决策主要取决于驾驶人的心理特征,对新的信息要求较少,而引导基和控制基驾驶任务的决策则依据具体的交通环境,与驾驶人的生理特征更为相关。根据 Vicente 和 Rasmussen[3,6,10,11,33]提出的生态界面设计的基本理论,生态驾驶界面中的功能分配主要遵循四个基本原理,每个原理对应一条特定的设计要求。

原理1:进行时间—空间域上人车实时交互,信息显示的方式有利于控制遵循部分—整体方式进行;

原理2:驾驶区域内,保证信息显示—控制策略具有一一对应关系,避免出现高阶信息和冗余控制;

原理3:以抽象层次的形式来表达交通信息传递—控制的约束关系,功能分配符合多维输入与单一输出的驾驶认知模式;

原理4:知识基驾驶行为对信息的处理是慢的、费力的并且是串行的,而规则基和技能基驾驶行为则是快的、省力的并且对信息的处理是并行的。

此外,在进行驾驶人、车载支持系统和车辆间功能分配和优化布置时,驾驶行为形成主因子影响和车载支持系统干扰也应该纳入考虑范围之内[25,29]。在生态驾驶界面设计过程的所有阶段,生态功能分配被大量的应用来满足智能交通系统安全性的要求。当然,常规功能分配和自适应功能分配也用在早期的设计阶段来整合设计变量的内部关系和互动联系。图7.5表示了生态驾驶界面设计中的3类功能分配的系统结构,其中生态功能分配能提供灵活多样的设计决策来满足所有生态驾驶界面的要求。

7.3.3 生态驾驶界面的设计内容与方法(Design Method for Intelligent Driver Interface)

为了从根本上解决车辆人机界面强信息负荷和操作域拥挤以及多显示、多控制的驾驶环境对驾驶能力提出的高要求问题,基于"谁做什么,什么时候做,怎么做"的生态功能分配策略,考虑驾驶人与车辆之间的动态、交互、实时的智能特征,生态驾驶界面设计的主要步骤如下:

(1)确定行车过程中的主要驾驶任务(如制动、转向、超车、换道等)与主要

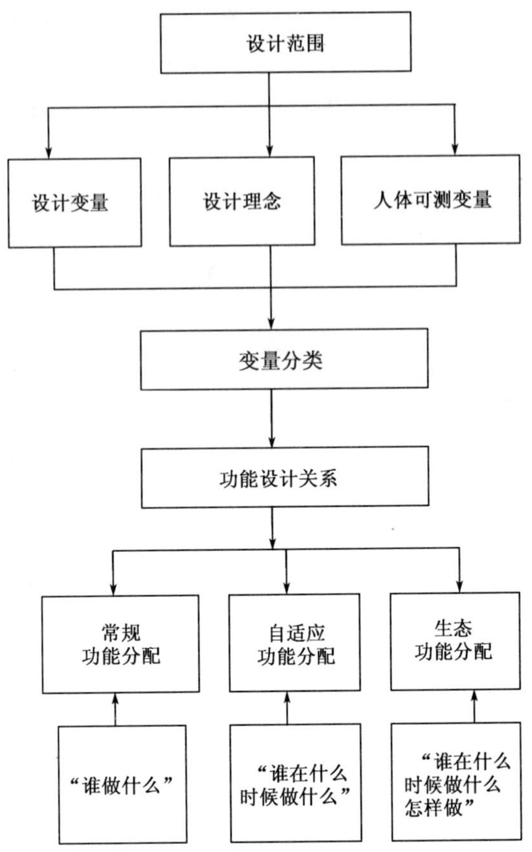

图 7.5　功能分配的系统设计结构

交通要素的关系；依据车辆操作域调查表来获得驾驶人对操作域中显示、语音、控制、座椅类元件（或部件、装置）设计与布局的偏好；

（2）运用系统分析方法，建立描述驾驶人识别交通状态的要素、理解要素的含义、确定要素的随后状况这 3 个层次状态意识的评价指标体系；

（3）依据完成驾驶任务所需时间的长短，分别以分钟、秒、毫秒为界限将驾驶任务归结为 3 类，即处理熟悉交通事件的导航基驾驶任务，处理陌生可预料交通事件的引导基驾驶任务和处理陌生较难预料交通事件的控制基驾驶任务；

（4）分析导航、引导和控制驾驶任务与技能基、规则基和知识基驾驶认知过程的相关性，建立相关矩阵，定量揭示交通要素、交通事件、驾驶任务与驾驶认知之间的相互转化关系；

（5）结合 3 层次状态意识的评价指标体系与相关矩阵，建立描述不同认知行为形成的信息传递—控制的功能约束关系，确定操作域中哪些显示、语音、控制、座椅类元件（或部件、装置）与技能基、规则基和知识基驾驶更加密切相关；

（6）综合运用生态功能分配的四个基本原理，进行驾驶人、车载支持系统和车辆间功能分配与优化布置；

（7）采用仿真方法设计出虚拟生态驾驶界面并进行相关验证，通过多变量的费用—效益分析，进行不同生态界面设计方案的比较研究。

本章参考文献（References）

[1] Hoc J.. From human-machine interface to human machine cooperation. Ergonomics, 2000 43(7), 833-843.

[2] Endsley M. R., Kaber D. B.. Level of automation effects on performance, situation awareness and workload in a dynamic control task. Ergonomics, 1999, 42, 462-492.

[3] Naito N. Itoh, Monta J. K., Makino M.. An intelligent human-machine system based on an ecological interface design concept. Nuclear Engineering and Design, 1995, 154, 97-108.

[4] Rasmussen J.. Skills, rules, knowledge; signals, signs, and symbols, and other distinctions in human performance models. IEEE Transactions on Systems, Man and Cybernetics, 1983, 13, 257-266.

[5] Sheridan T. B.. Function allocation: algorithm, alchemy or apostasy?. International Journal of Human-Computer Studies, 2000, 52, 203-216.

[6] Rasmussen J., Vicente K. J.. Coping with human errors through system design: implication for ecologicalinterface design, Int. J. Man-Machine Studies, 1989, 31, 517-534.

[7] Nachreiner F., Nickel P., Meyer I.. Human factors in process control systems: the design of human-machine interfaces. Safety Science, 2006, 44, 5-26.

[8] Endsley M. R., Bolte B., Jones D. G.. Designing for Situation Awareness: An approach to human-centered design. London: Taylor & Francis, 2003.

[9] Inagaki T.. Adaptive automation for comfort and safety. International Journal of ITS Research, 2003, 1(1), 3-12.

[10] Vicente K. J.. Ecological Interface Design: Progress and challenges. Human Factors, 2002, 44, 62-78.

[11] Burns C. M. ,Hajdukiewicz J. R.. Ecological Interface Design. Boca Raton: CRC Press, 2004.

[12] Peacock B. ,Karwowski W.. Automotive ergonomics. London: Taylor & Francis, 1993.

[13] Little C.. The Intelligent Vehicle Initiative: Advancing "Human-Centered" Smart Vehicles. Public Roads, 1997, 61 (2) , 18-25.

[14] Hale A. R. ,Stoop J. ,Hommels J.. Human error models as predictors of accident scenarios for designers in road transport systems. Ergonomics, 1990,33, 1377-1387.

[15] Ian N. Y.. Ergonomics and safety of intelligent driver interfaces. New Jersey: Lawrence Erlbaum Associates Inc. , 1997.

[16] Flyte M. G.. The safety design of in-vehicle information and support system: the human factors issues. International journal of vehicle design, 1995,16, 158-169.

[17] Ranney T. A.. Models of driving behaviour: A review of their evolution. Accident analysis and prevent, 1994,26,733-750.

[18] Barfield W. ,Dingus. T. A.. Human factors in intelligent transportation systems. New Jersey: Lawrence Erlbaum Associates, Inc. , 1997.

[19] Sukthankar R. ,Hancock J. ,Thorpe C.. Tactical-level Simulation for Intelligent Transportation. Systems, Mathematical and Computer Modelling, 1998, 27,19-24.

[20] Horrey W. J. ,Wickens C. D. , Consalus K. P.. Modeling Drivers´Visual Attention Allocation While Interacting With In-Vehicle Technologies. Journal of Experimental Psychology: Applied, 2006. 12,67-78.

[21] Wang W. H. . A digital driving system for smart vehicle. IEEE Intelligent Systems, 2002,17(5), 81-83.

[22] Amditis A. ,Pagle K. ,Joshi S. , Bekiaris E.. Driver-Vehicle-Environment monitoring for on-board driver support systems: Lessons learned from design and implementation. Applied Ergonomics, 2010, 41,225-235.

[23] Takayama L. , Nass C.. Driver safety and information from afar: An experimental driving simulator study of wireless vs. in-car information services. International Journal of Human-Computer Studies, 2008,66,173-184.

[24] Ma R. Q. ,Kaber D. B. . Situation awareness and workload in driving while using adaptive cruise control and a cell phone. International Journal of Industrial Ergonomics, 2005,35,939-953.

[25] 王武宏,等. 道路交通系统中驾驶行为理论与方法. 北京:科学出版社,2001.

[26] Matthews M. L. ,Bryant D. J. , Webb R. D. ,Harbluk J. L. . Model for situation awareness and driving. Transportation Research Record, 2001,1779,26-32.

[27] Wang W. H. , Hou F. G. , Tan H. C. , Bubb H. . A framework for function allocation in intelligent driver interface design for comfort and safety. International Journal of Computational Intelligence Systems, 2010 3(5),531-541.

[28] Piechulla W. ,Mayser C. , Gehrke H. ,Konig W. . Reducing drivers mental workload by means of anadaptive man-machine interface. Transportation Research Part F, 2003,6 ,233-248.

[29] Wang W. H. , Cao Q. , Ikeuchi K. , Bubb H. . Reliability and safety analysis methodology for identification of drivers´erroneous actions. International Journal of Automotive Technology, 2010 11(6),873-881.

[30] Rouse W. B. . Design for success: a human centered approach to designing successful production and systems. Newyork: Wiley,1991.

[31] 毛恩荣,张红,宋正河. 车辆人机工程学. 北京:北京理工大学出版社,2007.

[32] Wang W. H. ,Wets G. . Computational Intelligence for Traffic and Mobility, Paris: Atlantis Press,, 2012.

[33] Vicente K. J. ,Rasmussen J. . Ecological interface design: theoretical foundations. IEEE Transactions on Systems, Man, and Cybernetics, 1992, 22(4), 589-606.

[34] A. 布洛基,等. 智能车辆—智能交通系统的关键技术. 王武宏,等编译,北京:人民交通出版社,2002.

[35] 董士海,王坚. 戴国忠,等. 人机交互和多通道用户界面. 北京:科学出版社,1999.

[36] 罗仕鉴,朱上上,孙守迁. 人机界面设计,北京:机械工业出版社,2002.

[37] Wang W. H. , Guo H. W. , Ikeuchi K. , Bubb H. . Numerical simulation and

analysis procedure for digital driving dependability in intelligent transport system. KSCE Journal of Civil Engineering, 2011 15(5),891-898.

[38] Wang W. H.,Yan M.,Jin J.,Wang X.,Guo H. W.,Ren X. M.. Ikeuchi K.. Driver's various information process and multi-ruled decision-making mechanism: a fundamental of intelligent driving shaping model. International Journal of Computational Intelligence Systems, 2011 4(3),297-305.

[39] Azim E.. Hand book of Zntelligent Vehicles, Springer London,2012.

第 8 章　基于驾驶认知的车辆行驶安全性分析
(Vehicle Operation Safety Based on Driver Cognitive Behavior)

为了减少交通事故中车辆之间的碰撞问题,辅助驾驶系统被广泛应用到车辆上。但是这些辅助驾驶系统多数仅依靠车辆传感器采集到的交通信息来对驾驶人进行危险情况警告,而常常忽略了驾驶人的各种状态变量。

在车辆人机界面中,常会对驾驶人产生一些不必要的干扰,增加驾驶负荷,使其较难准确地判断车辆的危险状况。因此,基于驾驶意图的车辆行驶危险区域界定方法能为客观辨识驾驶认知行为形成机理,构建驾驶辅助方法提供理论基础与技术依托。

8.1　驾驶意图识别与建模方法
(Driver Intention Recognition and modeling)

情境感知(Context-aware)是一种提高自治系统灵活性的计算导向设计方法,具有普遍的概念。某个实体的环境信息表示其周围环境的所有信息。如果该实体是用户,那环境感知系统提供相关的信息或者为用户服务,相关的信息取决于当前用户的任务[3]。

环境变量可以抽象成值、属性、属性之间的关系。属性值通过传感器采集。环境信息能展示出某一时段内一系列特点,但是由于属性间的高相关性和可被替代性使得辨别每种交通状态和每个驾驶人的相关属性变得十分困难。

在驾驶行为分析的基础上,结合推测模型,实现驾驶意图的推测。基于情境感知的驾驶意图推测模型如图 8.1 所示。首先用各类传感器和调查问卷等方式采集车辆状态参数、道路环境参数、驾驶人状态参数。其次,将三类参数通过信息融合技术集成到情境感知系统,形成历史驾驶行为数据。再次,将历史驾驶行为数据带入新构建的驾驶意图推测模型。最后,通过推测模型结果并结合实际交通状态做出合理的驾驶意图推测。

换道意图和制动意图作为最平常的交通行为,本书运用情境感知驾驶意图推测模型来分析驾驶人换道意图和制动意图。

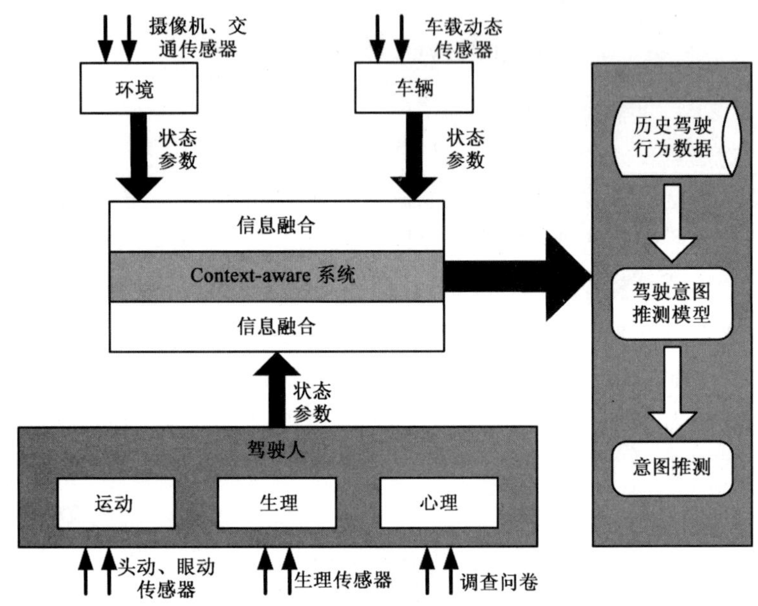

图 8.1 基于情境感知的驾驶意图推测模型

8.1.1 换道意图分析(Lane-Changing Intention Analysis)

车道变换是车辆行驶状态中重要行为之一,其涉及驾驶人的主观能动性、车辆的机械性能、交通环境的随机干扰、道路几何条件等因素。车道变换行为是驾驶人根据车辆动力学和自身驾驶特性,从交通环境中获取周围车辆的车速、车辆间距等信息,调整并完成自身驾驶目标策略的过程,包括信息判断和操作执行。

在多车道路段上,如果驾驶人在本车道上达不到期望速度(如前车太慢),则可选择换道或超车。能否换道或超车,取决于相邻车道上的前后位置能否保障换道时前后车距安全。要描述这样的复杂驾驶行为,涉及车辆行驶的大量信息的支持是不可缺少的。如果能够提前感知和推测换道意图,及时启动换道辅助系统,可以更大程度地保障换道安全。

根据情境感知模型框架,换道意图主要涉及当前车道上主车与前车和后车的距离,主车与目标车道上前车和到后车的距离;车辆加速等性能参数;驾驶人是否是冒险型还是保守型,等等。

8.1.2　制动意图分析(Braking Intention Analysis)

车辆在单车道上行驶称为纵向行驶,主要包含车辆跟随行驶、自由行驶。其中当车辆处于缓慢地跟随行驶时,驾驶人会采取频繁地踩踏制动踏板和加速踏板,调整车辆以最佳的安全距离跟随前车行驶。在实际道路中,驾驶人由于疲劳、性别、年龄等原因对前车的变化行驶所采取相应操作的反应时间不尽相同。然而,由于车间距离与车速的平方成正比,反应时间增大,意味着安全性降低,有可能导致追尾事故。因此,提前感知和推测驾驶人制动意图,及时反馈给驾驶人或制动辅助系统将对改善车辆行驶安全大有益处。

车辆制动受前车的行驶状态影响很大,同时在驾驶人感知到前车减速后,后车需要制动的过程与驾驶人的反应时间和驾驶经验等也有很大关联。此外,在制动过程中,车辆制动性能和路面状况等因素都影响制动效果,例如,在良好路面上车辆制动距离小于在雨、雪等路面上的制动距离。因此,单车道上车间安全距离由主车车速、加速度和前车的速度、加速度等车辆行驶状态参数,车间距离、路面状况等道路环境,驾驶疲劳、驾驶年龄等驾驶人状态参数共同决定。

8.1.3　模型验证与结果分析(Validation and Results)

8.1.3.1　实验方法

有关驾驶意图数据的采集,需要依靠车载传感器、车载摄像机、驾驶人传感器等集于一体才能采集到所有影响驾驶行为的数据信息,并且要求车辆行驶在实际道路上完成各种驾驶任务。采集驾驶人分别在换道和车道保持工况下的车辆状态变量、驾驶人状态变量,推测车辆行驶过程中驾驶人换道和制动意图。

在确定受试对象及要求后,以城市双车道道路为模拟道路,进行驾驶模拟时驾驶人要求连续驾驶40min,完成车道保持、强制换道和非强制性换道等驾驶行为。

8.1.3.2　数据处理

通过驾驶模拟,可以得到包含车辆速度、加速度、距离前车距离、转向盘转角等41种参数,反应了影响驾驶行为的主要参数。

在驾驶模拟时每隔0.033s可采集到一个样本点,由于样本点数过于庞大,不利于数据处理和分析。这里采用每隔0.5s提取一个样本点,0.5s小于驾驶人反应时间的一半,合乎情理。提取的驾驶行为参数,例如速度与加速度参数如图8.2、图8.3所示。

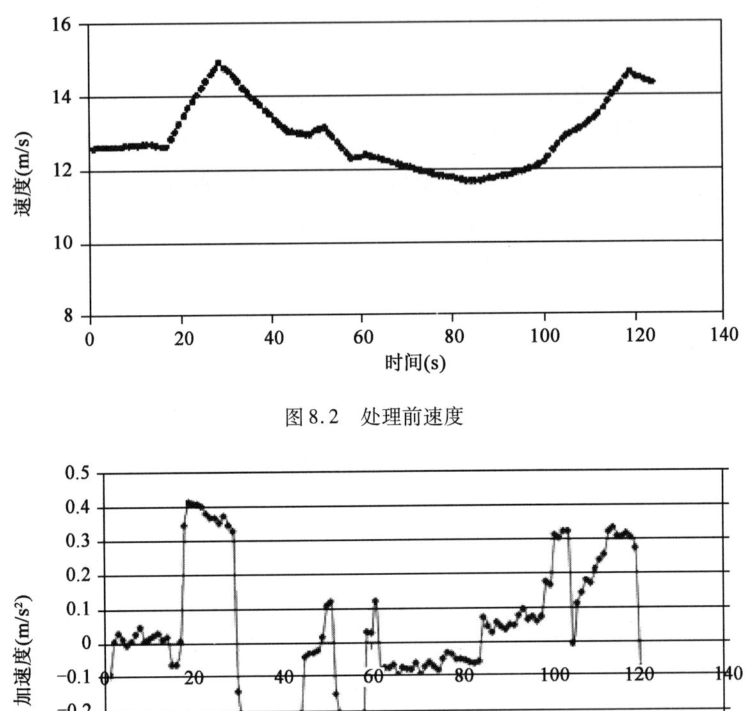

图8.2 处理前速度

图8.3 处理前加速度

从图8.2和图8.3中可看出,由于样本点采集过于密集,参数值在邻近点之间发生突变过于频繁,导致数据非常粗糙,不利于分析驾驶行为。然而,现实中驾驶行为参数是驾驶人操作产生的结果,是随时间平滑过渡的。因此,需要对采集到的驾驶行为数据进行预处理,对称指数平均移动滤波方法是一种处理粗糙数据特别优秀的方法,这里采用此方法来预处理和优化各参数。

用$x_\alpha(t_i)$表示车辆α在t_i时刻的某一项驾驶行为参数值,$i=1\cdots N_\alpha$,N_α表示数据点个数。选取$g(t)=\exp(-|t|/T)$作为平滑核函数,由于数据点与时段

dt 一一对应,则对数据点进行平滑来代替对时间进行平滑。平滑后的数值 $\bar{x}_\alpha(t_i)$ 如下:

$$\bar{x}_\alpha(t_i) = \frac{1}{Z}\sum_{k=i-D}^{i+D} x_\alpha(t_k)e^{-|i-k|/\Delta} \tag{8.1}$$

$$Z = \sum_{k=i-D}^{i+D} \mathrm{e}^{-|i-k|/\Delta} \tag{8.2}$$

式中:Δ——平滑宽度,$\Delta = \frac{T}{\mathrm{d}t}$,可以处理不同时间间隔的数据组;

T——时间长度,在此表示所有的数据点个数;

D——平滑窗口宽度,为了保证平滑宽度对称,其取值满足 $D = \min\{3\Delta, i-1, N_\alpha - 1\}$。

由于平滑宽度与数据变化规律息息相关,选取合适的平滑宽度有利于将原始数据更好地平滑。根据实验采集到的数据特性,本数据组选取 $T_v = 1\mathrm{s}$,$T_\alpha = 4\mathrm{s}$,作为初始参数进行平滑。将图8.2和图8.3数据进行对称指数平均移动滤波,可得处理后的速度与加速度如图8.4、图8.5所示。图中所示数据曲线,突变几乎消除了,并且显示出了数据的变化趋势,效果明显优于初始数据,将大大提高数据的实用性。

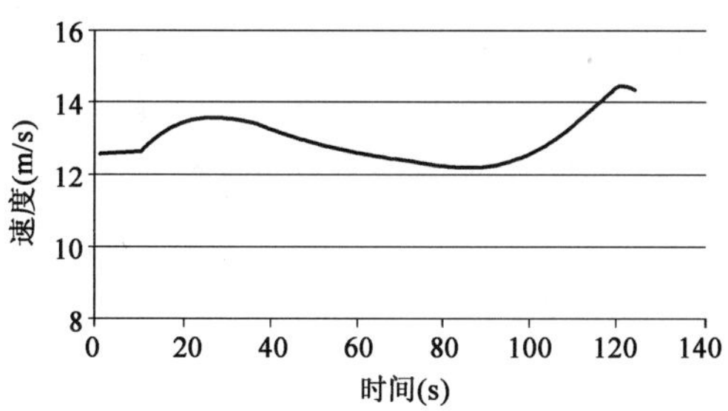

图8.4 处理后速度

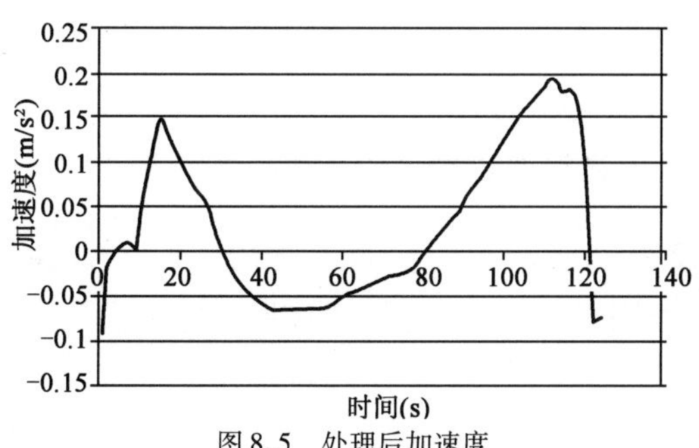

图8.5 处理后加速度

通过上述预处理后，得到较为满意的驾驶行为各参数，提取的影响换道行为和制动行为的主要形成因子如表 8.1 和表 8.2 所示。

换道行为主要形成因子

表 8.1

变量名	变 量 意 义
x_1	相对速度
x_2	本车加速度
x_3	相对距离
x_4	距离目标车道前车距离
x_5	距离目标车道后车距离
x_6	转向盘转角

制动行为主要形成因子

表 8.2

变量名	变量意义
x_1	本车速度
x_2	相对速度
x_3	本车加速度
x_4	相对距离
x_5	加速踏板位置

8.1.3.3 实验结果与分析

经过数据采集和主因子提取后，进行驾驶意图推测模型估计。将预处理后的换道行为和制动行为主因子参数带入动态贝叶斯网工具箱进行实验，分别得到模拟工况下换道意图和制动意图的估计如图 8.6、图 8.7 所示。

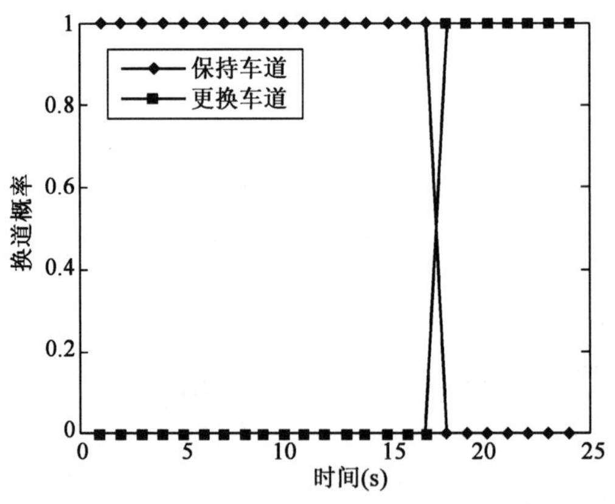

图 8.6 换道意图预测效果

图 8.6 给出了换道推测概率，这就说明，基于情境感知的驾驶意图推测模型综合考虑了驾驶人状态、车辆状态、道路环境状态等主要影响因素，能充分体现驾驶人换道意图整个过程的演变和推理。

图 8.7 给出了制动概率,该曲线表明制动时慢慢进行的,体现了驾驶人制动的整个过程。在实际交通中,由于前方车辆的突然减速或有障碍物等原因导致驾驶人开始制动,制动意图的预先估计将对控制车辆安全和平稳行驶有着重要的作用。

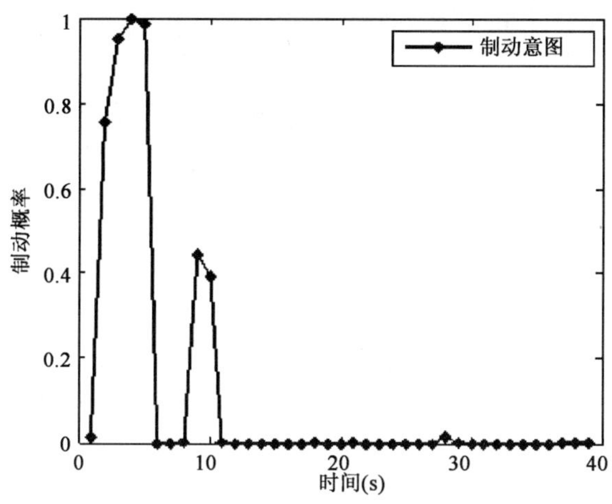

图 8.7　制动意图预测效果

8.2　基于驾驶意图的跟驰工况下危险区域的界定 (Determination of Dangerous Zone in Car-Following Regime Based on Driver Intention)

8.2.1　跟驰危险区域界定的理论框架(Theory Framework for Determination of Dangerous Zone in Car-following Regime)

在驾驶行为及其辅助方法的研究中,危险距离仅仅根据车与车之间的关系来判定,并没有综合考虑驾驶人的注意力分配情况,有无正确的操作意图。为了准确地预测车辆行驶过程中的危险状况,需要综合考虑驾驶人的驾驶意图和行车环境。如果行车环境存在潜在危险,且驾驶人没有采取相应安全措施的意图,认为这种情况属于危险情况,此刻所对应的两车之间的区域即为危险区域;若行车环境存在潜在危险,但驾驶人有采取相应安全措施的意图,这种情况不属于危险情况(图 8.8)。

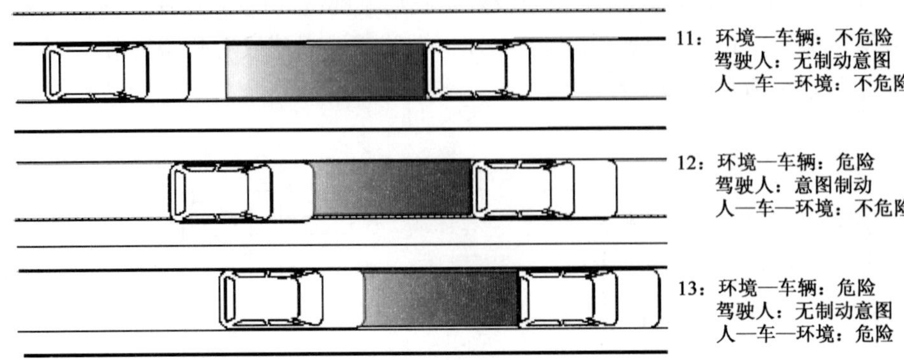

图 8.8　跟驰工况下危险区域的界定

车辆跟驰行驶过程中,如果根据观测到的车辆周围的环境状况和车辆自身的状态变量,需要采取制动措施,而驾驶人此时并没有制动的意图,那么这种情况是危险状况,这一时刻所对应的两车之间的区域即为危险区域。反之,若驾驶人有制动的意图,那么此时则不是危险状况(图 8.9)。

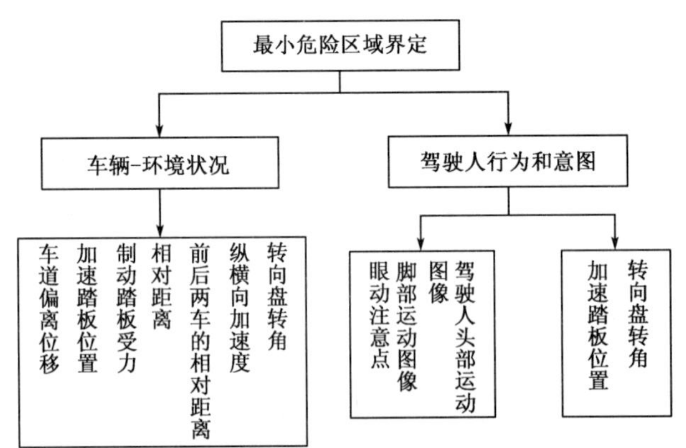

图 8.9　最小危险区域界定理论框架

稀疏贝叶斯学习判别函数的基本形式是:

$$y(X_n) = W^{\mathrm{T}}\phi(X_n) \tag{8.3}$$

式中:X_n——输入的特征矢量;

W——学习模型的权重;

$\phi(X_n)$——基函数;

$y(X_n)$——X_n 属于某一特殊类 C 的概率。

那么对于给定的特征向量 X_n,有条件概率:

$$P(C \mid X_n) = \sigma(y(X_n)) \tag{8.4}$$

假设 $\phi(X_n) = [1, K(X_n, X_1), K(X_n, X_2), \cdots, K(X_n, X_N)]^{\mathrm{T}}$，其中 $K(X_n, X_i)$ 是核函数，X_i 是训练样本。通过训练得到稀疏的权重向量 W，于是有：

$$P(C \mid X_n) = \sigma(\textstyle\sum_i^N = 0\omega_i K(X_n, X_i)) \tag{8.5}$$

通过估计：①在观测环境及车辆行驶状况下，需要制动的概率；②驾驶人意图制动的概率。运用贝叶斯学习方法综合判定危险概率，即确定此刻两车之间的区域隶属于危险区域的隶属度。

车辆危险概率公式可表示为：

$$P(C \mid O) = P(B_s, \bar{B}_d \mid O) \tag{8.6}$$

式中：C——车辆处于危险状况；

O——输入观测样本；

B_s——根据车辆—环境状态需要制动；

$\bar{B}_d$——驾驶人没有制动或是躲避的意图。

假设 B_s 和 $\bar{B}_d$ 是两独立事件，则有：

$$P(B_s, \bar{B}_d \mid O) = P(B_s \mid O)P(\bar{B}_d \mid O) \tag{8.7}$$

只需求出 B_s 和 $\bar{B}_d$ 的后验概率 $P(B_s|O)$ 和 $P(\bar{B}_d|O)$，即可得到车辆危险状况概率。

用稀疏贝叶斯学习方法进行概率估计，其判别方程式为：

$$P(B \mid O = X) \approx \sigma(y(X)) = \sigma(\textstyle\sum_{i=1}^N w_i \varphi(X_i)) \tag{8.8}$$

式中：$\sigma(y)$——激活函数，常用的激活函数有阶跃函数、准线性函数、双曲正切函数、Sigmoid 函数等，这里取激活函数为 Sigmoid 函数，即：

$$\sigma(y) = \frac{1}{(1 + e^{-y})} \tag{8.9}$$

B 是想要估计概率的任意事件，如 $\bar{B}_d$ 或 B_s。假设核函数 $K(X_i, X_j)$ 为高斯核函数，有：

$$K(X_i, X_j) = \exp\left(-\frac{\| X_i - X_j \|^2}{2\sigma^2}\right) \tag{8.10}$$

采集到了很多时间窗口上的不同变量，会得到很多特征向量，因此很有必要通过对基函数 $\varphi(X_i)$ 的权重 w_i 稀疏化，得到鲁棒性很好的特征，去除一些不重要的特征，从而对多种特征向量进行“筛选”。贝叶斯框架下的稀疏贝叶斯学习方法在向量稀疏化方面具有很好的效果。

输入的观测样本 O 分为两类,分别用于求导 B_s 和 $\bar{B}_d$ 的后验概率 $P(B_s|O)$ 和 $P(\bar{B}_d|O)$:

- 传感器采集到的车辆状态变量和环境变量:如转向盘转角、纵横向加速度、前后两车的相对速度、相对距离、制动踏板受力、加速踏板位置,等等。
- 驾驶行为传感器采集到的驾驶人头部、脚部运动图像、眼动注意点和转向盘转角、加速踏板位置。

通过捕捉驾驶人头部运动和眼动注意点判断驾驶人的注意力是否在道路前方。通过采集到的踏板的压力和位置来确定驾驶人脚部的"悬停",判断驾驶人是否意图制动。然后用稀疏贝叶斯方法进行筛选,得到稀疏的权重向量,而排除那些不重要的特征量,于是有:

$$P(\bar{B}_d \mid O) = (1 - P(B_{ca} \mid O)) \tag{8.11}$$

式中:$P(B_{ca}|O)$——根据观测到的数据,驾驶人准备矫正车辆的概率。

这种转换是很有必要的,确保了只根据驾驶人的警觉性,推测驾驶意图,即驾驶人是否注意力在前方道路上,而不是根据驾驶人注意力分配到其他事件上来推测驾驶意图。提取驾驶人真正采取制动操作之前的一段数据,把它们分为两类:意图制动和不制动。用来训练驾驶人是否具有制动意图,然后用训练好的模型求得 $P(B_{ca}|O)$。

$P(B_s|O)$表示由观测到的车辆—环境状态变量,车辆需要制动的概率。假定当碰撞时间(time - to - collision,TTC)小于阈值 T_{TTC}时,车辆需要紧急制动。根据这一假定,把观测到的车辆和环境状态样本数据分成危险和不危险两类。然后用这些数据来训练权值 W。用训练好的概率模型,便可由观测到的车辆—环境状态变量,判断基于车辆—环境状态,车辆危险需要制动的概率,即 $P(B_s|O)$。

这样可以求得任意时刻 t,在综合考虑人车路各方面因素后的车辆危险的概率为:

$$P(C \mid O) = P(B_s \mid O)(1 - P(B_{ca} \mid O)) \tag{8.12}$$

设定一阈值 $\tau, \tau \in [0,1]$,有:

$$\begin{cases} P(C \mid O) > \tau, \text{车辆危险} \\ P(C \mid O) < \tau, \text{车辆不危险} \end{cases} \tag{8.13}$$

8.2.2 车头时距与临界碰撞时间(Headway and Time to Collision)

车头时距与碰撞时间(TTC)是判断交通安全状况的两个重要指标。车头时距是指在同一车道上行驶的车辆中,两连续车辆车头端部通过某一断面的时

间间隔,可表示如下:

$$H = t_i = t_{i-1} \tag{8.14}$$

式中:t_i——车辆 i 通过同一断面的时间;

t_{i-1}——车辆 i 前的车辆通过同一断面的时间。

不同国家规定了不同的合法安全距离。美国的许多驾驶人训练程序声明当车头时距小于 2s 时,不可能安全地跟车行驶。在德国,建议最小距离是车速的一半,即若车速是 80km/h,那么跟驰行驶中的最小安全距离应为 40m。或者建议最小车头时距为 1.8s,当车头时距小于 0.9s 时,将会强制性罚款。在瑞典,国家公路所建议在农村道路上,最小车头时距为 3s,交通警察把车头时距为 1s 作为罚款的衡量标准。

TTC 是指两车在相同的车道上以相同的速度继续行驶,距相互碰撞剩余的时间。用公式可表示如下:

$$\mathrm{TTC}_i = \frac{X_{i-1}(t) - X_i(t) - l_i}{\dot{X}_i(t) - \dot{X}_{i-1}(t)} \forall \dot{X}(t) > \dot{X}_{i-1}(t) \tag{8.15}$$

式中:$\dot{X}(t)$——车辆 i 在时刻 i 的速度;

$X_i(t)$——车辆 i 在时刻 i 的位置;

l_i——车辆 i 的车身长度,车辆 $i-1$ 是车辆 i 前面的一辆车。

8.2.3 跟驰训练样本的选取方法(Training Samples of Car-Following Regime)

贝叶斯学习中,利用先验知识,对模型的训练直接影响到对后验概率估计的准确性。因此合理的选取训练样本很重要。

(1)选取驾驶人意图的训练样本

如图 8.10 可看出在 212s 之后,驾驶人采取真正制动。因此选取 212s 之前的数据作为训练样本,其中选取 206 ~ 209s 作为不意图制动的训练样本,选取 209 ~ 212s 作为意图制动的训练样本。

(2)选取基于车辆 - 环境状态的训练样本

假定阈值 $\boldsymbol{T}_{\mathrm{TTC}} = 5\mathrm{s}$,选取 TTC < $\boldsymbol{T}_{\mathrm{TTC}}$时的一段数据,作为训练情况危险,需要制动的样本。选取 TTC > $\boldsymbol{T}_{\mathrm{TTC}}$时的一段数据,作为训练情况不危险的样本。图 8.11 是驾驶模拟实验中采集到的 TTC 随时间变化图,因此可以选取 208 ~ 212s 之间的样本训练危险情况;选取 200 ~ 205s 之间的样本训练不危险情况。

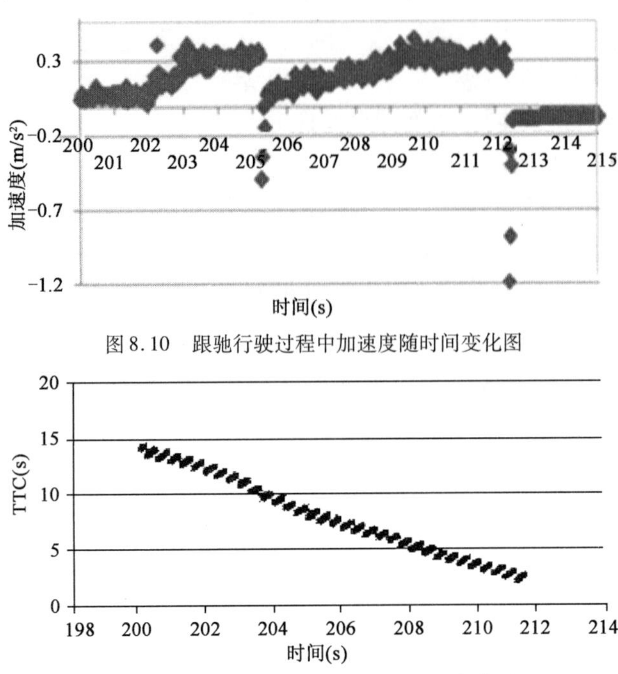

图 8.10　跟驰行驶过程中加速度随时间变化图

图 8.11　跟驰行驶过程中 TTC 随时间变化图

8.3　基于驾驶意图的换道行驶工况下危险区域的界定 (Determination of Dangerous Zone in Lane – Changing Regime Based on Driver Intention)

8.3.1　换道危险区域界定的理论框架(Theory Framework for Determination of Dangerous Zone in Lane – Changing Regime)

与跟驰工况下危险区域界定方法一样,车辆换道工况下,若根据观测到的车辆周围的环境状况和车辆自身的状态变量,不可以换道,而驾驶人有换道意图,那么这种情况就认为是危险状况,这一时刻所对应的区域即为危险区域。反之,若驾驶人并没有换道意图,那么此时则不是危险状况。

车辆危险概率公式为:

$$P(C \mid O) = P(B_n, B_c \mid O) = P(B_n \mid O)P(B_c \mid O) \tag{8.16}$$

式中：C——车辆处于危险状况；

O——输入观测样本；

B_n——根据车辆—环境状态不可以换道；

B_c——驾驶人有换道意图。

设定一阈值 θ，$\theta \in [0,1]$，有：

$$\begin{cases} P(C \mid O) > \theta, \text{车辆危险} \\ P(C \mid O) < \theta, \text{车辆不危险} \end{cases} \tag{8.17}$$

8.3.2 换道可行性分析(Feasibility Analysis of Lane – Changing Regime)

对车辆变换到相邻车道的可行性分析包括：当前车辆是否符合相邻车道的车道使用规定；相邻车道上是否有车道变换所需的足够间隙使主车能安全跟驰目标车道前车，目标车道后车是否能安全地跟驰主车。

对于强制性换道模型，采用前后间距的相对变换率 ψ_i 来解释强制性的换道行为。假设 W 为当前要转换车道的车辆，A 为目标车道上的前车，B 为目标车道上后车，ψ_i 定义为：

$$\boldsymbol{\Psi}_{\mathrm{A}}^{i}(t) = \frac{V_{\mathrm{A}}^{i}(t) - V_{\mathrm{W}}(t)}{y_{\mathrm{A}}^{i}(t) - y_{\mathrm{W}}(t)} = \frac{1}{S_{\mathrm{A}}^{i}(t)} = \frac{1}{S_{\mathrm{A}}^{i}} \times \frac{\mathrm{d}S_{\mathrm{A}}^{i}(t)}{\mathrm{d}t} \tag{8.18}$$

$$\boldsymbol{\Psi}_{\mathrm{B}}^{i}(t) = \frac{V_{\mathrm{W}}(t) - V_{\mathrm{B}}^{i}(t)}{y_{\mathrm{W}}(t) - y_{\mathrm{B}}^{i}(t)} = \frac{1}{S_{\mathrm{B}}^{i}(t)} = \frac{1}{S_{\mathrm{B}}^{i}} \times \frac{\mathrm{d}S_{\mathrm{B}}^{i}(t)}{\mathrm{d}t} \tag{8.19}$$

式中：$V_{\mathrm{A}}^{i}(t)$、$V_{\mathrm{B}}^{i}(t)$、$V_{\mathrm{W}}(t)$——t 时刻车辆 A、B、W 的车速；

$y_{\mathrm{A}}^{i}(t)$、$y_{\mathrm{B}}^{i}(t)$、$y_{\mathrm{W}}(t)$——t 时刻车辆 A、B、W 的位置；

i——针对第 i 个间隙。

由定义可以看出，在换道的执行时刻，该值越大，车辆间的间距会有迅速增大的趋势，该车道也会越偏于安全。

对于自由车道变换模型，可以用安全系数来评价间隙是否接受，当目标车道的前、后间隙都满足安全系数时，则间隙接受，安全系数(SV)即为：

$$\mathrm{SV} = \frac{S - P\dfrac{1}{2D}(f_v - b_v)^2}{b_v} \tag{8.20}$$

式中：S——最小期望车头间距；

P——车长；

$\bar{D}$——平均减速度；

f_v——目标车道前车车速；

b_v——主车车速。

8.3.3 换道训练样本的选取方法(Training Samples of Lane-Changing Regime)

针对驾驶模拟实验采集到的换道驾驶行为数据，分析基于车辆—环境状况换道可行性训练样本。评价相邻车道是否有合适的间隙允许安全地执行换道，主要是检测主车能否安全地跟驰目标车道前车、目标车道跟车能否安全地跟驰主车。这里的换道过程仅考虑目标车道有前车的情况。根据安全系数评价法，取最小期望间距为10m。当主车减速，且$f_v > b_v$时，安全系数越大，越安全。反之当主车减速，$f_v < b_v$时，安全系数越大，越危险。图8.12～图8.14是驾驶模拟实验中采集到的换道工况下的数据。

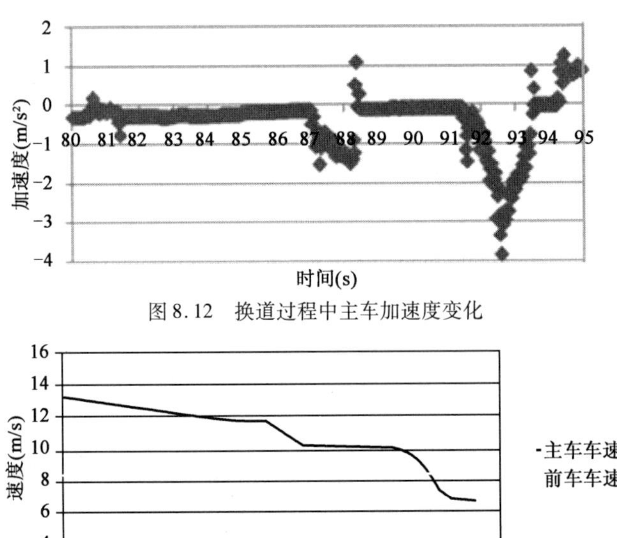

图8.12　换道过程中主车加速度变化

图8.13　换道过程中主车和目标车道前车速度变化

根据安全系数评价法，得到换道过程中安全系数随时间的变化关系，如图8.15所示。选取80～83s之间的数据作为根据车辆—环境状态，换道间隙不可接受、换道危险的训练样本。选取87～88s和92～93s之间的数据作为根据车辆—环境状态，换道间隙可接受、换道不危险的训练样本。

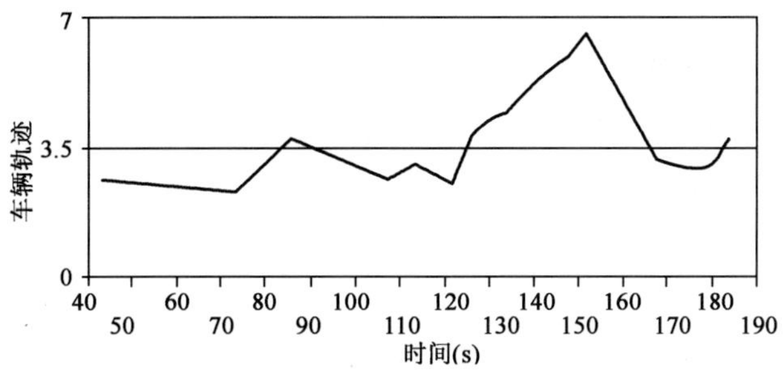

图 8.14　换道过程中主车行驶轨迹变化

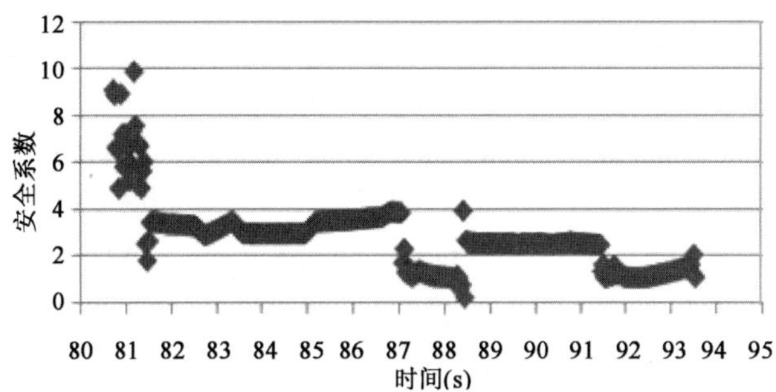

图 8.15 换道过程中安全系数变化

本章参考文献(References)

[1] Kuge N. , Yamamura T. ,Shimoyama A.. Driver Behavior Recognition Method Based on a Driver Model Framework. Warrendale, PA:SAE, 1998.

[2] Guo W. W. , Wang W. H.. Model of desired speed based on vehicle dynamics, Journal of Beijing Institute of Technology (English Edition), 2012 21(1), 81 -84.

[3] Dey A. K. ,Abowd G. D. , Salber D. A.. conceptual framework and a toolkit for supporting the rapid prototyping of context - aware applications, Human - Computer Interaction. 2001, 16(2), 97 -166.

[4] Thiemann C. , Treiber M. , Kesting A.. Estimating acceleration and lane - changing dynamics from next generation simulation trajectory data. Transportation Research Record, 2008, 90 -101.

[5] Hayward J. C.. Near miss determination through use of a scale of danger (traffic records 384). Highway Research Board, Washington, DC, 1972.

[6] Hyden C.. The Development of a Method for Traffic Safety Evaluation: The

Swedish Traffic Conflicts Technique. Lund University, Lund, Sweden, Doctoral Dissertation, 1987.

[7] Winsum W. ,Heino A.. Choice of time – headway in car – following and the role of time to collision information in braking, Ergonomics, 1996, 39, 579 – 592.

[8] Hirst S. , Graham R.. The format and presentation of collision warnings. In: Noy, I. Y. (Ed.), Ergonomics and Safety of Intelligent Driver Interfaces, Lawrence Erlbaum, Mahwah, NJ. 1997.

[9] Svensson A.. A method for analysing the traffic process in a safety perspective. Doctoral Dissertation, University of Lund, Lund, Swed,1998.

[10] Maretzke J. , Jacob U.. Distance warning and control as a means of increasing road safety and ease of operation. In: Proceedings of the Paper Presentation at the FISITA'92: Safety, the Vehicle and the Road, XXIV FISITA Congress, London, 1992.

[11] Ding C. X. , Wang W. H.. Identification of dangerous area within vehicles operation for driver assistance. Journal of Beijing Institute of Technology (English Edition),2010 19(S2), 41 – 44.

[12] Wang W. H. , Yan M. , Jin J. , Xiao W.. Driver's various information process and multi – ruled decision – making mechanism: a fundamental of intelligent driving shaping model, International Journal of Computational Intelligence Systems,2011 4(3),297 – 305.

[13] Wang W. H. , Cao Q. , Ikeuchi K. , Bubb H.. Reliability and safety analysis methodology for identification of drivers´erroneous actions. International Journal of Automotive Technology, 2010 11(6),873 – 881.

[14] Wang W. H. , Guo W. W. , Wets G.. Model – based simulation of driver expectation in mountainous road using various control strategies, International Journal of Computational Intelligence Systems,2012, 4(6),1145 – 1153.

[15] Wang W. H. ,Wets G.. Computational Intelligence for Traffic and Mobility, Paris: Atlantis Press,2012.

第9章　交通行为的定量风险性评价及其安全控制
(Quantified Risk Assessment and Safety Control of Traffic Behavior)

道路交通系统运行时,在涉及驾驶人、车辆、道路环境中单个或多个因素的任一事件出现,均有可能带来某些不良后果或者是一系列的后续事变,事变可能随着时间而变得更加严重甚至会诱发事故。因此,任何安全和不安全交通行为的形成总是有原因的,是交通事件或者交通事变引起的。

如何客观地进行交通行为的定量风险性评价及其安全控制,对提高交通系统运行的效能致关重要。通过交通事变征兆所蕴含信息的传递特性来辨识交通风险演变过程,分别从不确定条件、确定条件层次上,对交通事故致因机理、交叉口冲突形成、路网拥堵原因进行系统研究,为解决交通系统定量风险性评价和交通安全微观控制提供依据。

9.1　事变树模型的理论基础
(Fundamentals of Incident Tree Model)

定量安全评价是一种综合性、结构化、具备逻辑推理的方法,能够深入识别和确定复杂系统中与危险行为相关的风险[1-3]。许多公共部门和私营组织在评价与管理安全风险时,越来越多地选择了这一方法[4]。比如,在交通部门运用定量安全评价方法评价安全带的效果时,可以从安全气囊的经济效益、防抱死系统的可靠性等方面进行[5]。定量安全评价还可以确定潜在的事故,并评估可能性和后果,从而改进系统安全和运行情况[6]。目前有许多定量安全评价方法,基于树论的故障树分析方法、事件树分析方法、原因故障分析方法,这些方法主要用于寻找导致不期望事件发生的因素割集。虽然事件树分析方法可以量化事故和其他不期望事件发生的可能性,由此获得定量安全评价中的死亡率和经济损失,但事件树分析方法仅限于在事故静态分析中,要确认更详细的事故原因,则需要通过故障树分析方法。

故障树分析方法用来评价事故发生的概率,由故障事件的顺序和组合构成逻辑图。它可以描述事故模型,解释部件故障之间的联系,一旦给出系统部件的失效概率,就能够获得顶事件的发生概率。故障树分析方法经历了多次改进。例如, Doytchin 和 Gerd 提出了一种合并了故障树分析方法和任务分析方法的分析模型[7]。但是,故障树的构建是一项复杂耗时的工作,尤其碰到大规模系统时变得更为困难。同时,人为失误可能出现在故障树构建中。因此,出现了很多故障树自动构建方法。

故障树分析方法无法捕捉系统失效机理的动态行为,例如顺序相依事件、备用部件和动态冗余管理、失效事件的优先顺序[8]。为此,提出了在传统故障树分析方法的基础上加入顺序概念,构建了动态故障树分析方法。此外,Cepin 和 Mavko 提出了动态故障树,使用马尔科夫模型解决动态门问题,但是当门输入事件增加,计算时状态空间会变得非常大[9]。有时候,由于缺乏足够的数据,很难得到独立部件失效率或者不期望事件发生概率的准确估计值。为了避免上述情况,提出了模糊故障树模型,模糊故障树模型是解决该问题的一个非常好的尝试。它减少了由于数据主观性带来的不精确性。但是,复杂系统部件的行为和它们的相互作用,例如部件和动态冗余管理,故障事件的优先级无法用模糊故障树分析方法解决。

现有的定量安全评价方法,只能通过概率识别事故的随机性,通过人为因素识别事故的复杂性,通过模糊集识别事故的可能性,从时间上识别事故的多样性。但是,故障树分析方法无法得出事故的显著特性,因此非常需要一种新的定量安全评价方法,在进行事故随机性、复杂性、可能性和多样性分析的同时,识别事故不确定性。在这种情况下,由于事变发生的信息量与不确定性有关,运用模糊逻辑和信息流方法,提出一种事变树分析方法来弥补故障树分析方法和定量安全评价的空白,重点在交通行为的定量风险性评价及其安全控制得到应用。

9.1.1　道路交通事件、事变和事故间影响程度的描述(Dynamic Process of Transport System Operation)

在道路交通系统中,交通事件的出现并转化为交通事变后可能对另一事变具有影响,从而直接(或间接)地导致另一事变的出现,甚至诱发交通事故;在这一过程中,每个事变(或事件)蕴藏的信息经逐级传递,最终表现为交通事故发生的信息。图9.1为车辆偏离路面事故诱发的动态过程及其信息的传递方式,表9.1列出了每个交通事变的含义、概率及分布。由图9.1可知,每个事变的出现可能对另一事变有直接影响或者有间接影响,也可能没有影响,为此特作如下定义:

定义9.1　事故用T表示,中层事变为I_i,基本事变为x_i。

定义9.2　当事变$I_i(x_i)$出现后,对事变I_{i-1}(或事变I_{i-2}、事故T)具有直接影响,即可直接导致$I_{i-1}(I_{i-2}$、$T)$的出现,将这种状态描述为a;对事变I_{i-1}(或事变I_{i-2}、事故T)没有影响,即不能导致$I_{i-1}(I_{i-2}$、$T)$的出现用b来描述。

定义9.3　I_i的出现对$I_{i-1}(I_{i-2}$或$T)$具有间接影响,即I_i受其他事变的制约才对$I_{i-1}(I_{i-2}$、$T)$有影响,或者对$I_{i-1}(I_{i-2}$、$T)$的出现起部分作用刊描述为c。

定义9.4　I_i的出现仅影响到它的上层事变I_{i-1}或者不经该事变影响到更上层事变I_{i-2}甚至事故T。

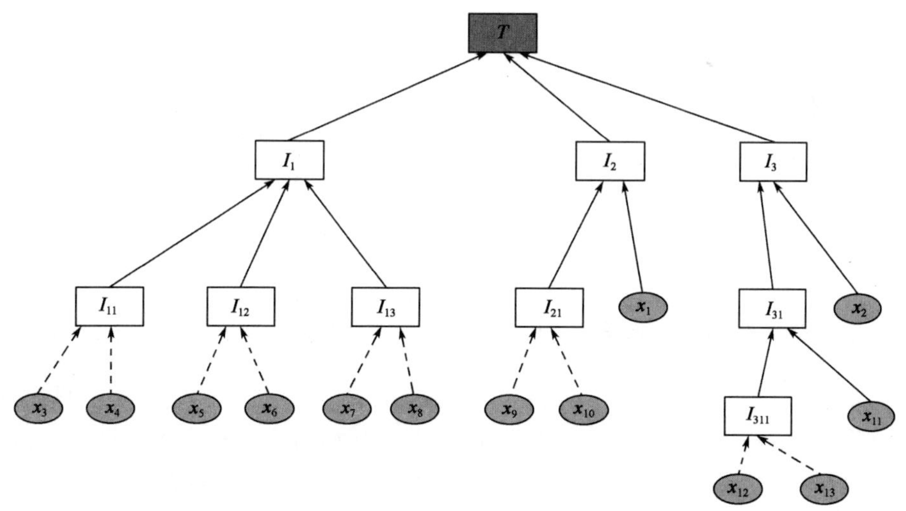

图9.1　车辆偏离路面事故诱发的动态过程及其信息的传递方式

车辆偏离路面事故各事变概率表　　表 9.1

No.	事　　变	概率	下置信区间	上置信区间
x_1	转向故障	0.009 86	0.009 37	0.010 85
x_2	气候条件不佳	0.010 43	0.009 98	0.011 47
x_3	不正确的感知行为	0.008 36	0.007 94	0.009 30
x_4	没有纠正的错误感知	0.063 15	0.059 04	0.068 37
x_5	不正确的决策行为	0.0049 3	0.004 67	0.005 41
x_6	没有纠正的错误决策	0.098 46	0.093 54	0.108 31
x_7	不正确的操作	0.003 84	0.003 69	0.003 43
x_8	没有纠正的错误操作	0.107 30	0.101 84	0.117 93
x_9	发动机故障	0.045 83	0.043 54	0.053 13
x_{10}	制动失灵	0.010 68	0.010 15	0.011 75
x_{11}	路面情况不佳	0.013 47	0.011 85	0.013 73
x_{12}	不合理的交通标志	0.005 38	0.005 11	0.005 93
x_{13}	道路上有障碍	0.010 56	0.010 03	0.011 63
I_1	驾驶失误	0.013 07	0.012 42	0.014 38
I_2	车辆故障	0.010 35	0.009 83	0.011 39
I_3	道路环境异常	0.033 46	0.033 39	0.035 81
T	车辆偏离路面	0.046 57	0.044 34	0.051 33
I_{11}	感知失误	0.005 19	0.004 93	0.005 71
I_{12}	决策失误	0.004 84	0.004 60	0.053 34
I_{13}	操作失误	0.003 04	0.002 88	0.003 34
I_{21}	悬架故障	0.000 49	0.000 47	0.005 39
I_{31}	打滑	0.013 04	0.012 39	0.014 34
I_{311}	不正确的交通控制	0.000 57	0.000 54	0.000 63

9.1.2　道路交通事变信息量(Fuzzy Incident and its Information Quantities)

交通事变出现的概率在一定程度上是精确的,但其表现的运动方式只提供了客体的部分知识,存在着客观差异所引起的不确定性,即具有模糊性,并且这种模糊性是不可避免的,其原因在于,交通系统所具有的复杂性和动态性决定了对交通事变不可能非常精确地、仔细地衡量危险程度,同时对一些交通事变的认识尚存在阶段性的不足。因此,用狭义信息论来描述交通事变的信息只能是近似地逼近，况且这种描述是基于统计不定性和信息化的观点，而模糊信息更有利于对交通事变信息的客观描述。

定义 9.5 设(Ω,I,p)是一个概率场，I为Ω中的勒贝格－斯蒂尔切斯集构成的δ域。所谓Ω中的模糊交通事变T就是隶属函数为波雷尔可测函数。

定义 9.6 模糊交通事变的概率定义为

$$p(I) = \int_{\Omega}\mu_I(x)\,\mathrm{d}p = E(\mu_{\mathrm{I}}(x)) \tag{9.1}$$

定义 9.7 模糊交通事变的信息量定义为

$$H(I) = -\sum_{i-1}^{n}\mu_I(x_i)p_i\log_2 p_i \tag{9.2}$$

式中：I——$\{x_1,x_2,\cdots,x_n\}$中的模糊事件。

9.1.2.1 隶属函数

模糊数是一种特殊的模糊集。一个模糊数是一个连续完全支持凸隶属函数的实数模糊集。设X为全集，表示一个空间，其中元素记为x。集合I的元素是空间X的子集，可以表示为

$$\mu_I(x) = \begin{cases}1, 当且仅当\ x \in I \\ 0, 其他\end{cases}$$

假如隶属函数能取得区间$\{0,1\}$中的实数值，集合I则被称为模糊集，表示元素x对集合I的隶属度。值越接近1表明越多的元素x属于集合I。

在模糊事变树模型与事变树分析方法中常用的三种隶属函数为：

(1)三角分布（如图9.2所示），由三个参数(a,b,c)组成，函数如下所示：

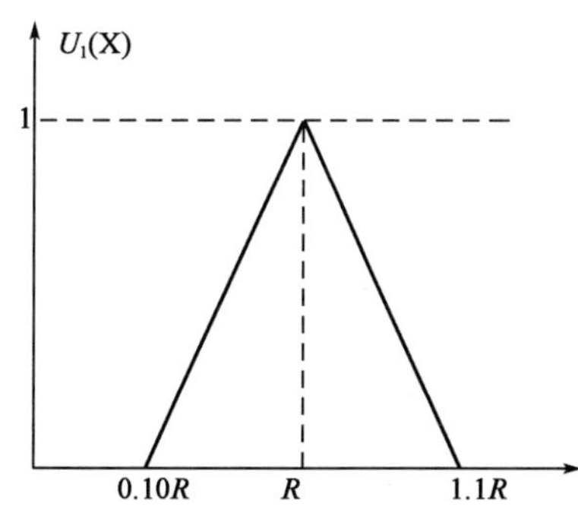

图9.2　三角分布

$$\mu_I(x)\begin{cases}0 & x \leqslant a \\ \dfrac{x-1}{b-a} & a \leqslant x < b \\ \dfrac{c-x}{c-b} & b \leqslant x \leqslant c \\ 0 & x > c\end{cases} \tag{9.3}$$

(2)尖Γ分布（如图9.3所示），函数如下所示：

$$\mu_I(x) = \begin{cases}\mathrm{e}^{k(x-a)} & x \leqslant a \\ \mathrm{e}^{-k(x-a)} & x > a\end{cases} \tag{9.4}$$

(3)正态分布(如图9.4所示),函数如下所示:

$$\mu_I(x) = e^{-k(x-a)^2} \tag{9.5}$$

式中:$k>0$。

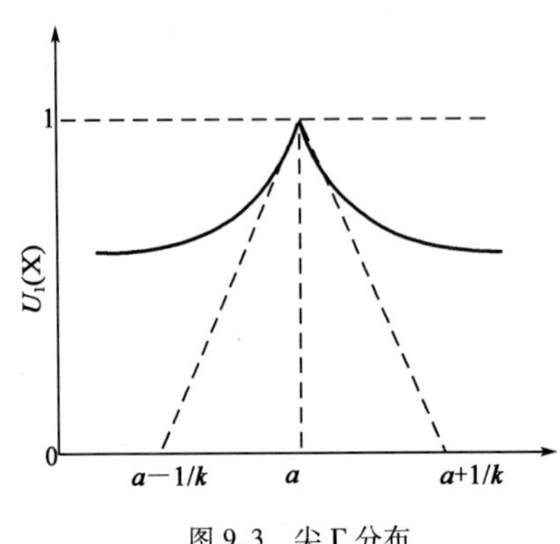

图9.3 尖Γ分布

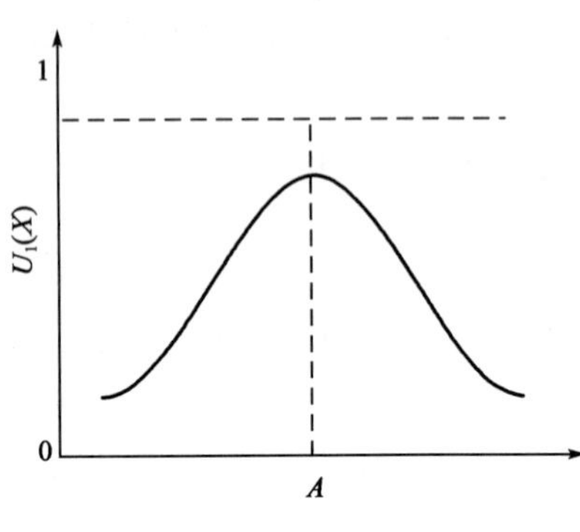

图9.4 正态分布

9.1.2.2 一般性条件下模糊事变的信息量

模糊交通事变的一般性条件信息量分为如下两类。

(1)在模糊交通事变出现的条件下,模糊交通事变的信息量为:

$$\begin{aligned} H_{Ii-1}(I_i) &= -\sum_{j=1}^{m} p(I = a_{i-1} \mid I = a_j)\log_2 p(I = a_j \mid I = a_{a-1}) \\ &= -\sum\nolimits_{j=1}^{m} \mu_{Ij}(x_{ij}) \frac{p_{ij}}{p_i} \log_2 \frac{p_{ij}}{p_i} \end{aligned} \tag{9.6}$$

(2)在交通事变实现的条件下,模糊交通事变的信息量为:

$$\begin{aligned} H_{Ii-1}(I_i) &= \sum_{i=1}^{n} p(I = a_{a-1}) H_{Ii-1}(I = a_i) \\ &= -\sum_{i=1}^{n} p_l \mu_{Ii}(x_i) \sum_{j=1}^{n} \mu_{I_{ij}}(x_{ij}) \log_2 \frac{p_{ij}}{p_i} \\ &= -\sum_{i=1}^{n}\sum_{j=1}^{m} \mu_{I_{ij}}(x_{ij}) p_{ij} \log_2 p_{ij} + \sum_{i=1}^{n} p_l \mu_{I_i}(x_i) \log_2 p_i \end{aligned} \tag{9.7}$$

9.1.2.3 不同影响情况下模糊事变的信息量

根据交通系统中各事变间、事变与事故影响程度的定义,可知某一事变出现对上层事变的影响程度分为直接影响、没有影响和间接影响。考虑到每个事变出现后对其他事变影响的权重,依据式(9.2)即可确定事变树模型中各事变出现的信息为:

$$H_{I_i}(I_i) = H(I_i) - H_{I_{il}}(I_i)$$

$$= H(I_i) - [p(I_{ia})H_{I_{ia}}(I_i) + p(I_{ib})H_{I_{ib}}(I_i) + p(I_{ic})H_{I_{ic}}(I_i)] \quad (9.8)$$

式中：$H(I_i) = -\sum_{i-1}^{n}\mu_{I_i}p_i\log_2 p_i$。

不同影响情况下模糊交通事变的信息量，分为直接影响、没有影响和间接影响三类，即：

(1)直接影响

当第 i 个事变发生时，它对上层事变有直接影响则用 a 表示，模糊事变 i 的概率($p(I_{ia})$)和信息量($H_{I_{ia}}(I_{ia})$)分别表示为：

$$p(I_{ia}) = \sum_{i=1}^{k_{ia}}\mu_{I_{ia}}(x_{ia})p_{ia} \quad (9.9)$$

$$H_{I_{ia}}(I_{ia}) = -\sum_{i=1}^{k_{ia}}\lambda_{ia}\mu_{I_{ia}}(x_{ia})\frac{p_{ia}}{p(I_{ia})}\log_2\lambda_{ia}\frac{p_{ia}}{p(I_{ia})} \quad (9.10)$$

(2)没有影响

当第 i 个事变发生时，它对上层事变没有影响则用 b 表示，模糊事变 i 的概率($p(I_{ib})$)和信息量($H_{I_{ib}}(I_{ib})$)分别表示为

$$p(I_{ib}) = \sum_{i=1}^{k_{ib}}\mu_{I_{ib}}(x_{ib})p_{ib} \quad (9.11)$$

$$H_{I_{ib}}(I_{ib}) = -\sum_{i=1}^{k_{ib}}\lambda_{ib}\mu_{I_{ib}}(x_{ib})\frac{p_{ib}}{p(I_{ib})}\log_2\lambda_{ib}\frac{p_{ib}}{p(I_{ib})} \quad (9.12)$$

(3)间接影响

当第 i 个事变发生时，它对上层事变有间接影响则用 c 表示，模糊事变 i 的概率($p(I_{ic})$)和信息量($H_{I_{ic}}(I_{ic})$)分别表示为：

$$p(I_{ic}) = \sum_{i=1}^{k_{ic}}\mu_{I_{ic}}(x_{ic})p_{ic} \quad (9.13)$$

$$H_{I_{ic}}(I_{ic}) = -\sum_{i=1}^{k_{ic}}\lambda_{ic}\mu_{I_{ic}}(x_{ic})\frac{p_{ic}}{p(I_{ic})}\log_2\lambda_{ic}\frac{p_{ic}}{p(I_{ic})} \quad (9.14)$$

式中：λ_{ic}——模糊交通事变的权重系数；

p_{ic}——模糊交通事变出现的概率；

H_{ia}、H_{ib}、H_{ic}——A_i 的影响程度为 a、b、c 时的总数。

为保证模糊交通事变出现后其信息量的总体，各式中的概率及信息量按相应的最大分布和隶属函数来确定。

9.1.3 道路交通事变权重系数的确定(Weighed Coefficient of Incident)

考虑交通事变的非模糊状态,并且假设各事变出现的概率相同,即 $p(I_i)=\frac{1}{n}$,那么交通事变 I_i 的信息量为:

$$H_i(I_i)\log_2 n-\left(\frac{H_i a}{n}\right)\log_2 H_{ia}-\left(\frac{H_i b}{n}\right)\log_2 H_{ib}-\left(\frac{H_i c}{n}\right)\log_2 H_{ic} \tag{9.15}$$

令
$$H(I_i)=\sum_{i=1}^{n}H_i(I_i) \tag{9.16}$$

则定义每个交通事变的权重系数 λ_i 为:

$$\lambda_i=\frac{H_i(I_i)}{H(I_i)},\sum_{i=1}^{n}\lambda_i=1 \tag{9.17}$$

由于系统的不确定性,事变分析中只能包含平均特性和数值特性。因此,最大信息量的分布被用来描述一般事变信息量的分布。这些最大分布包括均匀分布、指数分布和正态分布。

9.1.4 最大模糊信息量准则(Maximum Fuzzy Information Principle)

每个模糊交通事变的出现,其信息输出的可能导致上一层模糊交通事变乃至事故的出现。最大模糊信息准则是指将某一层模糊交通事变中提供信息量最大的模糊交通事变作为第一模糊交通事变,即:

$$H_I(I_i)=\max_{1<j\leqslant n}H_{I_j}(I_1,I_2,\cdots,I_n)i\in[1,2] \tag{9.18}$$

由于技术经济条件的限制,在制定事故预防和控制方案时,应重点解决主要原因,即预防和控制第一、二模糊交通事变,所以在建立模糊事变树模型和进行模糊事变树分析时,根据最大信息量准则,选择两个模糊交通事变作为主要事变。

9.2 模糊事变树模型:以车辆偏离路面事故为例 (Incident Tree Model: an in-depth analysis of vehicle-leaving-roadway accident)

9.2.1 模糊事变树中的符号(Incident Tree Symbol and its Meaning)

模糊事变树中的规定符号说明见表 9.2 所示,具体含义叙述如下:

最基层事变用相连的两个细实线长方形表示，上格为事变的名称或代号(x_i)，下格为事变的信息量；

中层事变用相连的两个粗实线长方形表示，上格为事变的名称或代号(I_i)，下格为事变的信息量；

事变出现与否用0、1表示，1表示事变出现或下层事变对该事变有影响，0表示事变不出现或下层事变对该事变没有影响；

事变的省略符号用正方形表示，而事故用菱形表示，其中上三角形为事故名称或代号(T)，下三角形为事故的信息量；

事变的层次用细实线表示，并用数字标注，而事故的层次用加重粗线表示；且标注符号(0)。

模糊事变树中的规定符号 表9.2

符号	说明	符号	说明
X_i / 0.4686	X_1——基本事变符号 0.4686——基本事件的模糊信息量	1 ↘ ↙ 0 I_i 1.8753	I_1——中层事变符号 1.8753——中层事变的模糊信息量 1——代表对上层事件有影响 0——代表对上层事件无影响
□	事变省略符号	T / 2.0198	T——事故符号 2.0198——事故的模糊信息量
——(0)layer ——(1)layer	事变层次 第(0)层 第(1)层		

9.2.2 模糊事变树的构造步骤(Construction Process of Incident Tree Model)

模糊事变树的构造按照如下步骤进行。

步骤1：确定交通事故，如车辆偏离路面事故(T)。

步骤2：分析诱发该事故(T)的交通系统中诸因素，确定各层模糊交通事变

(22 个)后识别该事故致因的动态过程,如图 9.1 所示;然后评估各个事变的发生概率以及分布,如表 9.1 所示。

步骤 3:根据定义 9.1 ~9.4 确定各事变(事故)间的影响关系,如表 9.3 所示。根据式(9.15) ~(9.17)求出各事变的权重系数。

步骤 4:运用模糊事变树模型中模糊交通事变信息量的计算公式(9.6)、公式(9.7)、公式(9.10)、公式(9.12)和公式(9.14),并通过模糊交通事变的最大信息量分布和隶属函数来求取不同层次中各模糊交通事变的信息量;然后按事变的最大模糊信息量准则确定两个事变为主要事变。

表 9.3 给出了车辆偏离路面事故和各事变的信息量,按照最大模糊信息量准则确定 I_2 和 I_3(表 9.3 中用灰色及下划线标出)为该层次的两个主要事变,则事变树的第零层可以表示如图 9.5,此时事故 T 的信息量为 2.091 8(表 9.3 中用红色及下划线标出)。

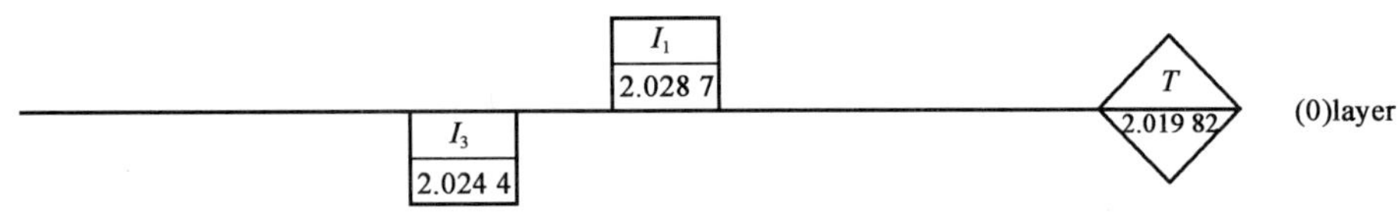

图 9.5 车辆偏离路面事故事变树第(0)层

步骤 5:由于模糊交通事变对事故或其他模糊交通事变的间接影响,并不因为其制约程度低而阻止事故的形成,所以将间接影响近似地看作直接影响来考虑,即分有影响和没影响两种情形予以讨论。假定直接影响和间接影响被认为是对上层事变有影响或局部影响,没有影响被认为是对上层事变没有影响,这样在主要事变出现后,依据对上层模糊交通事变的影响程度(有影响和无影响)将相关事变分为相应的两个子系统,即进行各模糊交通事变间关系的分解。

例如:依据车辆偏离路面事故事变树中第(0)层的两个主要交通事变 I_1 和 I_2,将相关事变分解为 2×2 个子系统。表 9.4 和表 9.5 分别表示当事变 I_3 发生并对上层事变有无影响时,相关事变间的联系和相互影响;表 9.6 ~ 表 9.7 分别表示当事变 I_3 发生并对上层事变有无影响时,相关事变间的联系和相互影响。因此,将 x_{13}, x_3, x_4(表 9.4 ~ 表 9.7 中用下划线及灰色标出)视作基本事变,但是 I_2, I_{12}, I_{311}(表 9.4 ~ 表 9.7 中用下划线及灰色标出)是不同层次的中间事变,需要进一步被分解为基本事变。事变间影响关系及其信息量如表 9.4 ~ 表 9.7 所示。这样,车辆偏离路面事故事变树的第一层如图 9.6 所示。

表 9.3

车辆偏离路面事故(T)中各事变间的影响关系及其信息量

Weighed coefficient		T	I_1	I_2	I_3	I_{11}	I_{12}	I_{13}	I_{21}	x_1	I_{31}	x_2	x_3	x_4	x_5	x_6	x_7	x_8	x_9	x_{10}	I_{311}	x_{11}	x_{12}	x_{13}
0.08079	T	a																						
0.11532	I_1	a	a																					
0.07906	I_2	a		a																				
0.09398	I_3	a			a																			
0.05549	I_{11}	a	a			a																		
0.05549	I_{12}	a	a				a																	
0.05549	I_{13}	a	a					a																
0.05549	I_{21}	a		a					a															
0.02110	x_1	a		a						a														
0.07906	I_{31}	a			a						a													
0.02110	x_2	a			a							a												
0.02110	x_3	c	c			c							a											
0.02110	x_4	c	c			c								a										
0.02110	x_5	c	c				c								a									
0.02110	x_6	c	c				c									a								
0.02110	x_7	c	c					c									a							
0.02110	x_8	c	c					c										a						
0.02110	x_9	c		c					c										a					
0.02110	x_{10}	c		c					c											a				
0.05549	I_{311}	a			a						a										a			
0.02110	x_{11}	a			a						a											a		
0.02110	x_{12}	c			c						c										c		a	
0.02110	x_{13}	c			c						c										c			a
	$H_{i_i}(I_i)$	0.9877	1.4098	0.9665	1.1490	0.6784	0.6784	0.6784	0.6784	0.2580	0.9665	0.2580	0.2580	0.2580	0.2580	0.2580	0.2580	0.2580	0.2580	0.2580	0.6784	0.2580	0.2580	0.2580
	$H_{I_i}(I_i)$	2.0198	2.0287	1.9319	2.0244	1.9168	1.9104	1.9085	1.9002	1.8746	1.8938	1.8461	1.8407	1.8275	1.8203	1.8193	1.8216	1.7405	1.7710	1.7692	1.8859	1.7478	1.7389	1.7122

注:表中未标注者为 b;标注下划线的交通事变为该层次的主要事变。

表 9.4

驾驶失误事变(I_1)中各事变间的影响关系及其信息量(有影响时的情形)

	I_1	I_{11}	I_{12}	I_{13}	x_3	x_4	x_5	x_6	x_7	x_8
I_1	a									
I_{11}	a	a								
I_{12}	a		a							
I_{13}	a			a						
x_3	c	c			a					
x_4	c	c				a				
x_5	c		c				a			
x_6	c		c					a		
x_7	c			c					a	
x_8	c			c						a
$H_{I_i}(I_i)$	0.9521	0.9483	0.9418	0.9571	$\underline{0.95982}$	$\underline{0.95991}$	0.9336	0.9319	0.8372	0.8602

注:表中未标注者为 b;标注下划线的交通事变为该层次的主要事变。

驾驶失误事变(I_1)中各事变间的影响关系及其信息量(无影响时的情形)　　表 9.5

	T	I_2	I_3	I_{21}	x_1	I_{31}	x_2	x_9	x_{10}	I_{311}	x_{11}	x_{12}	x_{13}
T	a												
I_2	a	a											
I_3	a		a										
I_{21}	a	a		a									
x_1	a	a			a								
I_{31}	a		a			a							
x_2	a		a				a						
x_9	c	c		c				a					
x_{10}	c	c		c					a				
I_{311}	a		a			a				a			
x_{11}	a		a			a					a		
x_{12}	c		c			c				c		a	
x_{13}	c		c			c				c			a
$H_{I_i}(I_i)$	1.0482	1.0796	1.0766	1.07800	1.0767	1.0789	1.07671	1.0770	1.07672	1.0774	1.0764	1.0753	1.07923

注:表中未标注者为 b;标注下划线的交通事变为该层次的主要事变。

表 9.6

道路环境异常事变(I_3)中各事变间的影响关系及其信息量(有影响时的情形)

	I_3	I_{31}	x_2	I_{311}	x_{11}	x_{12}	x_{13}
I_3	a						
I_{31}	a	a					
x_2	a		a				
I_{311}	a	a		a			
x_{11}	a	a			a		
x_{12}	c	c		c		a	
x_{13}	c	c		c			a
$H_{I_i}(I_i)$	0.466 85	0.407 19	0.466 65	<u>0.467 87</u>	0.466 68	0.453 27	<u>0.46867</u>

注:表中未标注者为 b,标注下划线的交通事变为该层次的主要事变。

道路环境异常事变(I_3)中各事变间的影响关系及其信息量(无影响时的情形)　　表 9.7

	T	I_1	I_2	I_{11}	x_{12}	I_{13}	I_{21}	x_1	x_3	x_4	x_5	x_6	x_7	x_8	x_9	x_{10}
T	a															
I_1	a	a														
I_2	a		a													
I_{11}	a	a		a												
x_{12}	a	a			a											
I_{13}	a	a				a										
I_{21}	a	a	a				a									
x_1	a	a	a					a								
x_3	c	c		c					a							
x_4	c	c		c						a						
x_5	c	c			c						a					
x_6	c	c			c							a				
x_7	c	c				c							a			
x_8	c	c				c								a		
x_9	c	c	c				c								a	
x_{10}	c	c	c				c									a
$H_{I_i}(I_i)$	1.563741	1.576878	1.537172	1.548653	<u>1.875245</u>	1.487399	1.524746	1.574175	<u>1.578016</u>	1.574638	1.574488	1.574175	1.574166	1.541619	1.574489	1.540596

注:表中未标注者为 b,标注下划线的交通事变为该层次的主要事变。

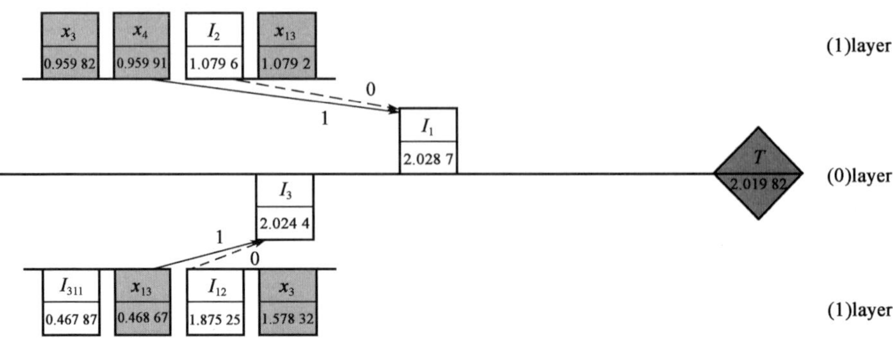

图 9.6　车辆偏离路面事故事变树第(1)层

步骤 6：分别对确定的子系统依步骤 5 继续分解，如根据第(0)层次上 I_1，确定第(1)层次上的两个子系统中第一子系统(有影响时情形)的两个主要事变 x_3 和 x_4(见表 9.4)和第二子系统(无影响时情形)的主要事变 I_2 和 x_{13}(见表 9.5)，根据第(1)层次上 I_2 确定第(2)层次上的两个子系统中第一子系统(有影响时情形)的两个主要事变 I_{21} 和 x_9(见表 9.9)，根据第(2)层次上 I_{21} 确定第(3)层次上的两个子系统中第一子系统(有影响时情形)的两个主要事变 x_9 和 x_{10}(见表 9.9)和第二子系统(无影响时情形)的主要事变 x_1(见表 9.10)等。这种分解直到各模糊交通事变均为最基层模糊交通事变为止，例如第(1)层次上的主要模糊交通事变 x_3 和 x_8，第(3)层次上的主要模糊事变 x_9、x_{10} 和 x_1。第(2)、(3)层次事变树模型如图 9.7 所示。重复以上步骤，得出对事故起作用事变的详细层次结构，最终建造出一个完整的事变树模型，如图 9.8 所示。

车辆故障事变(I_2)中各事变间的影响关系及其信息量

(有影响时的情形)　　表 9.8

	I_2	I_{21}	x_1	x_9	x_{10}
I_2	a				
I_{21}	a	a			
x_1	a		a		
x_9	c	c		a	
x_{10}	c	c			a
$H_{I_i}(I_i)$	0.413 4	0.413 95	0.413 2	0.413 75	0.411 9

悬架故障事变(I_{21})中各事变间的影响关系及其信息量

(有影响时的情形)　　表9.9

	I_{21}	x_9	x_{10}		
I_{21}	a				
x_9	c	a			
x_{10}	c		a		
$H_{I_i}(I_i)$	0.278 08	0.279 09	0.279 08		

车辆故障事变(I_2)中各事变间的影响关系及其信息量

(无影响时的情形)　　表9.10

	I_2	x_1
I_2	a	
x_1	a	a
$H_{I_i}(I_i)$	0.013 30	0.133 96

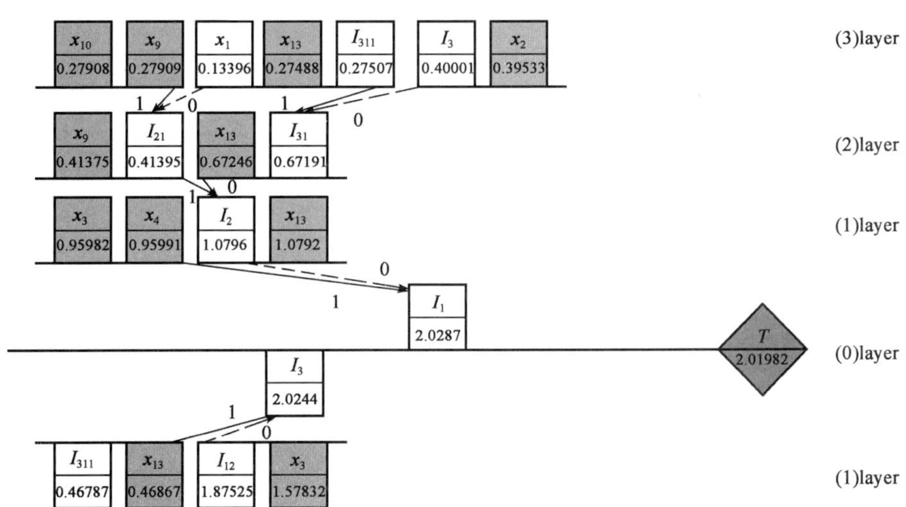

图9.7　车辆偏离路面事故事变树第(2)、(3)层

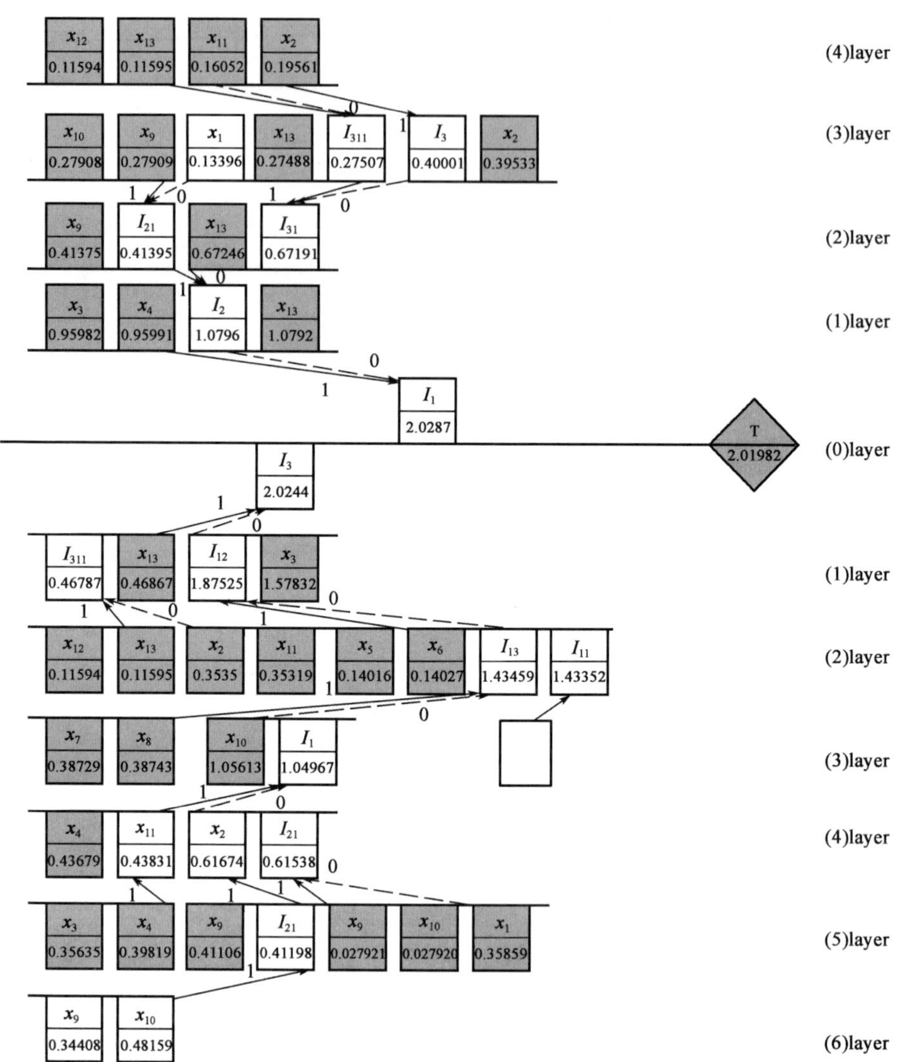

图 9.8　车辆偏离路面事故的模糊事变树模型

9.2.3　模糊事变树的识图方法(Readable principals of incident tree model)

模糊事变树的识图方法如下:

(1)事变出现的顺序按事变越靠近上一层事变越易出现或者出现后对上一层事变的影响越大。其中 1 表示有影响或直接导致上层事变出现,0 表示没有影响或不能导致上层事变出现。

(2)同一层次的事变按信息量大小确定影响程度或出现的可能，即信息量大，影响程度相应也大。

(3)顺向阅读事变树从最低层次到最高层次。

(4)逆向阅读事变树从最高层次到最低层次。

9.2.4　模糊事变树模型的仿真(Mathematical Simulation of Incident Tree Model)

9.2.4.1　模糊事变树的简化原则

为方便地将事变树模型应用到交通系统安全分析与定量风险评价，考虑依信息量大小仅采用一个主要事变来简化模糊事变树。从车辆偏离路面的模糊事变树模型可知，影响该事故的主要事变为 I_1。当 I_1 出现时，影响它的主要事变有 x_4 和 I_2，其他依此类推；而当 I_1 不出现时，虽然 x_{13} 并不影响到 I_1 和 I_2，但影响到事故(T)，即 x_{13} 出现就成为 T 发生的隐患，故应考虑 x_{13} 对 T 的影响。同理，则可得到车辆偏离路面事故的模糊事变树模型(图9.8)的简化图(图9.9)。

由于上层事变与下层事变之间的历史无关性，使用马尔可夫过程进行简化事变树模型仿真。但是由于马尔可夫过程复杂的状态空间，很难解决逆矩阵求解和反拉氏变换。因此，通过计算机模拟的方法就能够解决维数灾的问题。

需要指出的是基于马尔可夫过程的事变树建模适用于简化事变树，复杂事变树建模和分析需要计算机辅助方法。

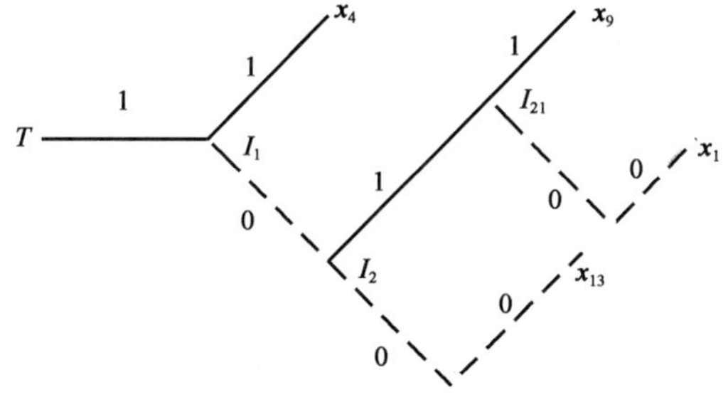

图9.9　车辆偏离路面事故的模糊事变树模型的简化图

9.2.4.2　道路交通事故生成的数学仿真模型

为了实现车辆偏离路面事故的模糊事变树模型的马尔可夫过程仿真，特作

如下假设:

假设 9.1 事变间相互转移率为常数。

假设 9.2 以事变出现的概率平均值为转移率,时间单位为秒。

假设 9.3 在很短的时间内各事变的转移状态只有一种。

根据简化事变树模型,将状态转移图 9.10 所示的马氏模型中的 8 个状态定义如下:

T = 事故发生;

$I_1 \equiv$ 中层事变 I_1 出现;

$I_2 \equiv$ 中层事变 I_2 出现;

$I_{21} \equiv$ 中层事变 I_{21} 出现;

$x_1 \equiv$ 基本事变 x_1 发生;

$x_4 \equiv$ 基本事变 x_4 发生;

$x_9 \equiv$ 基本事变 x_9 发生;

$x_{13} \equiv$ 基本事变 x_{13} 发生。

以上各事变的概率为:

$P_T(t) \equiv$ 事变在发生时间间隔[0,t]内状态成为 T 的概率;

$P_{I1}(t) \equiv$ 事变在发生时间间隔[0,t]内状态成为 I_1 的概率;

$P_{I2}(t) \equiv$ 事变在发生时间间隔[0,t]内状态成为 I_2 的概率;

$P_{I21}(t) \equiv$ 事变在发生时间间隔[0,t]内状态成为 I_{21} 的概率;

$P_{x1}(t) \equiv$ 事变在发生时间间隔[0,t]内状态成为 x_1 的概率;

$P_{x4}(t) \equiv$ 事变在发生时间间隔[0,t]内状态成为 x_4 的概率;

$P_{x9}(t) \equiv$ 事变在发生时间间隔[0,t]内状态成为 x_9 的概率;

$P_{x13}(t) \equiv$ 事变在发生时间间隔[0,t]内状态成为 x_{13} 的概率。

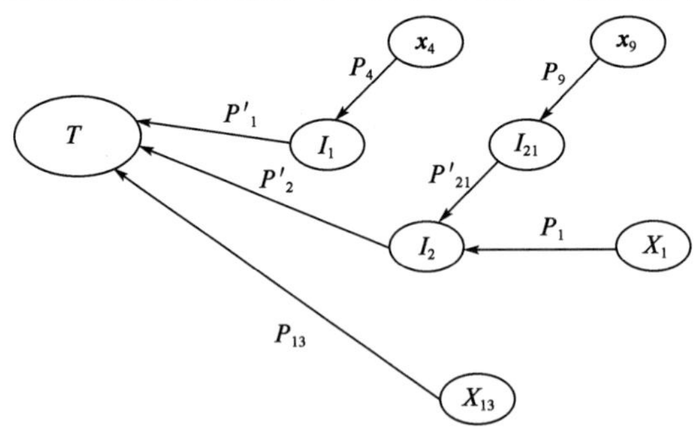

图 9.10 车辆偏离路面事故的状态转移图

由车辆偏离路面事故的模糊事变树简化图(图9.9)得到该事故的状态转移图(图9.10),由状态转移图即可得到如下马氏递推公式组:

$$P_T(t+\Delta t) = (p'_1 + p'_2 + p_{13})\Delta t P_T(t) \tag{9.19}$$

$$P_{I_1}(t+\Delta t) = (p_4 - p'_1)\Delta t P_{I_1}(t) \tag{9.20}$$

$$P_{x_4}(t+\Delta t) = p_4 \Delta t P_{x_4}(t) \tag{9.21}$$

$$P_{x_{13}}(t+\Delta t) = -p_{13}\Delta t P_{x_{13}}(t) \tag{9.22}$$

$$P_{I_2}(t+\Delta t) = (p'_{21} - p'_2 + p_1)\Delta t P_{I_2}(t) \tag{9.23}$$

$$P_{I_{21}}(t+\Delta t) = (p_9 - p'_{21})\Delta t P_{I_{211}}(t) \tag{9.24}$$

$$P_{x_9}(t+\Delta t) = -p_9 \Delta t P_{x_9}(t) \tag{9.25}$$

$$P_{x_1}(t+\Delta t) = -p_1 \Delta t P_{x_1}(t) \tag{9.26}$$

式中:p_i,p——发生概率,$i \in [x_1, x_4, x_9, x_{13}]$,$j \in [T, I_1, I_2, I_{21}]$。

运用模糊事变树模型的有限状态马尔可夫过程仿真,即可得到如下一阶微分方程组:

$$\begin{cases} \dfrac{\mathrm{d}p_T(t)}{dt}(p'_1 + p'_2 + p_{13})p_t(t) \\ \dfrac{\mathrm{d}p\mathrm{A}_1(t)}{\mathrm{d}t} = (p_4 - p'_1)pA_1(t) \\ \dfrac{\mathrm{d}p_{x_4}(t)}{\mathrm{d}t} = p_4 p_{x_4}(t) \\ \dfrac{\mathrm{d}p_{x_{13}}(t)}{\mathrm{d}t} = -p_{13}p_{x_{13}}(t) \\ \dfrac{\mathrm{d}p_{A_2}(t)}{\mathrm{d}t} = (p'_{21} + p_1 - p'_2)p_{\mathrm{A}_2}(t) \\ \dfrac{\mathrm{d}p_{A_{21}}(t)}{\mathrm{d}t}(p_9 - p'_{21})p_{\mathrm{A}_{21}}(t) \\ \dfrac{\mathrm{d}p_{x_9}(t)}{\mathrm{d}t} = -p_9 p_{x_9}(t) \\ \dfrac{\mathrm{d}p_{x_1}(t)}{\mathrm{d}t} = -p_1 p\, x_1(t) \end{cases} \tag{9.27}$$

式中:$p_i(t)$——交通系统在 t 时刻处于第 i 个状态的概率 $i \in [T, A_1, x_4, x_{13}, A_2, A_{21}, x_9, x_1]$;

$p_i(p'_j)$——相应事变处于运动状态时的转移率，$i \in [T, A_1, A_2, A_{21}]$，$j \in [x_4, x_{13}, x_9, x_1]$。

由式(9.21)得到状态转移矩阵 $\boldsymbol{P}$ 为：

$$\boldsymbol{P} \begin{bmatrix} 0 & 0 & 0 & 0 & 0 & 0 & 0 & 0 \\ p'_i & p'_i & 0 & 0 & 0 & 0 & 0 & 0 \\ 0 & p_4 & p_4 & 0 & 0 & 0 & 0 & 0 \\ p_{13} & 0 & 0 & p_{13} & 0 & 0 & 0 & 0 \\ p'_2 & 0 & 0 & 0 & p'_2 & 0 & 0 & 0 \\ 0 & 0 & 0 & 0 & p'_{21} & p'_{21} & 0 & 0 \\ 0 & 0 & 0 & 0 & 0 & p_9 & p_9 & 0 \\ 0 & 0 & 0 & 0 & p_1 & 0 & 0 & p_1 \end{bmatrix} \tag{9.28}$$

初始条件为 $t=0$ 时，$p_T(t)=1$，并定义为 0 时刻，交通系统动态安全性程度最高。

对于车辆偏离路面事故，绘出该交通系统的动态安全性降低过程、事故生成过程与时间 t 的变化曲线，如图 9.11 所示。为阐述各道路交通事变与事故生成间的关系，图 9.11 ~ 图 9.13 也绘出了道路交通事变出现后，该道路交通系统的动态安全性降低过程随时间的变化曲线。由图可知：交通系统动态安全性总趋势是下降的，且接近时间区间两端下降趋势较大，与此相反，该系统事故生成的概率却随时间的增大而增大。尽管如此，各交通事变对系统动态安全性的影响程度、对事故生成的致因却具有不同的诱发机理，表现在有些事变的影响关系呈指数(或负指数)曲线，而有些则为其他曲线形式，并且任一事变出现后导致事故生成的可能性在时间区间内并非完全增大，这就说明有些事变的出现不一定会导致交通事故，只是成为系统的危险源或者说是增大了系统的风险性。

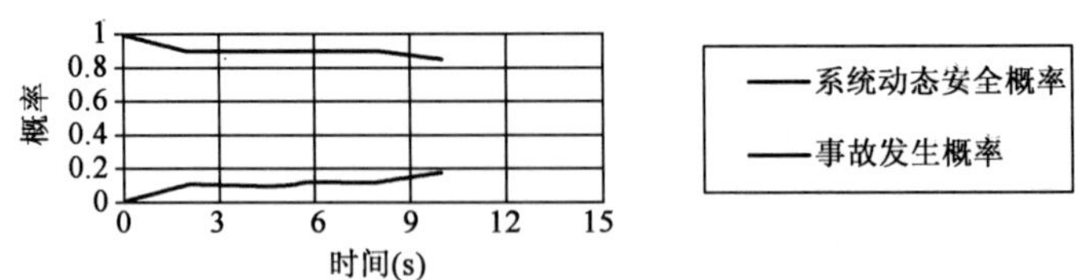

图 9.11　各交通事变对交通系统动态安全性、交通事故生成过程的影响

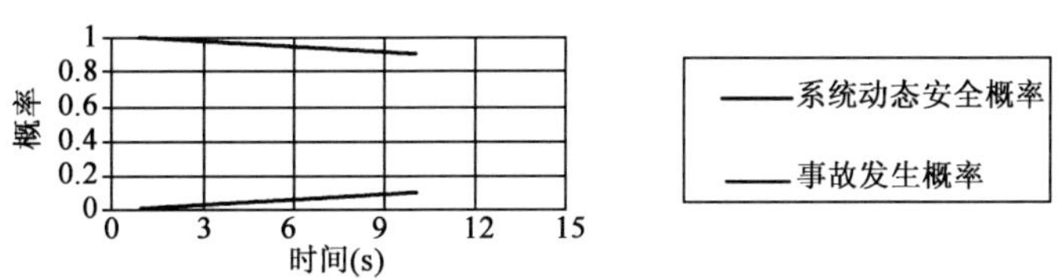

图 9.12 事变 x_1 对系统动态安全性、事故生成机率的影响

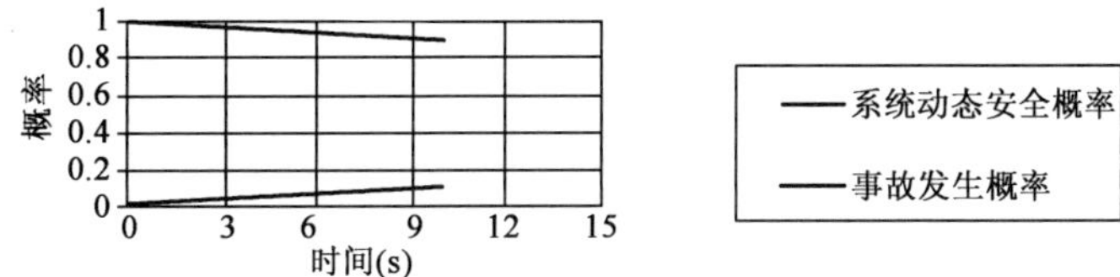

图 9.13 事变 x_{13} 对系统动态安全性、事故生成几率的影响

9.3 模糊事变树分析方法

(Fuzzy incident tree model Analysis)

事变树分析方法可以应用于系统安全分析和定量风险评价:辨识风险、分析风险的可能性和潜在影响、确定风险偶然性、评估风险可能发生的时间范围等。

(1)辨识交通事故的致因过程

在进行事故致因辨识时,若能掌握可能导致事故发生的因果链及可能结果,对事故预测、预防和控制都极为有益。

图 9.8 上半部分表明:第(1)层事变提供的信息量均大于第(2)层事变提供的信息量,而第(3)层事变提供的信息量则小于第(2)层事变提供的信息量。因此,从模糊事变树的最基层事变出发,按事变出现与否及出现后的影响程度即可辨识事故的致因过程,即顺向阅读模糊事变树。

如当第(1)层次事变 x_4 出现,直接影响到 I_1,而 I_1 则影响到 T;第(4)层次 x_{13} 出现后,影响到 I_{311},I_{311} 影响到 x_4,由于 I_2 不出现(0 表示),即 I_{31} 对 l_2 无影响,于是直接影响到 T;尽管第(3)层次事变 x_2 出现后对 I_{31}、I_2、I_1(0 表示)均没影响,但对事故(T)却有影响,如此类推。所以说事故致因的方式是多种多样的,表现在事故因果链的复杂性上。

由此可见:没有纠正的错误感知(x_4)对车辆偏离路面事故的影响程度最为

显著,其原因在于驾驶人对感知、判断决策和操作差错的恢复均有可能涉及感知差错状态的恢复方式和恢复机理。

(2)确定交通事故预防范围和对象

从模糊事变树模型中可直接依据主要事变出现的信息量大小,按节点、边、支树、层次靠近主边的前后顺序,以大范围到小范围的方式确定预防事故的对象,即逆向阅读模糊事变树。

由图 9.8 上半部分可知:在进行事故预防时,首先应考虑到从入 I_1 手,其次才是 I_2。由于 I_1 的出现主要与 x_4 和 x_3 有关,即预防对象应为 x_4 和 x_3;而当 I_1 不出现时,I_4 出现却影响事故(T),因此对 I_2 的预防应涉及到 I_{21},其对象则为 x_9;对于 I_2 不出现的情形,预防范围应是 x_{13}和 I_{31},而当 I_{31}出现时,主要预防对象为 l_{311},即预防 x_{13}。依此类推,直至预防对象全部为基层事变。

基于此,对车辆偏离路面事故的预防主要在于模糊交通事变 x_4 和 x_3,即没有纠正的错误感知和不正确的感知行为两个事变,这就从交通系统动态安全性的角度,亦即以系统全面性原则辨识出驾驶失误机理与交通事故间的关系。

(3)描述交通事故生成的动态规律

如考虑两个主要事变时,依据图 9.8 上半部分来辨别车辆偏离路面事故生成的可能过程(0 表示相应事变不出现),该事故生成过程为:

$$\left.\begin{array}{l}
x_{12}\to I_{311}(1)\to I_{31}(1)\to I_2(0)\to I_1(0)\to T\\
x_{13}\to I_{311}(1)\to I_{31}(1)\to I_2(0)\to I_1(0)\to T\\
x_{11}\to I_{311}(0)\to I_{31}(1)\to I_2(0)\to I_1(0)\to T\\
x_2\to I_3(1)\to I_{31}(0)\to I_2(0)\to I_1(0)\to T\\
x_{10}\to I_{21}(1)\to I_2(1)\to I_1(0)\to T\\
x_9\to I_{21}(1)\to I_2(1)\to I_1(0)\to T\\
x_1\to I_{21}(0)\to I_2(1)\to I_1(0)\to T\\
x_{13}\to I_{31}(1)\to I_2(0)\to I_1(0)\to T\\
x_2\to I_{31}(0)\to I_2(0)\to I_1(0)\to T\\
x_9\to I_2(1)\to I_1(0)\to T\\
x_{13}\to I_2(0)\to I_1(0)\to T\\
x_3\to I_1(1)\to T\\
x_4\to I_1(1)\to T\\
x_{13}\to I_1(0)\to T
\end{array}\right\}\Rightarrow\left\{\begin{array}{l}
x_{12}\to I_{311}\to I_{31}\to T\\
x_{13}\to I_{311}\to I_{31}\to T\\
x_{11}\to I_{31}\to T\\
x_2\to I_3\to T\\
x_{10}\to I_{21}\to I_2\to T\\
x_9\to I_{21}\to I_2\to T\\
x_1\to I_2\to T\\
x_{13}\to I_{31}\to T\\
x_2\to T\\
x_9\to I_2\to T\\
x_{13}\to T\\
x_3\to I_1\to T\\
x_4\to I_1\to T\\
x_{13}\to T
\end{array}\right.$$

依据图 9.8 下半部分来辨别车辆偏离路面事故生成的可能过程为：

$$
\left.\begin{array}{l}
x_9 \to I_{21}(1) \to I_2(1) \to I_1(0) \to I_{13}(0) \to I_{12}(0) \to I_3(0) \to T \\
x_{10} \to I_{21}(1) \to I_2(1) \to I_1(0) \to I_{13}(0) \to I_{12}(0) \to I_3(0) \to T \\
x_9 \to I_2(1) \to I_1(0) \to I_{13}(0) \to I_{12}(0) \to I_3(0) \to T \\
x_3 \to I_{11}(1) \to I_1(1) \to I_{13}(0) \to I_{12}(0) \to I_3(0) \to T \\
x_4 \to I_{11}(1) \to I_1(1) \to I_{13}(0) \to I_{12}(0) \to I_3(0) \to T \\
x_9 \to I_{21}(1) \to I_1(0) \to I_{13}(0) \to I_{12}(0) \to I_3(0) \to T \\
x_{10} \to I_{21}(1) \to I_1(0) \to I_{13}(0) \to I_{12}(0) \to I_3(0) \to T \\
x_1 \to I_{21}(0) \to I_1(0) \to I_{13}(0) \to I_{12}(0) \to I_3(0) \to T \\
x_4 \to I_1(1) \to I_{13}(0) \to I_{12}(0) \to I_3(0) \to T \\
x_7 \to I_{13}(1) \to I_{12}(0) \to I_3(0) \to T \\
x_8 \to I_{13}(1) \to I_{12}(0) \to I_3(0) \to T \\
x_{10} \to I_{13}(0) \to I_{12}(0) \to I_3(0) \to T \\
x_{12} \to I_{311}(1) \to I_3(1) \to T \\
x_{13} \to I_{311}(1) \to I_3(1) \to T \\
x_2 \to I_{311}(0) \to I_3(1) \to T \\
x_{11} \to I_{311}(0) \to I_3(1) \to T \\
x_5 \to I_{12}(1) \to I_3(0) \to T \\
x_6 \to I_{12}(1) \to I_3(0) \to T \\
x_{13} \to I_3(1) \to T \\
x_3 \to I_3(0) \to T
\end{array}\right\} \Rightarrow \left\{\begin{array}{l}
x_9 \to I_{21} \to I_2 \to T \\
x_{10} \to I_{21} \to I_2 \to T \\
x_9 \to I_2 \to T \\
x_3 \to I_{11} \to I_1 \to T \\
x_4 \to I_{11} \to I_1 \to T \\
x_9 \to I_{21} \to T \\
x_{10} \to I_{21} \to T \\
x_1 \to T \\
x_4 \to I_1 \to T \\
x_7 \to I_{13} \to T \\
x_8 \to I_{13} \to T \\
x_{10} \to T \\
x_{12} \to I_{311} \to I_3 \to T \\
x_{13} \to I_{311} \to I_3 \to T \\
x_2 \to I_3 \to T \\
x_{11} \to I_3 \to T \\
x_5 \to I_{12} \to T \\
x_6 \to I_{12} \to T \\
x_{13} \to I_3 \to T \\
x_3 \to T
\end{array}\right.
$$

在上述事故生成的动态链中，如果某一事变不出现，其下层事变的信息传递虽不经该事变，但在经过一段时间延迟后，仍再传递到更上层事变。如第(3)层次事变(x_{13})的出现，按图 9.8 上半部分应经过事变(I_{311})、事变(I_{31})，然后到事变(I_2)、事变(I_1)，但此时 I_2、I_1 不出现，即 I_{31} 对 I_2、I_2 对 I_1 无影响，在这一过程中经一定的时间延迟传递到事故(T)。如果已确定了上述事故生成动态链中各事变的转移率，可依模糊事变树仿真模型来定量描述一定时间内事故生成的时序及其可能结果。

从图 9.8 也可以看出:同一事变在不同层次中出现,这就说明该事变对交通系统动态安全性的影响程度是在该系统的不同时间—空间域内体现的,即事变、事故间存在着时序关系,所以说事故生成的方式是极其多变的。

(4)分析交通事故得发生时序及其潜在影响

①排序原则

a. 在标注符号相同处于同一层次的事变中,包含上一层次间信息量最大者为先,且标注 1 的边上事变先于标注 0 的边上事变。

b. 不同层次间,上层次事变先于下层次事变。

c. 标注 1 或 0 同边上的事变,依信息量大小来排序;而相同事变取最大信息量排序. 且愈靠近 1 或 0 者为先。

②事变出现概率不同时的排序。

依车辆偏离路面事故的模糊事变树模型(图 9.8)和排序原则,即可得到如下排序:

$$x_4 > x_3 > x_{13} > x_{12} > x_2 > x_{11} > x_6 > x_5 > x_9 > x_8 > x_7 > x_{10} > x_1$$

由此可知,对车辆偏离路面事故影响程度最大的交通事变依次为:没有纠正的错误感知、不正确的感知行为、道路上有障碍等。

(5)交通事故发生的可能性以及事变发生的时间范围评估

从模糊事变树模型中各事变的顺序,层次和信息量大小,可确定诱发事故的各事变的信息传递过程。根据模糊事变树的仿真模型来评估事故发生的可能性大小,图 9.12 和图 9.13 分别表示了由事变 x_1 和 x_{13} 诱发的动态概率安全与事故发生可能性。应用事变树分析方法,可以完全评估事变发生和事故形成的可能性以及时间范围。

(6)交通事故的控制范围及其对象

由于模糊事变树的建立是按事变出现时,相互间具有直接影响(含间接影响)和没有影响而建立的。如果倒置这种关系,建立新的模糊事变树,运用模糊事变树进行系统的动态不安全性分析,即可从中确定控制事故的模糊事变范围及其对象。

9.4　模糊事变树模型在交通行为分析中的应用 (Incident Tree Model and Analysis with its Application into Transport Behavior Analysis)

9.4.1　模糊事变树模型在交叉口定量安全性评价中的应用(Incident Tree Model and Analysis of Intersection Safety)

9.4.1.1　交叉口交通冲突模糊事变树模型

城市道路交叉口的安全评价可以作为整个城市交通系统安全评价的切入点,在交通冲突技术的基础上,结合通过观测获得的交通冲突数据以及造成交叉口交通事故的相关因素数据(比如驾驶人行为、行人违章行为、交叉口设计不合理之处等),应用模糊事变树模型进行交叉口安全的定性和定量分析,将模糊事变树分析方法与交通安全传统评价方法结合起来,着眼于找出造成交叉口交通事故的主要影响因素。

交叉口交通冲突模糊事变树模型的构造按照如下步骤进行。

(1)首先确定整个事变树的顶层事变,即交通冲突,指在交叉口发生的,机动车与机动车之间,机动车与非机动车、行人之间引起的交通冲突(T)。

(2)根据数据分析和现场观测,整理分析该交叉口诱发交通冲突(T)的道路交叉口系统中的所有因素,包括驾驶行为因素、行人行为因素、交叉口客观条件因素等几大类因素。根据数据判定这几大类因素中分别占主要地位的具体原因,再根据因素的性质判定它们在模糊事变树中所处的层次。例如,具体原因如驾驶人违章行为等为基本事变,大类因素如交叉口客观条件因素影响等为中间事变。确定交叉口交通冲突中各层次的模糊事变以及它们间的逻辑关系,识别交通冲突致因的动态过程,如图9.14 所示;然后根据定义9.2 ~9.4 确定各事变(事故)间的影响关系,见表9.11。

(3)依据交叉口交通冲突数据,评估或观测各层模糊事变出现的概率及其分布。根据各交通事变间的影响关系及式(9.15) ~式(9.17),求出各事变的权重系数。

(4)运用交通事变信息量的计算公式(9.6)、式(9.7)、式(9.10)、式(9.12)

和式(9.14),并通过模糊交通事变的最大信息量分布和隶属函数来求取整个交叉口冲突模糊事变树模型(第(0)层次)中各模糊交通事变的信息量,然后按事变的最大模糊信息量准则确定两个事变为重要事变。

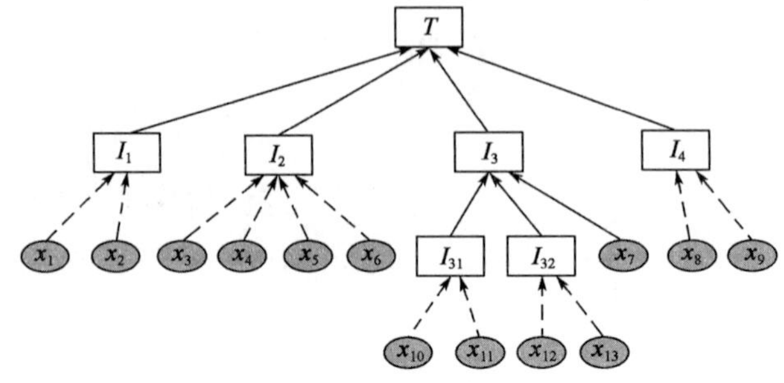

图9.14 交通冲突产生的动态过程及其信息的传递方式

交通冲突模糊事变及概率值 表9.11

事变名称	代号	概率值	置信区间下限	置信区间上限
交通冲突	T	0.189 1	0.179 6	0.198 5
追尾冲突	I_1	0.015 0	0.014 3	0.016 5
机动车减速	x_1	0.005 1	0.004 8	0.005 6
机动车变线	x_2	0.006 9	0.006 6	0.007 6
违章交通冲突	I_2	0.064 2	0.061 0	0.070 6
机动车违规右转	x_3	0.024 7	0.023 5	0.027 2
机动车违章占道	x_4	0.011 3	0.010 7	0.012 4
非机动车、行人闯红灯	x_5	0.188 6	0.179 2	0.207 5
非机动车违章穿越交叉口	x_6	0.083 0	0.078 9	0.091 3
次要客观因素	I_3	0.055 5	0.052 7	0.061 1
信号灯	I_{31}	0.016 1	0.015 3	0.017 7
信号相位	x_{10}	0.006 1	0.005 8	0.006 7
黄灯时间	x_{11}	0.004 3	0.004 1	0.004 7
标志标线	I_{32}	0.017 2	0.016 3	0.018 9
可视性	x_{12}	0.008 8	0.008 4	0.009 7
设置	x_{13}	0.006 9	0.006 6	0.007 6
几何特征	x_7	0.009 4	0.008 9	0.010 3
冲突点交通冲突	I_4	0.097 2	0.092 3	0.106 9
机动车东西向直行左转交叉冲突	x_8	0.030 6	0.029 1	0.033 7
机动车右转与非机动车、行人直行交叉冲突	x_9	0.058 7	0.055 8	0.064 6

（5）将整个模糊事变树的影响过程分为有影响和没影响两种情形予以讨论。这样在确定重要事变后，依据对上层模糊交通事变的影响程度（有影响和无影响）将相关事变分为相应的两个子系统，即进行各模糊交通事变间影响关系的分解。

（6）根据模糊事变树模型的构造方法，分别对确定的子系统依步骤4、5继续分解，按照这种方法分解，直到各模糊交通事变均为最基层模糊交通事变为止。

（7）依据模糊事变树规定符号找出的各子系统中各层次重要影响事变，绘出事变树，并标注其层次，如图9.15所示。

9.4.1.2　交叉口交通冲突模糊事变树分析

（1）辨识交叉口交通冲突的致因过程

从图9.15的上半部分看出：当第（1）层次事变 x_5 出现，直接影响到 I_2，而 I_2 则影响到 T；第（4）层次 x_{13} 出现后，影响到 I_{32}，I_{32} 影响到 I_3，由于 I_4、I_2 不出现（0表示），即 I_3 对 I_4、I_2 无影响，于是直接影响到 T；尽管第（3）层次事变 x_2 出现后对 I_3、I_4、I_2（0表示）均没影响，但对冲突（T）却有影响。这与实际情况是相符的，事故致因的方式多种多样，在事故因果链的复杂性上得到了体现。

分析图9.15可以看出，非机动车、行人闯红灯（x_5）对道路交叉口的交通冲突影响程度最为显著，其原因在于该路口非机动车行人违规现象较为严重，不在通行相位过街，很容易与行驶中的机动车发生交通冲突，如果发生事故，危险程度也十分显著。

（2）确定交叉口交通冲突的预防范围和对象

由图9.15上半部分可知：在进行事故预防时，首先考虑到的是 I_2 及与之出现相关的 x_5 和 x_6，其次是与 I_4 出现有关的 x_8 和 x_9；而当 I_2 不出现时，I_3 出现依然影响冲突（T），对 I_3 的预防涉及 I_{31} 和 I_{32}，其对象则为 x_{10}、x_{11}、x_{12}、x_{13}。依此类推，直至预防对象全部为基层事变。

通过分析事变树可以得到，对与交叉口交通冲突的预防主要在于交通事变 x_5 和 x_6，即非机动车、行人闯红灯和非机动车违章穿越交叉口这两个事变。

（3）描述交叉口交通冲突生成的动态规律

考虑影响事故的两个重要事变，依据图9.15上半部分来辨别交叉口交通冲突生成的可能过程（0表示相应事变不出现），其中交通冲突的部分生成过程为：

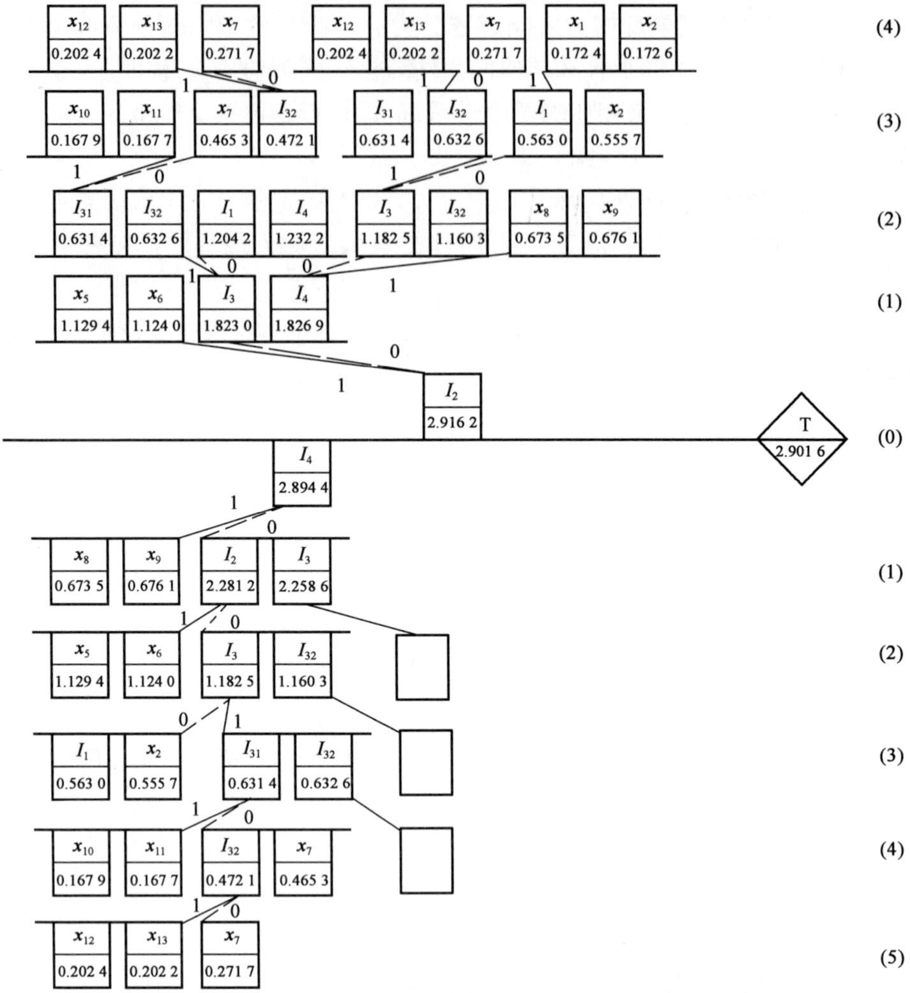

图 9.15　道路交叉口交通冲突模糊事变树模型

$x_5 \to T \quad x_6 \to T$

$x_8 \to I_4 \to I_2(0) \to T \qquad x_9 \to I_4 \to I_2(0) \to T$

$x_{13} \to I_{32} \to I_3 \to I_4(0) \to I_2(0) \to T$

$x_{13} \to I_{32} \to I_{31}(0) \to I_3 \to I_2(0) \to T$

在上述交通冲突生成的动态链中，若某一事变不出现，其下层事变的信息传递虽不经该事变，但会经过这一环节的时间延迟，然后再传递到更上层事变。如第(4)层次事变(x_{13})的出现，按图 9.15 上半部分应经过事变(I_{32})、事变(I_3)，然后到事变(I_4)、事变(I_2)，但此时(I_4)、(I_2)不出现，即(I_3)对(I_4)、(I_3)对(I_2)

无影响,只是在这一过程中经历了一定的时间延迟后传递到冲突(T)。

(4)各交叉口交通事变发生的时序及其主次识别

由交通冲突影响到交叉口安全的事变有很多,在交通冲突形成过程中所起的作用和发生的先后顺序也不尽相同,因此对这些事变经过一定的排列,有助于对整个交通冲突发生过程有更深刻的认识,也对交通冲突预防和交通拥堵治理有很大的帮助。

按照道路交叉口交通冲突的模糊事变树模型,可得到如下排序:

$$x_5 > x_6 > x_9 > x_8 > x_2 > x_{10} > x_{11} > x_7 > x_{12} > x_{13} > x_1 > x_3 > x_4$$

(5)交叉口交通冲突影响因素及控制策略

根据交叉口交通冲突模糊事变树模型及其分析方法,交叉口交通冲突影响程度最大的交通事变依次为:

①非机动车、行人闯红灯;

②非机动车违章横穿交叉口;

③机动车右转与非机动车、行人直行交叉冲突;

④机动车东西向直行左转交叉冲突等。

为了解决道路交叉口的安全问题,提高交叉口的安全性,应该针对这四个重要的交通事变做出整改,即规范非机动车、行人的交通行为,避免闯红灯和横穿交叉口的情况出现;同时减少机动车的交叉冲突,设立东西方向的左转保护相位,避免机动车的交叉冲突。这样就可以有效地减少道路交叉口的交通冲突,提高交叉口的安全性。

9.4.2　模糊事变树模型在路网拥堵评估中的应用(Incident Tree Model and Analysis of Road Network Congestion)

路网是城市交通系统最重要的组成部分之一,然而城市路网是一个非常复杂的系统。随着城市机动化进程加快,路网道路拥堵已成为城市交通中的一个严重问题,很大程度上影响人们的出行。考虑到路网的重要性,为了减少由交通拥堵引起的延误,应该确保路网中拥堵能快速和有效地得到缓解。

为了实现交通管理的经济性和效用性,应该着重于分析和确定路网中的关键路段,同样地,对于不同路径失效和 OD 对失效以及其他单元失效对路网系统的影响也应受到重视。也就是说,通过分析比较,鉴别路网中最关键的路段和其他道路单元。

这里分析路网单元对整个路网的潜在影响,侧重于较严重的,甚至可能能造成路网瘫痪的拥堵情况。在某种程度上,路网状态无法反应交通需求并且畅通性下降,而平均车速的下降能反映出这一状态。应用事变树模型及其分析方法来评价路段、路径和 OD 对,用其所传递的信息量作为指标来衡量路网单元失效的影响。

9.4.2.1 路网及其单元失效的定义

评价路网运行状态的指标是多种多样的,主要使用饱和度、车速、延误、车道占有率和服务水平等指标。考虑到道路网络的庞大和复杂性,为简化量化方法,将平均车速作为评价指标。每条路段上的平均车速定义为路段上所有车辆在特定时间段内通过一点的速度的平均值,可以用式(9.23)表达如下:

$$\bar{V} = \frac{1}{n}\sum V_i \tag{9.29}$$

式中:$\bar{V}$——平均车速;

V_i——第 i 辆车的平均速度;

n——车辆数量。

将路段失效的定义为某条路段的平均车速降低到某个下限值。因为路网中不同道路的等级、长度和设施不同,平均车速下限值也不同。路段失效概率的表达式如下

$$R(f) = P(\bar{V}) \leqslant V_L \tag{9.30}$$

$$V_L = (1+\delta)V_j \tag{9.31}$$

式中:$R(f)$——路段失效概率;

V_L——平均速度下限值;

V_j——自由流速度;

δ——相关计算参数,随实际情况不同而变化。

9.4.2.2 路网的事变树分析

事变树模型中每个事变所蕴含的信息将会逐个传送到一系列的事变中,最终传送成为交通行为恶化的信息。对路网系统来说,当遭遇自然灾害,严重事故或大型人群活动时,其中单元,如 OD 对、路径、路段等将遭受某种程度的破坏或影响。缺失的单元功能或多或少引起路网失效或对路网的状态产生影响而降低其可靠性。

路网失效的形成机理如图 9.16 所示。紧急事件能导致路段失效，路段失效对路径和 OD 对造成影响并最终影响到路网后，甚至能使整个道路网系统失效。另外，如果外界紧急事件导致其他单元失效，同样通过这种方式，路网也受到影响。

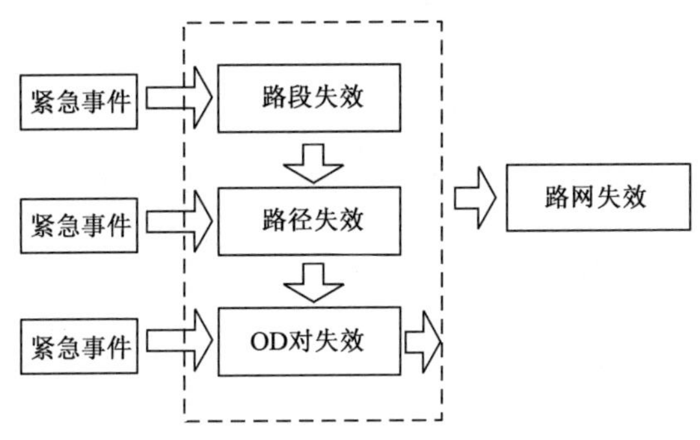

图 9.16　路网失效的形成机理

考虑到路网中紧急事件的发生带有随机性、不确定性和相对的小概率性。要确切地分析各单元失效的相互作用和联系以及路网失效是比较困难的。因此，可以构建如图 9.17 所示的路网失效的形成过程和路网单元间的分层信息流模式。

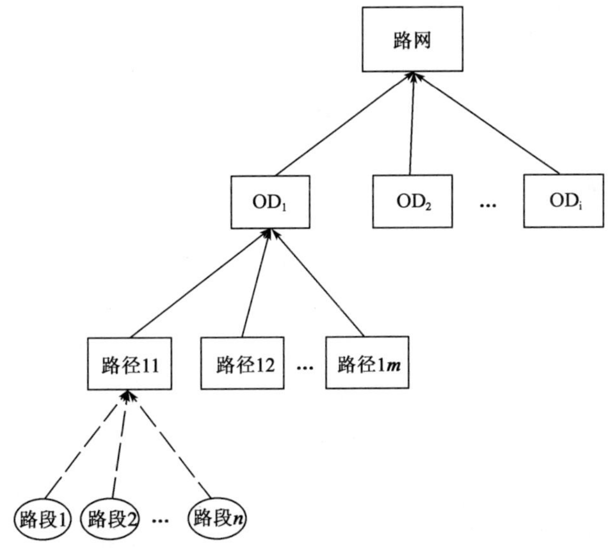

图 9.17　路网失效的形成过程和路网单元间的分层信息流模式

这里以一个简单的路网为例，如图 9.18 所示。包括失效概率在内的基本信息如表 9.12 所示。假设路网有 3 个主要的 OD 对分别为：OD_1、OD_2、$O'D_3$，并且每个 OD 对含有多条路径，OD_1 的主要路径是 R_4R_9 和 R_7R_{10}，简称为 P_1 和 P_2；OD_2 有 $R_{11}R_8$ 和 $R_{12}R_6$ 两条主要路径，称为 P_3 和 P_4，$O'D_3$ 的主要路径是 $R_1R_2R_3$，用 P_5 表示。每条路径包含了多条路段，路段是路网的基本单元。

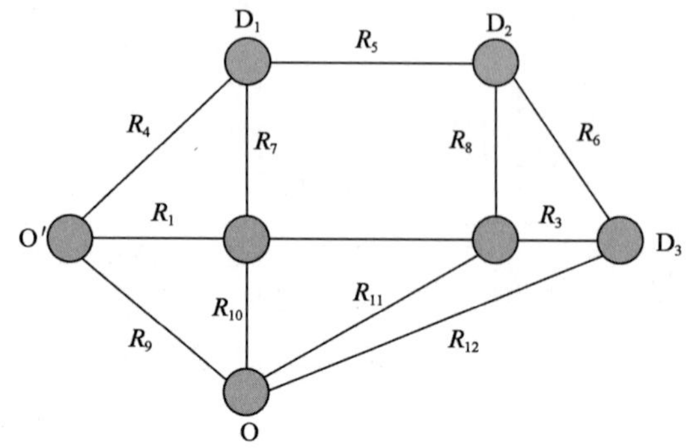

图 9.18 示例路网

事件及其概率值 表 9.12

代 号	事 变 名 称	概 率 值
x_{10}	路段 R_1 失效	0.032
x_{11}	路段 R_2 失效	0.043
x_{12}	路段 R_3 失效	0.072
x_3	路段 R_4 失效	0.080
x_1	路段 R_5 失效	0.045
x_7	路段 R_6 失效	0.054
x_5	路段 R_7 失效	0.035
x_9	路段 R_8 失效	0.078
x_2	路段 R_9 失效	0.059
x_4	路段 R_{10} 失效	0.022
x_8	路段 R_{11} 失效	0.021
x_6	路段 R_{12} 失效	0.062
T	道路网失效	0.056
I_1	OD_1 失效	0.038
I_2	OD_2 失效	0.040
I_3	$O'D_3$ 失效	0.052

续上表

代　号	事 变 名 称	概　率　值
I_{11}	P_1 失效	0.048
I_{12}	P_2 失效	0.051
I_{21}	P_3 失效	0.033
I_{22}	P_4 失效	0.064
I_{31}	P_5 失效	0.046

整个路网作为一个系统,路网失效是顶事变,OD 对失效和路径失效是中层事变,路段失效是基本事变,则系统作用的动态过程和路网失效的信息传递方式如图 9.19 所示。路网有 3 个 OD 对,每个 OD 对失效能直接影响到路网可靠性,同时每条路径影响到其相应的 OD 对,从而在信息传递后进一步影响到上层事变。在事变树模型底部,基本路段单元部分影响到上层单元并且最终将信息传送到顶部。

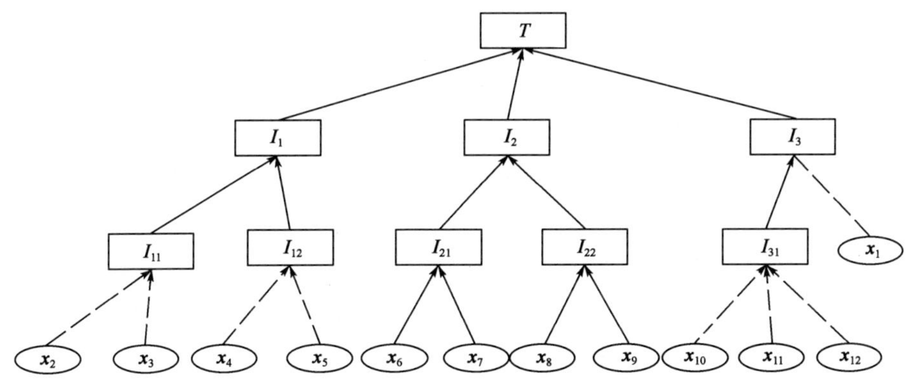

图 9.19　系统作用的动态过程和路网失效的信息传递方式

根据图 9.19 中的动态过程和信息传送模式,路段、路径、OD 对和路网间的相互作用在表 9.13 中给出,$H_{Li}(l_i)$,$H_i(l_i)$ 和权重系数 λ_i 的计算值也在表中列出, 表明 L_2 和 L_1 是第 0 层两个主要的事变。

逐一分析事变树中不同层次中较大信息量事变直至所有基本事变出现。重复上述过程以获得事变树不同层次中的详细内容。路网失效事故的事变树如图 9.20 所示。

在得到事变树模型中路段、路径、OD 对和路网间的相互作用和信息量后,分类对各事变进行排序,根据排序原则,路段影响的排序如下:

路网失效中各事变间的相互联系和作用和相应的信息量

表 9.13

λ_i		T	I_1	I_2	I_3	I_{11}	I_{12}	I_{21}	I_{22}	I_{31}	x_1	x_2	x_3	x_4	x_5	x_6	x_7	x_8	x_9	x_{10}	x_{11}	x_{12}
0.084 4	T	a																				
0.106 9	I_1	a	a																			
0.106 9	I_2	a		a																		
0.096 5	I_3	a			a																	
0.062 0	I_{11}	a	a			a																
0.062 0	I_{12}	a	a				a															
0.062 0	I_{21}	a		a				a														
0.062 0	I_{22}	a		a					a													
0.073 5	I_{31}	a			a					a												
0.023 7	x_1	c			c						a											
0.023 7	x_2	c	c			c						a										
0.023 7	x_3	c	c			c							a									
0.023 7	x_4	c	c				c							a								
0.023 7	x_5	c	c				c								a							
0.023 7	x_6	c		c				c								a						
0.023 7	x_7	c		c				c									a					
0.023 7	x_8	c		c					c									a				
0.023 7	x_9	c		c					c										a			
0.023 7	x_{10}	c			c					c										a		
0.023 7	x_{11}	c			c					c											a	
0.023 7	x_{12}	c			c					c												a
	H_i (L_i)	0.985 2	1.246 7	1.246 7	1.125 5	0.722 9	0.722 9	0.722 9	0.722 9	0.857 0	0.276 2	0.276 2	0.276 2	0.276 2	0.276 2	0.276 2	0.276 2	0.276 2	0.276 2	0.276 2	0.276 2	0.276 2
	H_{l_i} (L_i)	4.046 0	4.051 8	4.053 4	4.048 5	4.027 0	4.018 6	4.020 9	4.026 5	4.029 6	4.000 2	4.002 1	4.004 7	3.996 7	3.998 7	4.002 4	4.001 4	3.996 5	4.004 4	3.998 3	3.999 9	4.003 7

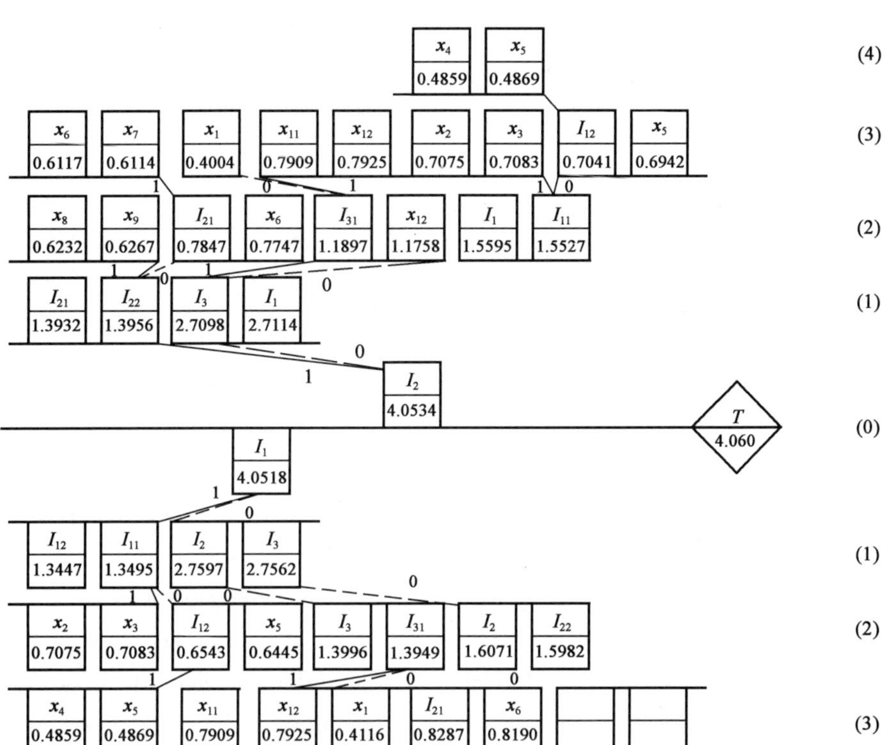

图 9.20　路网失效事变树

$$R_4 > R_9 > R_8 > R_{11} > R_{12} > R_7 > R_3 > R_6 > R_{10} > R_2 > R_5 > R_1$$

路径影响排序为：

$$P_4 > P_3 > P_1 > P_2 > P_5$$

OD 对影响的排序为：

$$OD_2 > OD_1 > O'D_3$$

显然，较大单元失效对路网的影响更大，对于路段来说，R_4，R_9，R_8，R_{11} 是关键路段，也就是说，一旦这些路段在紧急事件影响下发生失效，更有可能导致路网失效。对于路径来说，P_4，P_3，P_1 相对来说对路网有着更大程度的影响，同时 P_4，P_3 是 OD_2 的主要路径，从排序中也能确定 OD_2 是路网中的关键 OD 对。但在 P_4 比 P_1 重要的同时，作为 P_1 的主要路段，R_4 和 R_9 比 P_4 中的主要路段 R_8 和

R_{11}要关键。即在紧急事件影响下,为了保障路网的高效运营,P_1 中所有主要路段应该都确保无失效情况出现,而 P_4 作为整体应该确保其有效运营。

本章参考文献(References)

[1] Siu N.. Risk Assessment for dynamic systems: an overview. Reliability Engineering and System Safety, 1994, 43 (1), 43-73.

[2] Bedford T., Cooke R. M.. Probabilistic Risk Analysis: Foundations and Methods. England: Cambridge University Press, 2001.

[3] Kumamoto H.. Satisfying Safety Goals by Probabilistic Risk Assessment. Germany: Springer, Berlin Heidelberg, 2007.

[4] Wang W. H., Jiang X. B., Xia S. C., Cao Q.. Incident tree model and incident tree analysis method for quantified risk assessment: an in-depth accident study in traffic operation, Safety Science, 2010, 48(10), 1248-1262.

[5] Niels P. H., Wolfgang K.. Risk analyses of transportation on road and railway from a European Perspective. Safety Science, 2002, 40, 337 - 357.

[6] Kennedy R., Kirwan B.. Development of hazard and operability-based method for identifying safety management vulnerabilities in high risk system. Safety Science, 1998, 30, 249 - 274.

[7] Doytchin E. D., Gerd S.. Combining task analysis and fault tree analysis for accident and incident analysis: a case study from Bulgaria. Accident Analysis and Prevention, 2009, 41, 1172 - 1179.

[8] Frank J. G., Carol S., Mosleh A.. QRAS—the quantitative risk assessment system. Reliability Engineering and System Safety, 2006, 91, 292 - 304.

[9] Cepin M., Mavko B.. A dynamic fault tree. Reliability Engineering and System Safety, 2002, 7, 83 - 91.

[10] Zadeh L. A., Fuzzy sets.. Information and Control, 1965, 8, 338 - 353.

[11] Furuta H., Shiraishi N.. Fuzzy importance in fault tree analysis. Fuzzy Sets and Systems, 1984, 12, 205 - 213.

[12] 涂颖菲,杨超,陈小鸿.路网拓扑脆弱性及关键路段分析.同济大学学报,2010, 38(3), 264-267.

[13] 王武宏,等.道路交通系统中驾驶行为理论与方法,北京:科学出版社,2001.

[14] Wang W. H. , Cao Q. , Ikeuchi K. , Bubb H. . Reliability and safety analysis methodology for identification of drivers'erroneous actions. International Journal of Automotive Technology, 2010 11(6) ,873-881.

[15] Wang W. H. ,Wets G. . Computational Intelligence for Traffic and Mobility, Paris: Atlantis Press,2012.

索引(Index)